W0057118

AEQUATOR

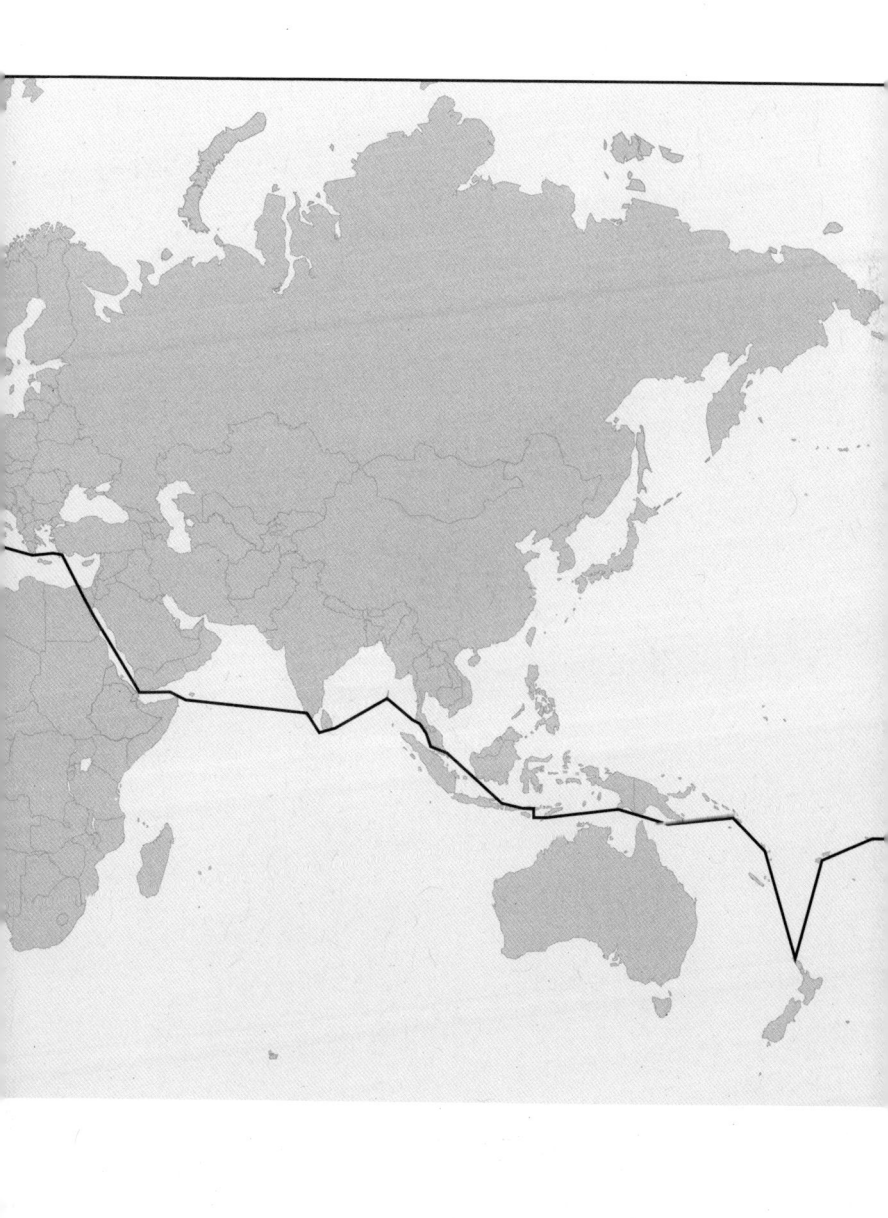

Sebastian Pieters

Auf acht Metern um die Welt

Aequator Verlag

Impressum

Bibbliographische Information der Deutschen Nationalbibliothek: Die
Deutsche Nationalbibliothek verzeichnet diese Publikation in der
Deutschen Nationalbibliographie; detaillierte bibliographische Angaben
sind im Internet unter https://dnb.de abrufbar.

Aequator Verlag GmbH, München
© 2015 Aequator Verlag

Grafik: Helden & Mayglöckchen GmbH & Co. KG, Karlsruhe
Printed in Germany

ISBN 978-3-95737-003-7

Widmung

Für Bernhard.
Ohne den die Umsetzung dieser Reise wesentlich
beschwerlicher geworden wäre und der mir immer
mit Rat und Tat zur Seite stand, egal auf welchem
Ozean ich gerade unterwegs war.

Für Heike.
Ohne die die Reise nicht zu dem geworden wäre,
was sie ist und mit der ich all die großartigen
Erlebnisse teilen konnte.

Für meine Eltern.
Ohne ihr Verständnis und ihre Fähigkeit mich
meine Träume leben zu lassen, wäre ich nie
losgesegelt.

Für meine Frau Katharina.
Ohne ihre Geduld und Unterstützung wäre
dieses Buch nie vollendet worden.

Inhalt

Vorwort

Eine Weltumsegelung ist ein großes Abenteuer. Viele träumen davon, einmal aus eigener Kraft, nur mit Hilfe des Windes um den Erdball in absoluter und gänzlich unabhängiger Freiheit zu wandern und fortlaufend ihre Position zu finden; kurzum, einmal im Leben etwas ganz Besonderes zu verwirklichen. Ich wünsche dies jedem, weiß aber, dass man hierzu ein wenig mehr als etwas segeln können muss. Leider bleibt es bei den allermeisten Unternehmungslustigen beim Träumen. Die Familie, das Geld, die Gesundheit und so fort, das sind dann die Erklärungen, ja, man kann sagen, die Ausreden vor sich selbst.

Der Autor dieses Buches, Sebastian Pieters, hatte weder Geld noch Segelschiff, als er anfing, von der Weltumsegelung zu träumen. Und außerdem war er mit 22 Jahren für ein solches Unternehmen eigentlich viel zu jung.

Und trotzdem hat er es geschafft. Ein wenig Glück gehörte natürlich auch dazu: in Form eines verständnisvollen Lehrers, selbst ein begeisterter Segler, der sein nur acht Meter langes Sperrholzschiff *Kiwitt* seinem unternehmungslustigem Schüler lieh. Eine pädagogische Glanztat, auch wenn ich so ein kleines Schiffchen für den großen Törn um den Erdball als eher ungeeignet beurteilt hätte. Wenn ich gefragt worden wäre. Aber Sebastian hat eben nicht gefragt. Er hat sich nicht in Zweifeln zerrieben, ob das Geld… und so fort… und überhaupt, ob unter diesen Umständen eine Weltumsegelung möglich sei. Er hat sie gesegelt. Wie? Das steht in diesem Buch. Es ist quasi ein Erfolgsrezept, wie man unmöglich scheinende Pläne ohne lang zu zaudern in die Tat umsetzen kann.

Aber Vorsicht: Hat man Sebastians Bericht gelesen, könnte man leicht dem Irrtum verfallen, dass dies ein jeder kann. Nein, höchstens dann, wenn man das Buch und Sebastians Geheimnisse verinnerlicht hat.

Bobby Schenk

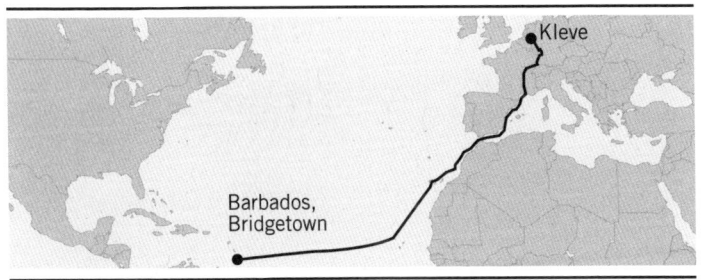

Barbados,
Bridgetown

Kleve

Auf dem Atlantik

Um mich herum ist es stockdunkel. Der Wind pfeift und ich spüre, wie sich das Heck langsam hebt und eine weitere Schaumkrone gurgelnd unter der *Kiwitt* hindurch läuft. Nur anhand der Bewegung, die unser kleines Schiff macht, kann ich erahnen, wie groß diese ist. Kurz darauf senkt sich das Heck wieder und der Bug zeigt Richtung Himmel. Dieser Rhythmus wiederholt sich nun schon seit Tagen. Piep piep, piep piep, piep piep, schallt es durch die Dunkelheit. Der kleine Küchenwecker, der neben mir liegt, erwacht zum Leben. Nur schwer widerstehe ich dem Reflex ihn über Bord zu werfen. Dieser kleine Quälgeist treibt mich noch in den Wahnsinn. Man genießt das Spiel der Elemente in absoluter Finsternis und er ermahnt einen unerbittlich alle zehn Minuten einen Blick in die Nacht zu werfen. Als wüsste ich nicht selbst, dass das sinnvoll ist. Aber irgendwie kommt der Alarm immer wieder überraschend schnell. Notgedrungen verlasse ich also meine geschützte Position unter der Sprayhood, richte mich auf und starre in die Dunkelheit. Die Nacht ist so rabenschwarz, dass ich nicht einmal unseren Mast, geschweige denn den Bug unserer kleinen acht Meter langen *Kiwitt* sehen kann. Wie erwartet sehe ich auch diesmal überhaupt nichts. Seit Tagen das gleiche Bild. Auf dieser endlosen Wasserfläche trifft man kaum ein anderes Schiff. Was habe ich mir damals eigentlich gedacht, als ich immer davon geträumt habe den Atlantik zu überqueren? Ich hatte eine Vorstellung, wie lange man für die Seemeilen brauchen würde, aber was es wirklich bedeutet, wenn nach einer ganzen Woche das Bergfest noch in weiter Ferne liegt, konnte ich nur erahnen. Unbeirrt schiebt der Passat die *Kiwitt* durch die Dunkelheit. Das einzige bisschen Licht in meiner kleinen Welt ist der Windanzeiger an der Mastspitze, der von der Topplaterne fahl beleuchtet wird. Die Pfeilspitze des Windanzeigers zeigt genau nach achtern; okay, genau ist vielleicht übertrieben. Genau wäre sie, wenn man das arithmetische Mittel aus ihren Ausschlägen von fast Steuerbord bis fast Backbord bilden würde. Durch das Passatsegeln geigt die *Kiwitt* so hin und her, dass einem beim Beobachten des Windanzeigers ganz übel wird. Mit Mühe balanciere ich daher zurück zu meinen windgeschützten Platz unter der Sprayhood und stelle meinen kleinen Quälgeist auf die nächsten zehn Minuten.

Was habe ich mir dabei gedacht? Woher kommt die Sehnsucht die Welt zu bereisen? Ich glaube, der Anfang dieser Sehnsucht liegt weit zurück. Beim Familienurlaub am Meer. Da standen wir im roten Licht und beobachteten, wie die Sonnenscheibe langsam hinter dem Horizont verschwand. Wir haben uns unzählige Sonnenuntergänge angeschaut und jedes Mal kam es in etwa zur gleichen Unterhaltung: „Papa, was ist da, wo die Sonne im Meer versinkt?" „Da zischt und brodelt das Wasser." Das sagte er immer wieder, obwohl ich bereits wusste, dass das gar nicht stimmt. Also bohrte ich weiter: „Aber du hast gesagt, auf der anderen Seite des Meeres ist ein anderes Land." „Wenn du ganz, ganz weit fährst, dann kommst du auf einen anderen Kontinent." Das Land, wo die Sonne immer verschwindet, hat mich unheimlich fasziniert und ich konnte ihm jedes Mal Löcher in den Bauch fragen. Ich wollte unbedingt wissen, wie es dort ist. Die Antworten blieben unbefriedigend für mich, da er immer wieder sagte, dass er selbst noch nie dort gewesen sei. Diese Unterhaltung lief in unzähligen Variationen immer wieder ab, wenn wir abends am Strand saßen und die Sehnsucht nach dem Land hinter dem Horizont wuchs.

Reisen und Entdecken – zwei Dinge, die mich schon mein ganzes Leben begleiten. Es war also nicht weiter verwunderlich, dass ich noch während meiner Schulzeit den Entschluss fasste, nach der Ausbildung eine längere Reise zu machen. Ich träumte von einer Radtour durch Afrika oder vielleicht einer Rucksackreise durch Asien oder Südamerika. Aber auf jeden Fall sollte die Reise mindestens ein Jahr dauern. Ich machte kein Geheimnis daraus und meine Eltern wussten von meinem Vorhaben.

Im ersten Jahr meiner Ausbildung saß ich dann an einem kalten Herbstabend mit meinem besten Freund Malte im Whisky Saloon und wir philosophierten über das Reisen. Unser philosophisches Talent wurde hierbei durch einige Bier und ein paar Schnäpse unterstützt. Es kam also so, wie es immer kam: Die Ziele wurden immer exotischer, die Reisen immer abenteuerlicher und, das ist fast nicht erwähnenswert, der Abend immer lustiger. Plötzlich fiel das Wort Weltumsegelung. Sofort waren wir Feuer und Flamme. Beide hatten wir schon auf Jollen und Optis gesegelt und der Gedanke, mit einem kleinen Boot überall hinzukommen, war verführerisch....

Platsch..., ich schrecke auf und sitze nicht in der Kneipe. Ein ordentlicher Spritzer Wasser trifft mich im Gesicht. Es ist immer noch stockdunkel und um mich herum rauscht und pfeift es. Ich schaue auf den Küchenwecker. Die zehn Minuten sind fast schon wieder um und ich stoppe ihn. Langsam werde ich wieder wach, der Whisky Saloon ist endlos weit entfernt. Ich stehe auf und werfe einen Blick in die Dunkelheit. Kein Licht. Alles sieht normal aus. Die *Kiwitt* hebt sich und rauscht gurgelnd die Welle herunter. Stärker darf der Wind nicht werden, sonst müsste ich eines der beiden ausgebaumten Vorsegel wegnehmen. Aber noch ist alles in Ordnung. Ich setze mich wieder auf meinen geschützten Platz und stelle den kleinen Quälgeist.

An jenem feuchtfröhlichen Abend im Whisky Saloon beschlossen Malte und ich jedenfalls, dass wir mal mit unserem ehemaligen Mathematiklehrer sprechen wollten, der Ende der achtziger Jahre auf eigenem Kiel nach Neuseeland gesegelt war. Gesagt, getan. So kam es, dass wir uns nur wenige Tage später mit Maltes 125er auf den Weg zu Bernhard machten. Ich muss heute noch lachen, wenn ich mir vorstelle, wie das ausgesehen haben muss. Mit meinen 2,02 Metern überragte ich den eher kleinen Chauffeur um ein ganzes Stück. Wir müssen ein tolles Bild abgegeben haben und die kleine Maschine war hoffnungslos überladen. Bei Bernhard angekommen, stiegen wir in dessen Auto um und fuhren zu seiner kleinen Yacht. Die *Kiwitt* dümpelte fröhlich in einem kleinen niederländischen Yachthafen vor sich hin. Wir fuhren raus, drehten eine Runde über den Baggersee und Bernhard erzählte uns von seiner Reise. Auch wenn wir an diesem Tag keinen Wind hatten, wurden wir vom Weltumseglervirus befallen. Ausgestattet mit vielen neuen Träumen und einem großen Stapel Bücher aus Bernhards Sammlung schwangen wir uns wieder auf die 125er. Jetzt war sie wirklich überladen. Am selben Abend noch begann ich eins der Bücher zu lesen. Es hatte den exotischen Namen „Taboo" und war von Wolfgang Hausner... Ein Dollar am Tag würde reichen, schrieb der Autor und das kam mir bei meinen zu erwartenden Einkünften sehr gelegen. Ganz im Gegensatz zu den Preisen für ein taugliches Segelschiff, wie ich auf der nächsten Bootsmesse feststellen musste, obwohl wir nur bei den Schiffen zwischen 20 und 30 Fuß schauten. Ein anderer Buchtitel passte da schon besser in unser Konzept: „Mit kleinem Geld auf großer Fahrt" von Annie Hill. Auch wenn der Preis für das Buch gar nicht so klein war... Da ein neues Schiff überhaupt nicht in Frage kam, begannen Malte und ich, Anzeigen zu studieren und nach gebrauchten Booten zu suchen. Wir schauten uns auch mal eins an, aber im Grunde blieb es erst einmal bei einem Traum, da unsere finanziellen Mittel als Auszubildende doch zu beschränkt waren. Dies hielt mich aber nicht davon ab weiter zu träumen. Ich las alle Bücher, die ich bekommen konnte und unterhielt mich lange und oft mit Bernhard. Seine Erfahrungen aus erster Hand waren viel mehr wert als alle Bücher und als er und seine Frau einen kleinen Diavortrag hielten, war ich mir ganz sicher: Ich musste meinen Traum Wirklichkeit werden lassen. Also rechnete und kalkulierte ich, um das kleinste Budget herauszufinden, für das ich ein seetaugliches Schiff bekommen konnte. Da Malte zu diesem Zeitpunkt unseren großen Plan weniger intensiv verfolgte, stellte ich mich darauf ein, das Ganze alleine stemmen zu müssen und notfalls auch einhand zu segeln.

Nach der Ausbildung kam dann wieder etwas dazwischen: Ich wollte mein Fachabitur auf dem zweiten Bildungsweg machen. Das dauerte ein Jahr und kurz vor Weihnachten fragten meine Eltern, was ich nach dem Abi vorhätte. Im Grunde wussten sie, dass ich etwas von der Welt sehen wollte, ob mit Rucksack, Fahrrad oder eben einem Segelboot. Mit meinen Reiseplänen an sich hatten sie sich wohl abgefunden, aber speziell Letzteres konnten (und wollten) sie sich nicht vorstellen. Eigentlich war die Frage keine Überraschung und ich hatte nur darauf gewartet, trotzdem erbat ich mir ein wenig Bedenkzeit. Dass ich genau wusste, was ich machen wollte, erfuhr an diesem Tag nur Bernhard. Ihn rief ich an diesem Tag sofort an und erzählte ihm, dass ich fest entschlossen sei, ein Boot zu kaufen und um die Welt zu segeln. Das nötige Geld wollte ich nach dem Abi in zwei bis drei Jahren verdienen. Wir vereinbarten einen Termin, um die Umsetzung meiner Pläne genauer zu besprechen. Auf diesen Tag X vertröstete ich meine verdutzten Eltern.

Einige Tage später saß ich dann mit einem Kopf voller Träume und einem Packen ausgedruckter Bootsangebote bei Bernhard am Küchentisch und erläuterte ihm meine Pläne. Mitten in einem Satz, in dem es darum ging, was ich mir finanziell so leisten kann, fragte Bernhard: „Willst du nicht mit der *Kiwitt* fahren?" Ich erinnere mich noch sehr gut an meine prompte Reaktion auf diese Frage. „Du spinnst", sagte ich und fuhr mit meinem Satz fort. Bernhard wiederholte die Frage und führte sie weiter aus. Er erklärte mir, dass er sich nach meinem Anruf viele Gedanken gemacht und auch mit seiner Frau darüber gesprochen habe. Seine Überlegung war, dass er die *Kiwitt* gebaut hatte, um Ozeane zu bereisen und nicht, damit sie im Hafen liegt. Da ihm selber momentan die Zeit fehle, war seine logische Schlussfolgerung, dass ich das Schiff nehmen könne. Als er dann noch anführte, dass er so endlich eine Gelegenheit hätte, den Vorsteven der *Kiwitt* zu reparieren, dämmerte es mir. Er meinte es wirklich ernst und ich konnte mein Glück kaum fassen. Es ist unbeschreiblich, wenn ein solcher Wunsch von jetzt auf gleich in Erfüllung geht. Ich hatte auf einen Schlag alles, was ich zum Starten brauchte. Abgesehen von ein wenig Geld. Es war einmalig. Irgendwann stotterte ich dann auch ein „Ja" vor mich hin und erklärte, dass ich das Angebot sehr gerne annähme, auch wenn ich es noch immer nicht so richtig fassen könne. Als ich mich wieder ein wenig berappelt hatte, machten wir einen Plan für das weitere Vorgehen. Wichtigster Punkt war, die *Kiwitt* wieder seeklar zu machen und im nächsten Sommer sechs Wochen auf Ijsselmeer und Nordsee zu segeln. Bernhard wollte mir über den Winter und auf der Segeltour möglichst viel von seinem Wissen weitergeben. Da ich weder Segel- noch Motorbootführerschein besaß, war ein weiterer wichtiger Punkt die Sportbootführerscheine zu machen. Die Papiere wollte der Gesetzgeber, mir hätte Bernhards Segelschule vollauf gereicht. Aber da ich den Versicherungsschutz nicht aufs Spiel setzen wollte, bekamen sie ihren Platz auf der To-do-Liste.

Auf dem Rückweg nach Hause brach ich erst einmal in Jubelgeschrei aus. Dort angekommen, war mein Adrenalinspiegel immer noch weit davon entfernt mich schlafen zu lassen und so setzte ich mich erst einmal aufs Sofa. Es war schon spät und alles war ruhig, doch meine Schwester hatte mich wohl gehört und kam noch ins Wohnzimmer. Sie fragte sofort, was mit mir los sei, und ich erzählte ihr die ganze Geschichte. Sie war so begeistert, dass sie nicht lange zögerte und unsere Eltern aus dem Schlaf riss. Wenig später saßen auch sie im Wohnzimmer und warteten etwas verschlafen auf eine gute Begründung für die nächtliche Ruhestörung. Also erzählte ich die ganze Geschichte noch ein zweites Mal ohne zu wissen, dass ich sie vor Reisebeginn noch unzählige Male erzählen würde. Die Begründung, die ich hatte, war ausreichend. Damit hatten sie offensichtlich nicht gerechnet, obwohl sie von meinen Segelplänen wussten. Ihre Begeisterung hielt sich allerdings in Grenzen. Ihrer Meinung nach sollte ich das Ganze noch einmal eine Nacht überdenken. Ich höre meine Mutter noch heute sagen: „Sebastian..., Sebastian...“

Piep piep, piep piep, „Sebastian aufwachen“ piep piep, piep piep. Was zum Henker piept denn hier so penetrant? Wir haben doch gar keinen Wecker im Wohnzimmer. Plötzlich spüre ich eine Hand auf meiner Schulter. „Sebastian, der Wecker piept schon eine ganze Weile“. Ich sitze wieder im Cockpit, um mich herum ist es finster und der Küchenwecker piept unerbittlich. Die Hand auf meiner Schulter gehört Heike, die vom Piepen geweckt und aus ihrer Koje gekrochen war. „Du hast aber einen festen Schlaf, der Wecker piept schon

seit ein paar Minuten. Eigentlich solltest du doch Wache gehen!",
schmunzelt sie. Ich bin noch ein wenig benommen und stammle vor
mich hin: „Bisher hat das ja auch ganz gut funktioniert..." Ich stelle mich hin, halte mich dabei an der Sprayhood fest und starre in
die Dunkelheit. Um uns herum ist kein Licht zu sehen. Alles andere
geht auch seinen normalen Gang. Als ich mich wieder setze, sagt
Heike, dass es sowieso schon kurz vor vier sei und somit Zeit für
die Wachablösung. Wir unterhalten uns kurz und ich bitte sie mich
zu wecken, falls der Wind zunimmt, damit wir dann die Segel reffen
können.

Verschlafen überlasse ich Heike meinen Platz und krieche in die
Vorschiffkoje. Vorschiffkoje, das hört sich so an, als hätte ich eine
große Auswahl, aber außer der Sitzbank im Salon ist die dreiecki-
ge Doppelkoje im Vorschiff die einzige benutzbare, die wir haben.
Die Hundekoje wird aufgrund des beschränkten Platzangebots als
Stauraum missbraucht und ist so vollgestopft, dass sie bestenfalls
für Personen mit dem Durchmesser eines Besenstiels als Schlafplatz
taugen würde.

Füße voraus liege ich in der Koje und suche nach einer bequemen
Position, in der mich das Hin- und Herrollen des Schiffes nicht am
Schlafen hindert. Wie schwer das ist, weiß jeder, der mal mehrere
Tage auf See verbracht hat. Man positioniert die Kissen so, dass sie
einen am Rollen hindern, man streckt ein Bein zur Seite aus oder
winkelt es an, man versucht die Arme so zu legen, dass sie den Ober
körper möglichst ruhig halten. Und die große Schwierigkeit dabei
ist, dass die Position dann auch noch bequem sein soll. Schlafen auf
See ist also schon ein kleines Kunststück. Als ich endlich eine gute
Position gefunden habe, höre ich den kleinen Quälgeist im Cockpit
piepen und wie Heike sich aufrichtet, um sich umzuschauen.

Heike. Wie kommt Heike als Nichtseglerin eigentlich mitten auf den
Atlantik? Nun ja, nachdem ich mit Bernhard einen Sommer lang Se-
geln gegangen bin und im Anschluss fleißig damit beschäftigt war,
Geld zu verdienen, stellte sich die Frage: „Mit wem machst du die
Reise?" Leider hatte Malte weder das nötige Kleingeld noch die Zeit
für eine dreijährige Reise. Auch sonst kam in meinem Bekannten-

kreis niemand für dieses Projekt in Frage. Lust, alleine zu fahren, hatte ich nicht, auch wenn das eine Alternative gewesen wäre. Also was tun? Ich setzte mich vor den Computer und surfte durchs Internet. Es gab eine Vielzahl von Reise-, Segel- und Backpackerseiten. Auf allen waren Leute vertreten, die auch mehr als nur ein paar Tage oder Monate unterwegs waren. Ich dachte mir, dass es auf jeden Fall einen Versuch wert wäre, hier nach einem passenden Mitsegler zu suchen. Kurzerhand schrieb ich verschiedene Anzeigen nach dem Motto: „Habe vor, drei Jahre um die Welt zu segeln. Wer will mitkommen?" Das Ergebnis war überraschend positiv und ich bekam schnell einen Berg von E-Mails. Die meisten Kontakte habe ich übrigens nicht über Segel-, sondern über Backpackerforen bekommen, in denen sich anscheinend mehr junge Leute tummeln, die zu einer längeren Reise bereit sind. Viele waren einfach nur neugierig, aber einige zeigten echtes Interesse. Einer schlug mir gar vor, mit dem Faltboot über den Atlantik zu fahren. Das war aber selbst mir zu abenteuerlich und außerdem hatte ich ja schon ein Schiff und das erschien mir deutlich bequemer. Als sich dann nach einiger Zeit die Spreu vom Weizen trennte, zeigte eine Unbekannte namens Heike das größte Interesse. Es dauerte nicht lange und wir griffen zum Telefon, um uns auf diesem Wege ausführlich über die Idee zu unterhalten. Da wir uns gut verstanden, machten wir kurzerhand einen Termin aus, um uns kennenzulernen und vielleicht auch, obwohl das Jahr schon sehr fortgeschritten war, eine Runde zu segeln. Ein paar Wochen später, es war Freitagabend, stand ich am Bahnhof und wartete auf mein „Segel-Blind-Date", das nach einer Reise durch halb Deutschland tatsächlich pünktlich auftauchte. Heike und ich verstanden uns von Anfang an prima, soweit man das nach so kurzer Zeit schon sagen konnte. Nach einem langen Abend voller Geschichten, Plänen und Ideen hatte Heike Samstagmorgen zum ersten Mal die Chance, ihr potenzielles Zuhause für die nächsten Jahre zu begutachten. Ohne lange zu zögern, fing ich an die *Kiwitt* segelklar zu machen – schließlich wollte ich Heike mehr bieten als ein Schiff im Hafen. Segeln auf einem Baggersee irgendwo in Holland ist natürlich nicht unbedingt direkt vergleichbar mit Segeln auf dem Atlantik, aber für jemanden, der keinerlei Segelerfahrungen hat, trotzdem sehr spannend. Es wehte ein leichter, wenn auch, wie für Ende November nicht unüblich, recht kühler Wind. Die *Kiwitt* zog gemächlich kreuzend ihre

Bahnen durch das Wasser. Es war ein schöner Segeltag und Heike gefiel es, nur vom Wind über das Wasser bewegt zu werden. Trotz der Kälte verbrachten wir die Nacht auf dem Wasser, um eine erste Prise des Bordlebens zu schnuppern. Dass es den ganzen Abend, bei heißer Schokolade mit Rum gegen die Kälte, um die Reise und ums Segeln ging, brauche ich wohl nicht zu erwähnen. Heike hat mir später einmal erzählt, dass sie an diesem Morgen schon einen Schrecken bekommen habe, weil die *Kiwitt* doch recht klein ausgesehen habe. Aber einen wirklichen Vergleich hatte sie ja (Gott sei Dank?) nicht. Sonntagmorgen fuhren wir bei Bernhard und Petra vorbei. Bernhard erzählte viel von seiner Reise und versicherte Heike immer wieder, dass Segeln nicht so schwierig sei, und sie sich keine Gedanken machen solle, weil sie nicht segeln könne. Zusammen waren wir wohl so überzeugend, dass sie sich einige Tage später entschieden hatte mitzukommen. Wir einigten uns darauf, dass sie erst einmal bis in die Karibik mitsegelt und dort entscheidet, ob sie weiterfahren will. Ich hatte wenig Bedenken, dass sie, wenn wir erst einmal in der Karibik waren, aussteigen würde. Tja, das ist die Geschichte. So einfach kommt eine Nichtseglerin mitten auf den Atlantik.

Ich werde von einem besonders starken Hin- und Herrollen der *Kiwitt* aus meinem Halbschlaf gerissen und höre, wie sich Heike im Cockpit bewegt. Das ist schon irgendwie verrückt, da vertraue ich einer mir bis vor ein paar Monaten wildfremden Person mein Leben an. Einer Person, die bis vor Kurzem noch kein Schiff steuern konnte, geschweige denn wusste, was Steuerbord und Backbord oder Lee und Luv ist. Zugegeben, die Begrifflichkeiten sind auch heute noch ein kleines Problem. Naja, es ist nicht so, als hätte ich wirklich eine Wahl. Nein, jetzt tue ich ihr Unrecht. Sie macht ihre Sache wirklich sehr gut und wenn es brenzlig wird, kann ich sie ja auch noch unterstützen. Vielleicht nicht sofort, ich brauche auch eine Minute zum Aufwachen. Aber auf dem Atlantik ist ja genügend Platz dafür. Im Grunde ist Segeln ja wirklich einfach; alles geht recht gemächlich voran. Wenn man weiß, was eine Halse ist und wie man sie vermeidet, kann nicht so viel schief gehen. Ob man zu viel oder zu wenig Segel oben hat, wird einem das Schiff schon zeigen und man bekommt ganz schnell ein Gespür dafür. Ich wache sofort auf, wenn der Wind zunimmt oder abnimmt und sich die Bewegung des Schiffes verändert.

Es ist Dezember. Die ersten drei Monate der Reise, die am 17. August begonnen hat, war Malte mit an Bord. So konnte sich Heike bis zu den Kanarischen Inseln langsam an die Seglerei herantasten. Das war eine lustige, aber auch sehr beengte Zeit. Mit drei Menschen ständig auf einem 8-Meter-Boot zu leben, ist schon sportlich.

Die *Kiwitt* durchfährt ein Zittern, das Segel schlägt und irgendetwas donnert ständig aufs Deck. Bum, bum…, ich bin schlagartig hellwach und klettere blitzschnell aus meiner Koje. An der Krängung merke ich, dass wir aus dem Ruder gelaufen sind und ein Vorsegel back steht. Im Cockpit angekommen, treffe ich auf die verdatterte Heike. Ich schnappe mir den Scheinwerfer und leuchte ins Rigg. Achterstagen, Oberwanten, Mast, alle okay. Langsam wandert der Lichtkegel des Scheinwerfers weiter nach vorne. Beide Vorsegel sind noch an Ort und Stelle. Steuerbord haben wir die kleinere Fock ausgebaumt, die jetzt back steht. Die Genua, die Backbord ausgebaumt ist, schlägt schlaff vor sich hin. Der Spinnakerbaum, der die Genua ausbaumen soll, sieht aus wie ein V und erfüllt seinen Zweck nicht einmal mehr ansatzweise. Sofort weiß ich, was passiert ist. Ein paar Tage zuvor war mir die Vorschot ausgerauscht und der Baum hatte dabei gegen das Vorstag geschlagen. Die kleine Delle, die er sich dabei zugezogen hat, war der entscheidende Schwachpunkt. Unter der Belastung durch den kräftigen Wind ist der Spinnakerbaum den Weg des geringsten Widerstands gegangen und sieht jetzt im wahrsten Sinne des Wortes geknickt aus.

Juhu, der nächste Tag ist damit gerettet. So kommt morgen früh keine Langeweile auf, der Baum muss repariert werden. Wir bergen die Fock und baumen mit dem kürzeren Teil des Spinnakerbaums, der dadurch frei wird, die Genua wieder aus. Anschließend bringe ich die *Kiwitt* wieder auf Kurs und sie nimmt Fahrt auf. Alles ist wieder normal und die Anspannung fällt von mir ab. Kurz darauf kehrt die Müdigkeit zurück und nachdem ich mich bei Heike vergewissert habe, dass alles in Ordnung ist, trete ich den Rückzug in meine Koje an. Es dauert nur ein paar Minuten, dann schlafe ich tief und fest. Ich träume in dieser Nacht noch ein paar Mal von meinem kleinen piependen Quälgeist…

Das Klappern aus der Küche weckt mich. Es ist schon taghell. Das Wasser, das der Bug der *Kiwitt* durchpflügt, gluckert und rauscht gleichmäßig um mich herum und unter mir durch. So eine Koje im Bug des Schiffes ist nicht der leiseste Ort und ich höre ständig das Plätschern des Wassers, von dem ich nur durch anderthalb Zentimeter Sperrholz getrennt bin. Das ist schon ein seltsames Gefühl, wenn ich so darüber nachdenke. Nur die Schale aus wenige Zentimeter dickem Sperrholz trennt mich von den tausenden Metern Wasser unter mir. Wie filigran einem ein solches Boot dann auf einmal vorkommt, wie klein und zerbrechlich.

Ich döse noch ein wenig vor mich hin, aber die kräftige Sonne lässt es bald zu warm werden. Als ich endlich aus der Koje gekrochen komme, begrüßt mich Heike mit einem fröhlichen „Guten Morgen". Es duftet wunderbar nach frischem Brot, das gerade auf dem Gasherd backt. Brot ist auch so eine Sache. Wer kommt schon in heimischen Gefilden auf die Idee, auf einer Yacht Brot zu backen. Aber wenn es dann auf einmal heißt, wir sind jetzt circa 20 Tage auf See, dann stellt sich plötzlich die Frage: Wie lange hält sich Brot eigentlich? Nun ja, frisches Brot hält sich in den Tropen meist nur ein paar Tage und abgepacktes war auf den Kapverden, von denen aus wir zur Atlantiküberquerung aufgebrochen sind, nicht zu bekommen. Selbst ist der Mann oder in diesem Fall die Frau! Wir haben bereits auf den Kanarischen Inseln reichlich Mehl eingekauft und backen alle paar Tage frisches Brot. Dass das ohne Ofen so gut funktioniert, haben wir unserem kleinen Wundertopf zu verdanken. Diesen Backtopf aus Aluminium haben wir auf den Kanarischen Inseln gekauft, nachdem uns befreundete Segler darauf aufmerksam gemacht hatten. Er sieht ein wenig aus wie ein Gugelhupftopf mit Deckel und Untersetzer, den man einfach auf den Gasherd stellt. Durch die Öffnung im Boden strömt die heiße Luft ins Innere und das Brot wird von allen Seiten gegart. Die Form lässt unsere Backwerke dabei vielleicht etwas ungewöhnlich aussehen, denn es gibt ausschließlich Ringbrote, Ringkuchen, Ringpizza und Ringauflauf, aber wir können in ihm fast alles machen, was man zu Hause im Ofen backt. Unsere ganz persönlichen Bagel steigern die Lebensqualität an Bord enorm. Kochen und Backen ist übrigens eine hervorragende Art sich die Zeit zu vertreiben. „Was machst du denn dann den ganzen Tag, wenn du auf See bist?" Das haben vor der Reise immer alle gefragt. Nun ja, was machen wir? Wir sitzen rum, lesen, unterhalten uns, fangen ab und an einen Fisch, bestimmen den Standort, beschäftigen uns mit Astronavigation, beobachten das Meer und die Vögel, die endlos übers Wasser gleiten, backen oder kochen... Sich zu überlegen, was man am Tag so essen möchte, kann zu einer Morgen füllenden Beschäftigung werden. Auf See lebt man langsam, in den Tag hinein und manche Tage verstreichen einfach.

Zugegeben, jeden Tag füllt einen das Thema Essen natürlich nicht aus. Irgendwann lässt sich der Seekoller nicht mehr überlisten und auf morgen verschieben. Bei mir war es vor ein paar Tagen soweit. Ich wusste nicht mehr so richtig, was ich mit mir selbst anfangen sollte, war ganz rappelig, wollte mich bewegen und etwas tun. Den Bewegungsdrang zu stillen, ist auf einem nur acht Meter langen Schiff natürlich schwierig. Solche Tage sind nicht schön und können, wenn man keine geeignete Beschäftigung findet, unendlich lang werden. Ich habe angefangen ein paar Stellen an Deck zu spachteln und zu schleifen. Das hört sich nicht nach besonders viel Bewegung an, aber auf einem kleinen Schiff, das im Passat dahingeigt, ist es eine echte Herausforderung. Als am nächsten Tag alles gestrichen war, war ich mit dem Ergebnis äußerst zufrieden und den Seekoller hatte ich erfolgreich gegen Muskelkater ausgetauscht.

Auch Heike erging es da nicht besser. Eines Tages lagen ein halbes Dutzend angelesener Bücher und Zeitschriften herum, daneben die Unterlagen zum Spanischlernen und darüber hinaus stöberte Heike gerade im Kochbuch und überlegte anhand der Proviantliste, was man aus den noch vorhandenen Lebensmitteln alles kochen könnte. Ein untrügliches Zeichen für den Seekoller. Einfach alles, was sie anfing, war nicht mehr das Richtige, und die Möglichkeiten sind auf einem so kleinen Schiff eben ziemlich begrenzt. Ich habe mich in dem Moment ein wenig zurückgehalten, auch wenn mir das nicht immer leicht fällt, aber ich habe bei mir festgestellt, dass ich in diesem Zustand nicht soviel Einmischung von Heike mag. Aber auch bei ihr war der Spuk nach ein oder zwei Tagen vorbei und das Bordleben nahm wieder geregelte Bahnen an...

Von geregelten Bahnen kann man heute allerdings nicht sprechen und die Gefahr des Seekollers ist ebenfalls gering, schließlich muss der Spinnakerbaum repariert werden. Also mache ich mich nach einem guten Frühstück mit frischem Brot daran, den Schaden in Ruhe zu begutachten. Der Baum ist in der Mitte gefaltet. Dass er so seinen Dienst nicht mehr ausüben kann, ist klar. Da der Wind nachgelassen hat, kommen wir mit einem Segel nur noch mäßig voran. Die Fock ohne Baum zu setzen, macht wenig Sinn, denn die *Kiwitt* schwankt wie ein betrunkenes Kamel hin und her. Das zweite Segel würde dauernd einfallen und wenn es sich dann wieder füllen würde, gäbe es jedes Mal einen Schlag, als bräche das Schiff auseinander. Dummerweise haben wir noch über die Hälfte der Strecke vor uns und können auf das zweite Vorsegel schlecht verzichten, wenn wir noch vor Weihnachten auf Barbados ankommen wollen. Unsere Geschwindigkeit ist bereits auf drei Knoten gesunken. Improvisationstalent ist gefragt, irgendwie muss ich den Spinnakerbaum so zusammenflicken, dass er uns über den Atlantik bringt. Am besten mit einer Schiene. Was haben wir Brauchbares an Bord? Die Auswahl des mir zur Verfügung stehenden Materials, vorausgesetzt, ich will nicht ein Stück aus der *Kiwitt* herausschneiden, ist natürlich gering. Um genau zu sein, stehen mir nur ein paar Bretter, Schrauben und Tauwerk zur Verfügung. Ich überlege kurz und entschließe mich den Baum an der Bruchstelle mit ein paar Brettern zu schienen und das Ganze dann mit reichlich Tauwerk zu verzurren. Sofort mache ich mich auf die Suche nach den Brettern. Das heißt, eigentlich weiß ich sehr genau, wo sie sind, nämlich, wie konnte es auch anders sein, in der großen Backskiste und natürlich ganz unten. Wie immer, wenn ich gerade mal was brauche! Nach einer knappen Stunde ist das Werk vollbracht und meine Hände fühlen sich an, als könnte ich wochenlang keine Schot mehr anfassen. Der Spinnakerbaum ist durch diese Verarztung zwar ein wenig klobig geworden, macht aber, vielleicht auch deswegen, einen stabilen Eindruck. Ob sich die Mühe gelohnt hat, werden wir gleich sehen. Heike bedient die Schoten und ich begebe mich auf das Vorschiff. Als sie die Vorschot etwas lockert, nehme ich den kleinen Spinnakerbaum heraus und bringe den jetzt sehr sperrigen großen in die richtige Position. Nachdem Heike die Schot wieder dicht geholt hat, schauen wir uns das Werk an. Um es vorweg zu nehmen, ein Schönheitspreis lässt sich damit nicht gewinnen. Es macht einen sehr provisorischen Eindruck, sollte aber erst einmal halten. Um wieder etwas schneller voranzukommen, setzten wir sofort die Fock und baumen diese zur anderen Seite aus. Der *Kiwitt* scheint es zu gefallen, sie belohnt uns mit guten fünf Knoten Fahrt.

Einige Tage später ist es soweit. Heike kann das lang ersehnte Kreuzchen in der Karte machen. Genau in der Mitte. Wir haben einen riesengroßen Übersegler und es ist erschreckend, wie langsam man sich auf dieser Karte fortbewegt. Mit dem Finger dauert es nur einen Augenblick über den Atlantik, aber Kreuzchen für Kreuzchen und Tag für Tag dauert es ewig. Wir freuen uns trotzdem riesig darüber. Die halbe Überfahrt ist ein Meilenstein. Bergfest nach neun Tagen auf See, das soll mit einem Kuchen gefeiert werden und Heike macht sich nach ihrer täglichen Karteneintragung in der Kombüse ans Werk. Die Kombüse auf der *Kiwitt* ist ein Multifunktionsraum. Sie ist gleichzeitig Salon, Navigationsecke, Aufenthaltsraum und Werkstatt. Genauso wie das Cockpit. Auf acht Metern kann man eben nicht besonders wählerisch sein und alles ist mindestens doppelt belegt.

Neun Tage auf See. Was bedeutet das? Zuerst einmal, dass wir noch mindestens neun Tage bis Barbados vor uns haben. Aber so darf man nicht denken. Der erste Teil der Strecke ist ohne große Zwischenfälle verlaufen und wir hatten meistens Etmale von 110 bis 120 Seemeilen. Das ist für unsere *Kiwitt* ein hervorragendes Ergebnis. Ich rechne immer mit 100 Seemeilen pro Tag und bin zufrieden, wenn wir etwas mehr erreichen. 100 Seemeilen. Rechnet man die Strecke um, dann kommt man auf circa 7 km/h. Mit dem Fahrrad wäre ich also deutlich schneller, allerdings keine neun Tage rund um die Uhr. Solche Rechnungen sind trotzdem etwas deprimierend und im Grunde sind Tage mit Flaute noch nicht einmal berücksichtigt. Angesichts der uns noch bevorstehenden 1.000 Seemeilen bringe ich mich schnell wieder auf andere Gedanken und erfreue mich an der Schönheit der See. Der Duft, der mir plötzlich in die Nase steigt, kommt vom Kuchen. Der Kokoskuchen, den wir bisher mangels frischer Kokosnüsse nur mit Kokosraspeln aus der Tüte machen konnten, duftet köstlich. Dazu kommt konstant schönes Wetter. Traumhafte Bedingungen für unser Bergfest und kein Platz für Trübsal. Segeln mit dem großen Löffel eben. Was wünscht man sich mehr?

Als mein Blick durchs Cockpit schweift, wird meine Aufmerksamkeit unwillkürlich von unserer Angelschnur angezogen. Diese ist straff gespannt. Ein kurzes Fühlen an der Leine bestätigt mir, dass tatsächlich ein Fisch – und nicht nur ein Stück Treibgut – angebissen hat. Die Beute zappelt nämlich ganz ordentlich. Unser Angelequipment besteht aus einer einfachen, ziemlich dicken Leine, die mit einem Gummistropp zur Entlastung an der Heckklampe befestigt ist. Am anderen Ende hängt an einem Stück Draht ein Gummi-Oktopus samt Haken. Das Ganze ist nicht sehr professionell, aber da wir auch keine Lust haben, jeden Tag Fisch zu essen, reicht es für uns vollkommen aus. Hand über Hand hole ich die Leine ein, dabei wird deren Zug immer kräftiger. Der Fisch am Ende der Leine sieht sich noch nicht ganz als unser Mittagessen. Und dass er durchaus eine Chance hat zu entkommen, bezeugen einige große aufgebogene Zwillingshaken, die bei uns in der Backskiste liegen. Damit uns der Fisch nicht wieder durch die Lappen geht, gebe ich gefühlvoll immer wieder etwas Leine nach, wenn der Zug zu groß wird. Ich versuche ihn müde zu machen und bis ich ihn auf Sichtweite herangeholt habe, vergeht fast eine halbe Stunde. Es ist eine Goldmakrele. Und was für ein prächtiges Tier. Sie schimmert in atemberaubenden Farben von Gold bis Blau. Leider wechselt dieses Farbenspiel in ein tristes Grau, sobald sie das Wasser verlassen hat, und genau das ist ja gerade mein Ziel. Manchmal, wenn wir nicht angeln, schwimmen sie auch einfach nur so hinter der *Kiwitt* her und es macht Spaß, ihnen stundenlang zuzusehen. Für mich sind sie die Könige unter den Schwimmern und sehr geschickte Jäger. Oft, wenn fliegende Fische aufsteigen, sind Goldmakrelen unterwegs und mit etwas Glück sieht man, wie eine aus dem Wasser schießt, um ihre Beute im Flug zu schnappen. Eine weitere nette Eigenschaft der Goldmakrele ist, dass sie ein hervorragender Speisefisch ist und das ist für uns gerade das Wichtigste. Ich gebe mir also besonders viel Mühe und ein paar Minuten später liegt sie im Cockpit und macht wild um sich schlagend ihrem Unmut Luft. Einen Augenblick denke ich darüber nach, dass mir das auch nicht gefallen würde. Aber der Jäger in mir ist stärker und die Vorfreude auf ein frisches Stück Fisch besiegelt ihr Schicksal. Wenig später mache ich mich mit einem scharfen Messer bewaffnet daran sie zu zerlegen. Dafür, dass ich erst vor wenigen Wochen meinen ersten Fisch ausgenommen und filetiert habe, klappt es mittlerweile schon ganz gut. Wir legen uns die zwei schönsten Stücke für das Mittagessen zur Seite und bereiten den Rest zum Einkochen vor. Einkochen ist für uns eine der wenigen Möglichkeiten, den verderblichen Fisch haltbar zu machen, denn die *Kiwitt* besitzt weder einen Kühl- noch einen Gefrierschrank. Wir holen die aufbewahrten leeren Marmeladen- und Konservengläser hervor, reinigen sie gründlich und füllen sie mit Fisch. Anschließend werden sie – mit Wasser aufgegossen und mit Öl und Salz verfeinert – im Drucktopf eingekocht. Auf diesem Weg erhält man langlebige Konserven, die man auf Brot, im Essen oder im Salat verwenden kann. Außerdem wird der Fisch, der für unser Mittagessen sein Leben lassen musste, aber für eine Mahlzeit viel zu groß ist, nicht unnötig über Bord geschmissen. Nachdem das erledigt ist, ziehen wir kurzerhand unser für heute Abend geplantes Essen vor und verschieben den Kuchen auf den Nachmittag. Die zwei großen Filetstücke werden mit etwas Öl und Zitrone in der Pfanne gebraten und als Beilage gibt es Kartoffeln und Bohnensalat. Ein fürstliches Mahl zum Bergfest also.

Nach dem Essen übernimmt Heike den Abwasch, das macht sie eigentlich immer. Es könnte daran liegen, dass ich zwar gerne koche, aber sehr, sehr ungern spüle. Schon nach den ersten Monaten haben sich so die Zuständigkeiten in der Küche, zugegebenermaßen etwas zu meinen Gunsten, verteilt. Meistens koche ich und Heike spült. Überhaupt hat jeder ziemlich schnell seinen Zuständigkeitsbereich an Bord gefunden. Heike hat ein Auge auf den Proviant, macht die Reiseplanung, trägt unsere Standorte auf See in die Karte ein und übernimmt die Kommunikation beim Ein- und Ausklarieren. Ich bin der Mann für die Technik an Bord, für das Leeren und Reinigen der Toilette und kümmere mich außerdem um die Routenplanung sowie die Navigation in Landnähe. Daneben gibt es noch eine endlose Liste an Punkten, die wir meist gemeinsam erledigen.

Die nächsten Tage verlaufen sehr ereignislos. Bis auf einen kleinen, fast unbedeutenden Zwischenfall. Um die Batterien zu laden, müssen wir den Motor starten, doch die Geräusche, die der Motor plötzlich von sich gibt, sind uns alles andere als vertraut. Irgendetwas scheint ihm nicht zu gefallen, was wiederum uns etwas Unbehagen bereitet. Doch relativ schnell fällt es mir wie Schuppen von den

Augen: Ich habe das Seeventil vergessen! Aufgrund unserer großen
Zuladung hatten wir ein Problem mit Wasser, das einen Weg in den
Auspuff gefunden hat. Daher ist das Seeventil, das für die Kühlwas-
serversorgung des Motors zuständig ist, seit einer Weile immer geschlossen. Nun ja, der Motor hat ja eine Kühlwasserüberwachung.
Denkste! Das Thermostat, das das Kühlwasser überwacht, war auf
den Kanarischen Inseln abgebrochen. Die Nachfrage in einer spanischen Werkstatt hatte ergeben, dass wir das abgebrochene Teil nur
bräuchten, wenn wir eine Temperaturanzeige hätten, und die gibt
es nicht. Eine absolute Fehlinformation, wie ich jetzt feststellen
muss. Ich drücke also schnell den Stoppknopf. Nachdem der Motor
ein wenig abgekühlt ist, öffne ich das Seeventil und versuche ihn
erneut zu starten. Gott sei Dank. Er springt anstandslos wieder an
und läuft, als wenn nichts gewesen wäre. Ich verbringe eine ganze
Weile vor dem Motor und lausche seinen Geräuschen. Plötzlich gibt
es einen furchtbaren Knall und mir spritzt heißes Wasser entgegen.
Mir rutscht das Herz in die Hose und erschreckt springe ich wieder zur Stopptaste und halte den Motor an. Mit einer Taschenlampe
leuchte ich in den verrauchten Motorkasten. Am Motorblock selbst
ist auf Anhieb nichts zu sehen. Als der Lichtkegel jedoch auf den
Abgasschlauch fällt, bzw. auf die Fetzen, die davon übrig geblieben
sind, wird mir klar, was passiert ist. Durch das fehlende Kühlwasser
war die Abgastemperatur natürlich zu hoch und hat den Schlauch
so geschädigt, dass er dem Druck nicht mehr standhalten konnte.
Das ist mal wieder ein Fall von: „Heute kommt keine Langeweile
auf." Mit einem dicken Stück Gartenschlauch, das ich mitgenommen
habe, ohne genau zu wissen, was ich damit mal anfangen könnte,
und einem Stück Aluminiumrohr kann ich den Schaden beheben, so
dass wir am Mittag den Motor wieder einschalten können. Hoffen
wir, dass er ohne Probleme und seltsame Geräusche weiterläuft.

Ich stehe am Bug und starre in den Dunst hinein. Irgendwo voraus
liegt Barbados. Die Sonne ist noch nicht hinter dem Horizont zu
sehen, aber die Dämmerung ist schon weit fortgeschritten. Heute
ist es soweit, wir erreichen Barbados. Das heißt, natürlich nur,
wenn auf den letzten Meilen nichts mehr schiefgeht, aber davon gehe
ich aus.

Im Dunst voraus liegt das Neue, das Abenteuer und im Dunst achteraus das bereits Erlebte. Barbados ist nach allem, was ich darüber gelesen habe, weniger abenteuerlich als unser letzter Stopp, die Kapverdischen Inseln. Sie waren unser erster Stopp außerhalb Europas. Dieses Stück Afrika mitten im Atlantik war unser erstes exotisches Ziel. Alles, was wir bis dahin besucht hatten, war im Großen und Ganzen ein Teil von Europa und – einmal abgesehen von den längeren Segelstrecken – wenig abenteuerlich.

Die Kapverden hingegen waren in jeder Hinsicht Neuland. Wir mussten das erste Mal richtig einklarieren und es gab außerdem keine Infrastruktur, die auf Segler zugeschnitten ist. Nicht, dass wir diese bisher umfangreich genutzt hätten, aber wir hätten halt jederzeit darauf zurückgreifen können. Wir hatten beschlossen, dass wir uns dieses Stück Afrika nicht entgehen lassen wollten, obwohl es viele negative Berichte gibt. Da diese sich jedoch hauptsächlich auf die Hafenstadt Mindelo beziehen, haben wir diese einfach gemieden und Palmeira auf Sal angesteuert. Von hier wollten wir nun Afrika aus erster Hand genießen. Uns begrüßte ein kleiner afrikanischer Fischerhafen, in dem Fischerboote und ein paar Yachten friedlich nebeneinander lagen. Da dies unser erstes Mal Einklarieren war, waren wir ein wenig angespannt, doch die Beamten waren alle sehr nett. Trotzdem waren einige Gänge kreuz und quer durch die kleine Stadt nötig und das Ganze dauerte gut zwei Stunden. Sal war bereits Afrika wie man es sich vorstellt. Auf der Ladefläche eines Pick-ups, der als Taxi fungierte, fuhren wir zum Hauptort Espargos. Hier konnten wir nach der Überfahrt von den Kanarischen Inseln die Frischvorräte etwas auffüllen und Geld wechseln.

Sal war jedoch nur als Durchgangsstation vorgesehen und somit hielten wir uns nicht lange auf. Unser eigentliches Ziel auf den Kapverden war São Nicolau. Diese Insel hatten uns befreundete Segler empfohlen. So kam es, dass wir nach nur zwei Tagen auf Sal abends den Anker lichteten und den Bug Richtung Westen richteten. Bis zum Ankerplatz vor Tarrafal war es etwas zu weit, um es zwischen Sonnenauf- und Sonnenuntergang zu schaffen, und daher fuhren wir die Strecke über Nacht und hatten so noch den ganzen Tag um mit Tageslicht anzukommen. Der Anker fiel in glasklares Wasser und es war schon fast überflüssig, mit Schnorchel und Flossen bewaffnet nachzuschauen, ob er auch wirklich hält. Zur Sicherheit haben wir es aber trotzdem getan. An Land rannten sofort ein paar Jungs auf uns zu, die auf unser Dingi aufpassen wollten, um sich etwas zu verdienen. In Tarrafal gibt es einen Trans-Ocean-Stützpunkt und der Stützpunktleiter erzählte uns viel von den Inseln und gab uns gute Tipps, was wir uns anschauen sollten, wo schöne Wanderungen möglich sind, welchen Bus wir am besten nehmen und nicht zuletzt, wie die Preise in etwa sind, damit man uns nicht vollkommen übers Ohr haut. Beim Aufsuchen des Internet-Cafés mussten wir feststellen, dass es keinen Strom gab. Auf die Frage, wann wieder mit Strom zu rechnen wäre, bekamen wir die Antwort: „Vielleicht später, vielleicht auch erst morgen!" Na ja, wir hatten Europa eben verlassen. Später klappte es dann doch noch und wir konnten einen kurzen Gruß nach Hause schicken.

Abends schallte vom Land Musik herüber, so dass wir uns kurz entschlossen wieder ins Dingi setzten und an Land fuhren. Wir hatten die Bar, aus der die Musik kam, noch nicht ganz erreicht, als uns der Erste ansprach und direkt ein Bier ausgab. Die Bar war brechend voll mit jungen Leuten und die Stimmung ausgelassen. Da niemand Englisch konnte und weder Heike noch ich Portugiesisch sprechen, war zu meinem Leidwesen die einzig mögliche Verständigung Französisch, das einige sprachen. Heike spielte somit den ganzen Abend die Dolmetscherin. Auf der Insel gab es kaum Touristen und alle freuten sich über uns. Die Leute waren sehr herzlich und obwohl sie kaum Geld hatten, habe ich es den ganzen Abend nicht geschafft, ein Bier selbst zu bezahlen. Später nahmen uns unsere neuen Freunde dann noch mit in eine Disco, bzw. in ein dreigeschossiges Haus, das zu einer Disco umfunktioniert worden war. Nicht besonders groß, aber dafür umso voller. Die Stimmung war großartig und Heike und ich waren wieder die einzigen Fremden. Irgendwann fragte mich einer der Jungs, ob er mit Heike tanzen dürfe. Frech wie ich bin, erlaubte ich es ihm, wohl wissend, dass Heike nicht gerne tanzt. Im Laufe des Abends bekam ich das Gefühl, dass Heike die beliebteste Tanzpartnerin bei den jungen Männern der Stadt war, denn sie standen Schlange bei mir um zu fragen. Auf den Kapverden ist der Altersdurchschnitt sehr niedrig und es gab eine Menge junger Tanzwilliger…

São Nicolau war fantastisch. Größtenteils sehr trocken, teilweise mit schroffen und steilen Felsformationen. Ein kleiner Bereich ist saftig grün mit geradezu lieblichen Hügeln. Wir erkundeten die Insel zu Fuß und mit dem Bus. Die alten Kopfsteinpflasterstraßen verlaufen teilweise atemberaubend und führen über schwindelerregende Steilhänge. Überall leben hier Menschen, die in der kargen Natur Ackerbau betreiben.

Da wir Weihnachten nicht auf See verbringen wollten, lichteten wir, nachdem unsere Vorräte wieder aufgefüllt waren, am 3. Dezember den Anker und stachen direkt von São Nicolau aus in See. Kurs: Barbados.

Ich stehe immer noch am Bug und starre in den Dunst hinein. Die Insel ist nicht zu sehen. Heute ist der 22. Dezember. Hinter uns liegen 19 Tage auf See und fast 2.000 Seemeilen. Die *Kiwitt* wird weiterhin unermüdlich vom Passat Richtung Westen getrieben, wo jeden Moment eine Insel auftauchen muss. Aber der Dunst will sie nicht freigeben. Heike, die bis eben geschlafen hat, kommt an Deck und fragt, ob ich schon etwas gesehen hätte. Ich verneine die Frage und wir sitzen beide schweigend an Deck und versuchen etwas zu erkennen. Es ist schon erstaunlich, welche Streiche einem das Auge spielt. Im Nichts sieht es Schiffe, Häuser, Türme. Irgendwann ist es dann aber soweit. Ein Schatten, den ich schon eine ganze Weile beobachte, erweist sich nicht als Täuschung, sondern als Barbados. Die Freude ist riesengroß und ich suche erst einmal die Gastland- und die Quarantäneflagge heraus, um sie zu setzen. Ein Ritual, das sich bei neuen Landfällen immer wieder abspielt. Danach brüte ich über der Detailkarte von Barbados. Es ist ja nicht so, als hätte ich sie in den letzten Tagen nicht schon Dutzende Male betrachtet. Doch jetzt geht es darum, eine konkrete Landmarke ausfindig zu machen. Wieder zurück an Deck betrachte ich die Insel, die langsam immer klarer wird. Aus Schatten werden plötzlich reale Formen und Küstenlinien. Ich muss kurz daran denken, wie es wohl früher war, als man nicht ständig über GPS seine genaue Position wusste und einzig und allein darauf angewiesen war, dass man seine Landmarken richtig erkannte. Da haben wir es jetzt deutlich einfacher, auch wenn dabei irgendwie ein bisschen von der Faszination verloren geht.

Am Nachmittag runden wir die Südspitze von Barbados und steuern Deepwater Harbour an. Vorbei an der langen, weiten Bucht von Bridgetown und an den vielen dort ankernden Yachten. Deepwater Harbour ist der offizielle Einklarierungshafen und Sitz der Behörden.

Plötzlich bin ich ganz aufgeregt. Ich habe ein kleines Schiff entdeckt, das auf seinem Weg vom Hafen zur Bucht ist. Nach einem schnellen Blick durchs Fernglas bestätigt sich meine Vermutung: Es ist die *Futschikato*. Sofort ändern wir den Kurs und steuern auf unsere Freunde zu. Georg und Irene, die mit ihrer winzigen Shark 24 ebenfalls den Atlantik überquert haben, kommen gerade vom Einklarieren und freuen sich, uns wieder zu sehen. In Gibraltar haben wir die beiden das erste Mal getroffen, als sie um die Mittagszeit mit ihrem kleinen Schiff ans Heck der *Kiwitt* gefahren kamen um „Hallo" zu sagen. Sie waren gerade auf dem Weg zum Ausklarieren, da sie den günstigen Wind nutzen wollten, um den Sprung in den Atlantik zu schaffen. Mit im Gepäck hatten die beiden die Information, dass der Wind im Laufe des nächsten Tages auf West drehen sollte. Nach einer kurzen Unterhaltung machten sie sich auf den Weg und ließen uns nachdenklich zurück. Fahren oder bleiben war für uns die Frage. Eigentlich wollten wir erst am nächsten Tag starten und vorher noch alles in Ruhe erledigen. Nach kurzer Beratschlagung und einem Blick in die Gezeitentafel stand unsere Entscheidung fest: Fahren und zwar noch am Abend. So hatten wir noch genug Zeit, alles zu erledigen und konnten trotzdem noch den günstigen Wind nutzen. Georg und Irene sind demnach schuld daran, dass wir die Straße von Gibraltar bei Nacht passiert haben.

Bei dem Gedanken, sie nachts zu passieren, war mir anfangs nicht so richtig wohl. Aber als wir eine Weile auf See waren und alles gut lief, wurde es entspannter. Der Plan war, bis zum Ende des Verkehrstrennungsgebiets an der spanischen Küste entlang zu segeln und dann Kurs Süd-Süd-West einzuschlagen.

Es war eine laue Nacht, klare Sicht und kaum Seegang. Der angenehme Wind wurde allerdings immer mal wieder so schwach, dass wir den Motor mitlaufen ließen, um zügig aus dem Einflussgebiet der Tidenströmungen heraus zu kommen. Alles in allem war es ein toller

Start in den Atlantik, der uns wahrscheinlich nicht so leicht gefallen wäre, hätte uns die Crew der *Futschikato* nicht mit dem Wetterbericht versorgt. Auf den Kanaren haben wir die beiden wieder gesehen und sie haben uns verabschiedet, als wir Richtung Kapverden aufgebrochen sind. Georg und Irene sind von den Kanaren direkt nach Barbados gesegelt und nach so vielen tausend Meilen nur eine Stunde vor uns angekommen. Nach einer kurzen Begrüßung beschließen wir abends gemeinsam ein Bier zu trinken und machen uns erst einmal wieder auf den Weg zum Hafen.

Das erste Anlegemanöver nach gut zwei Monaten ist eine kleine Herausforderung, aber es klappt ganz gut. Wir packen unsere Schiffsunterlagen zusammen und haben auf dem Weg zu den Behörden das erste Mal seit 19 Tagen wieder festen Boden unter den Füßen. Mein Gleichgewichtssinn scheint die Umstellung aber gut zu verkraften und ich kann geradeaus laufen. Das Einklarieren geht zügig und professionell über die Bühne und wir warten nur eine Viertelstunde auf den Quarantänebeamten. Immigration und Zoll sind sofort zur Stelle und schon nach einer knappen Stunde wir uns schon auf den Weg zum Ankerplatz. Dort fällt unser Anker in 30 Metern Entfernung zum weißen Sandstrand ins Wasser. Es ist so klar, dass ich ihn ganz deutlich in acht Metern Tiefe im Sand liegen sehen kann…

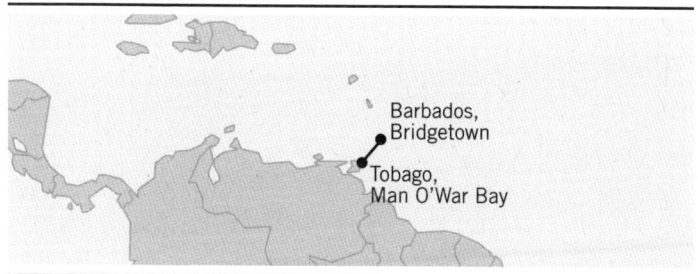

Barbados,
Bridgetown

Tobago,
Man O'War Bay

Barbados

Weihnachten wollten wir auf Barbados sein. Wir haben es tatsächlich geschafft. Heute ist der Tag vor Heiligabend und die nächsten zwei bis drei Wochen wollen wir hier verbringen. Gestern haben wir, nachdem der Anker gefallen war, nicht mehr viel gemacht. Wir sind eine Runde zum Strand geschwommen und haben auf dem Weg Georg und Irene einen Besuch abgestattet, die ganz in unserer Nähe ankern. Den beiden ist es auf der Atlantiküberquerung nicht so gut ergangen. Mal wieder... Bereits auf dem Weg zu den Kanaren war ihnen das alte laminierte Ruder ihrer Shark 24 durchgebrochen und sie hatten sich ein neues aus Holz einfliegen lassen müssen. Ungefähr eine Woche von Barbados entfernt brach ihnen dann der Ruderbeschlag. Glücklicherweise konnten sie ihr neues Ruder gerade noch retten und ihre Windsteueranlage als Notruder verwenden, was allerdings bedeutete, dass sie Tag und Nacht Ruder gehen mussten. Dass das bei einer Zwei-Mann-Besatzung sehr anstrengend ist, kann man sich leicht vorstellen. Kein Wunder, dass die beiden nun überglücklich sind, Barbados erreicht zu haben. Und das Programm für die nächste Woche steht auch schon fest: Ruderbeschlag ausbauen und schweißen lassen.

Aber erst einmal steht Weihnachten vor der Tür. Nach einer entspannten und ruhigen ersten Nacht sind wir heute alle wieder fit und
wollen zu viert Bridgetown erkunden. Wir begeben uns also in das
bunte Treiben der Stadt. Und was ist das erste, das man nach einer
langen Überfahrt an Land tut? Genau, wir steuern das erstbeste Internetcafé an. Dort können wir unseren Lieben zu Hause ein besonders schönes Weihnachtsgeschenk schicken: ein Lebenszeichen von
uns. Im Café angekommen, stellen wir fest, dass man auch relativ
günstig per Internet nach Deutschland telefonieren kann. Über eine
E-Mail würden sich sicher alle freuen, aber ein Überraschungsanruf
an Heiligabend würde wohl alles übertreffen. Der Plan steht und wir
stürzen uns in das fröhliche Treiben zwischen den bunt bemalten
Häusern. Nach der langen Zeit auf See muss man die vielen Menschen erst einmal auf sich wirken lassen. Es dauert eine ganze Weile,
bis wir uns nicht mehr fehl am Platz fühlen. Alles ist, zumindest im
Vergleich zu unserem beschaulichen Leben an Bord, plötzlich laut
und hektisch. Wir trinken etwas, essen ein Eis, kaufen ein wenig frisches Obst und die Zeit vergeht beim Beobachten der Menschen wie
im Flug.

Am Nachmittag machen Heike und ich uns auf den Weg zum
Trans-Ocean-Stützpunkt, denn sie erwartet Post und kann es kaum
erwarten, sie in Händen zu halten. Dass die Suche nach einer fremden Adresse nie ganz einfach ist, war mir klar, aber darauf vorbereitet, von zehn Personen zehn völlig unterschiedliche Wegbeschrei-
bungen zu bekommen, war ich nicht. Die Ziele sind über die halbe
Insel verteilt und wir sollen die verschiedensten Fortbewegungsmittel nehmen. Uns bleibt nichts anderes übrig, als immer weiter zu fragen, da die Adresse eigentlich stadtnah sein soll. Das kann also noch
heiter werden. Irgendwann stellt sich die erste Wegbeschreibung als
die richtige heraus. Leider war sich gerade dieser Mann recht unsicher, doch die Straße liegt tatsächlich nur zehn Gehminuten von
uns entfernt. In der Chelsea Road angekommen, stehen wir vor dem
nächsten Problem: Das Haus in einer Straße ohne Hausnummern zu
finden. Planlos laufen wir die Straße rauf und runter, wir hatten uns
schon bei der Weitergabe der Postadresse an die Daheimgebliebe-
nen gewundert, dass wir keine Hausnummer finden konnten. Jetzt
ist klar warum: Es gibt einfach keine. Plötzlich fällt mir auf, dass die

Häuser alle ein Schild mit einem Namen haben. Doch bis ich eins und eins zusammenzähle, dauert es noch eine Weile – schieben wir die verzögerte Auffassungsgabe ruhig auf die hohen Temperaturen. Aber irgendwann macht es dann doch »klick« und der zusätzliche Name in der Adresse ergibt plötzlich Sinn. Mit dieser Erkenntnis gestaltet sich die Suche auf einmal ganz einfach und kurz darauf begrüßt uns Jens, der hiesige Stützpunktleiter.

Mal wieder lassen wir uns mit den für Segler so interessanten Informationen versorgen: Wo kann man gut einkaufen, wo gibt es sauberes Wasser, wo bekommt man Diesel, was ist sehenswert und was das beste Fortbewegungsmittel? Aber Jens erzählt uns auch viel über die Insel und über sein Leben hier. Als er Heike ihre Post übergibt, ist sie so aufgeregt, als wäre Weihnachten und Ostern auf einen Tag gefallen. Auch wenn im Zeitalter des E-Mail-Verkehrs niemand mehr lange auf seine elektronische Post warten muss, üben geschriebene Briefe nach wie vor eine große Faszination aus. Sie sind etwas Besonderes, auf das man sich lange freut, und Heike hält sichtlich zufrieden die schon viele Wochen alten Briefe von Freunden und Verwandten in ihren Händen. Ich bin allerdings recht schreibfaul, was Briefe oder Postkarten angeht, und erwarte daher auch nicht, dass mir jemand schreibt. Zum Abschied schenkt Jens uns ein paar Früchte aus seinem Garten mit und einen Zweig von seinem Tannenbaum, damit es an Bord etwas weihnachtlich riecht.

Ein bisschen weihnachtliches Flair an Bord können wir heute sehr gut gebrauchen, schließlich ist der 24. Dezember. Am Heiligen Abend machen wir uns mit Georg und Irene auf den Weg in die Stadt. Nach dem obligatorischen Besuch im Supermarkt schlendern wir Richtung Internetcafé, um zu Hause anzurufen. So richtig Weihnachtsstimmung kommt bei 30° natürlich nicht auf. Bei strahlendem Sonnenschein unter Palmen ist es auch schwer vorstellbar, dass die Familie sich bei Minusgraden nur mit Mütze und Handschuhen vor die Tür traut. Den Gedanken, Georg zu überreden, seine Wintermütze rauszukramen, damit etwas mehr Weihnachtsstimmung aufkommt, verwerfe ich angesichts der Schweißperlen auf seiner Stirn allerdings schnell wieder. Die Gefahr eines Hitzeschlages erscheint mir dann doch zu groß. Das Internetcafé besitzt Gott sei Dank eine

Klimaanlage, so dass wir uns schnell auf angenehme Temperaturen abkühlen können. Es ist kurz nach Mittag, als ich zu Hause anrufe. Die Vorstellung, dass dort alle vor dem Weihnachtsbaum sitzen – es sind ja fünf Stunden Zeitverschiebung – ist irgendwie absurd, aber die Freude meiner Familie riesig. Alle wollen mit mir sprechen und da es ja glücklicherweise ein Gespräch übers Internet ist, kann ich mir den Luxus leisten, ihnen und mir diese Freude zu machen. Ein normales zwanzigminütiges Telefongespräch hätte unsere Reisekasse für die nächste Woche geplündert. Während ihrer Wartezeit helfen Georg und Irene dem Besitzer des Internetcafés Geschenke zu verpacken. Das lohnt sich, er gibt uns dafür ein kaltes Bier aus. Die kühle Erfrischung macht Lust auf mehr und so beschließen Georg und ich kurzerhand eine kleine Weihnachtsparty zu starten, damit uns nicht langweilig wird, während die Frauen noch telefonieren. Ich hole eine Flasche Barbados Rum hervor, die sich beim Einkauf in meine Tasche geschlichen hat. Unser neuer Freund, der Cafébesitzer, scheint ebenfalls einer kleinen Party nicht abgeneigt und holt spontan in der benachbarten Bar einen Kübel mit Eis und ein paar Gläser. In Ermangelung von Cola trinken wir braunen Rum auf braunem Zucker mit Eis. Ein wenig schüttelt es mich beim ersten Schluck; besonders gut schmeckt das nicht. Da Heike und Irene aber telefonieren und telefonieren, werden aus dem einen Glas schnell ein paar mehr und die Stimmung von uns dreien steigt stetig. Nach einer gefühlten Ewigkeit im Internetcafé machen wir uns auf den Weg zu unseren Schiffen. Im Boatyard, der Strandbar, wo sich der Dingi-Anleger befindet, gönnen wir uns noch einen Cocktail und verabreden uns für den späteren Abend.

Doch der Weg zur *Kiwitt* wird lang, denn wir machen einen Zwischenstopp auf einem dänischen Schiff und bleiben dort hängen. Wir werden auf ein Getränk eingeladen. Richtig, es gibt wieder Rum und Heiligabend vergeht bei einer netten Unterhaltung mit eigentlich wildfremden Leuten sehr schnell. Als wir endlich auf der *Kiwitt* ankommen, steht die Sonne schon knapp über dem Horizont. Wir machen uns schnell unser Weihnachtsessen, dessen Hauptbestandteil eine Dose Rouladen ist, die wir noch aus Deutschland mitgebracht haben. Mit unserem Festmahl nehmen wir im Cockpit Platz. Die Konserve ist noch ein Überbleibsel des Verpflegungspaketes, das ich von meinen Eltern letztes Jahr Weihnachten als Vorgeschmack auf die Reise bekommen habe. Wir haben sie uns für einen besonderen Tag aufgehoben. Allerdings mag ich frische, selbst gemachte Rouladen unheimlich gerne und so ist es wenig verwunderlich, dass ich von diesem Weihnachtsessen maßlos enttäuscht bin. Als Entschädigung dafür können wir in sommerlicher Kleidung im Cockpit sitzen und bei einem Cocktail den durch die untergegangene Sonne leuchtend rot angestrahlten Himmel bewundern. Nach dem Essen kommt die Müdigkeit und auch Georg und Irene, die, wie wir später erfahren, auf dem Rückweg zu ihrem Boot auf einem holländischen Schiff hängen geblieben waren, sind nicht mehr sonderlich motiviert auszugehen. Daher klingt der Abend im Cockpit aus und wir gehen früh ins Bett. Heiligabend einmal anders...

Am ersten Weihnachtstag geht es ungewöhnlich weiter. Zusammen mit Georg und Irene bereiten wir unser Weihnachtsessen vor: Hamburger. Das hört sich für ein Weihnachtsessen seltsam an, aber nach den letzten Monaten fernab von Fast Food ist uns einfach danach und außerdem sind es nicht wirklich Hamburger, sondern kleine, frisch zubereitete, kulinarische Meisterwerke. Nach dem fürstlichen Essen fahren wir gemeinsam an den Strand und trinken Cocktails. Heute lassen wir den lieben Gott einen guten Mann sein und tun sonst überhaupt nichts. Es ist wie Urlaub, einfach mal ausspannen. Zu Hause denken eh alle, wir wären im Dauerurlaub, da können wir uns Weihnachten ja auch einen Urlaubstag gönnen! Von einem Dauerurlaub sind wir, ohne uns beschweren zu wollen, allerdings weit entfernt. Einen großen Teil der Zeit, circa ein Drittel, segeln wir. Das ist zwar keine richtige Arbeit, aber Freizeit oder gar Urlaub ist es auch nicht. Ein weiteres Drittel der Zeit geht für Besorgungen, Einklarieren, Reparaturen und Erledigungen drauf. Das letzte Drittel ist tatsächlich Urlaub. Wir schauen uns die Orte an, bei denen wir ankern oder machen, wie heute, einfach nichts. Das ist richtig schön und so beschließen wir, den zweiten Weihnachtstag auch noch „frei" zu machen. Kurzerhand nehmen wir den Bus und fahren mit Georg und Irene an einen schönen Strand weiter im Norden der Insel.

Weihnachten ist bei uns zu Hause immer ein Familienfest und ich kann mich nicht daran erinnern, dass ich über die Feiertage schon einmal verreist war. Und jetzt sitze ich hier am Strand unter Palmen, vor mir das türkisblaue Wasser der Karibik und vermisse irgendwie das nasskalte Schmuddelwetter zu Hause und die Besuche der Verwandtschaft. Es ist das erste Mal auf dieser Reise, die vor 131 Tagen begonnen hat, dass ich es bedaure, nicht mal eben nach Hause fliegen zu können. Na ja, ich musste ja unbedingt über den Atlantik segeln. Gott sei Dank gibt es viel zu sehen und zu erleben, so dass ich mich ganz gut ablenken kann.

Zwischen Weihnachten und Neujahr hat sich Besuch angekündigt und daher machen wir uns auf den Weg zum Flughafen. Natürlich sind wir viel zu früh, da Heike nervös war und unbedingt rechtzeitig losfahren wollte. Der Flieger kommt planmäßig und kurz darauf sehen sich Steffie und Heike das erste Mal seit einem halben Jahr wieder. Wie gesagt, Heikes Briefe machen mich nicht wirklich neidisch, aber in diesem Moment würde ich auch gerne ein vertrautes Gesicht aus dem Flieger steigen sehen. Aber dass während der Erfüllung meines größten Wunsches auch noch alle kleinen in Erfüllung gehen, wäre wohl etwas zu viel verlangt. Zurück auf der *Kiwitt* besprechen wir gemeinsam die Pläne für die nächsten Tage. Im Großen und Ganzen steht Sightseeing auf dem Programm und wir touren kreuz und quer über die Insel. Besonders schön ist die Ostküste, wo es sehr grün und schroff ist, da hier die rauen Atlantikwellen ungehindert gegen die Insel laufen. Ein Paradies für Surfer, die sich unerschrocken in die meterhohe Brandung stürzen. Wir belassen es aber bei einem Spaziergang am steinigen Strand und beobachten die Wagemutigen nur.

In Steffies Reiseführer steht, dass die Bottom Bay den schönsten Strand der Karibik haben soll. Skeptisch, wie ich bin, teile ich den beiden Damen mit, dass wahrscheinlich jede Insel in der Karibik behauptet, eine Bucht mit dem schönsten Strand der Karibik zu haben. Ich stoße auf wenig Gehör und so sitzen wir einige Tage später im Bus und fahren zur Bottom Bay. Dort angekommen stockt mir der Atem und ich muss kleinlaut zugeben, dass dieser Strand wirklich überwältigend ist. Ob er der schönste der ganzen Karibik ist, sei einmal dahingestellt, aber der schönste von Barbados ist er bestimmt. Vor uns liegt ein wunderschöner weißer Sandstrand, der ganz leicht rosa schimmert. Den passenden Kontrast bietet der graue Fels, der die Bucht einrahmt. Hinter dem Strand funkelt das türkisblaue Meer und um das kitschige Klischeebild abzurunden, stehen auf dem Strand noch einige hoch gewachsene Kokospalmen. Man sollte eigentlich meinen, dass es an einem solch traumhaften Ort brechend voll wäre, aber der Strand ist nur von wenigen Leuten besucht. Nach einem erfrischenden Bad im Meer liege ich in der Sonne und lasse die traumhafte Szenerie auf mich wirken. Plötzlich klettert ein junger Einheimischer eine der wirklich extrem hohen Palmen hoch, um ein paar Trinknüsse herunterzuholen. Und jetzt ist das Bild des Traumstrandes perfekt. Besser hätte man es im Reisekatalog nicht ablichten können.

Strand, Strand, Strand. Die Zeit seit Weihnachten ist hauptsächlich von Stränden geprägt. Und so ist es nicht weiter verwunderlich, dass wir auch Silvester wieder am Strand feiern. Diesmal in einer größeren Runde von Seglern aus verschiedenen Nationen. Es wird erzählt, gegessen und getrunken. Als es dann soweit ist, einige Stunden später als in der Heimat, entzündet sich auf den vielen vor Anker liegenden Schiffen ein Feuerwerk aus Seenotraketen und Fackeln. Wäre blöd, gerade jetzt tatsächlich in Seenot zu geraten.

So verstreichen die Tage und plötzlich stehen wir nach 14 Tagen wieder am Flughafen und verabschieden Steffie. Auf der *Kiwitt* kehrt der Alltag wieder ein und ich beginne noch am selben Tag die anstehenden Aufgaben abzuarbeiten. Der wichtigste Punkt auf meiner Liste ist, das Heck der *Kiwitt* neu zu streichen. Im unteren Bereich platzt der Klarlack ab und das darunter liegende Holz ist bereits feucht geworden. Der Ankerplatz ist zwar ruhig, aber der zu reparierende Bereich ist unmittelbar über dem Wasserpass und jedes vorbeifahrende Dingi sorgt dafür, dass die Wellen gegen den Spiegel schwappen. Da wir es uns aber auch nicht leisten können, die *Kiwitt* aufs Trockene zu stellen um die Arbeit dort auszuführen, muss eine andere Lösung her. Ich habe in den letzten Tagen bereits darüber nachgedacht und einen Plan entworfen. Wichtigster Bestandteil sind die großen aufblasbaren Luftsäcke, die wir an Bord haben, um die *Kiwitt* im Falle eines Lecks schwimmfähig zu halten. Ob das bei einer Havarie tatsächlich funktionieren würde, ist eine andere Frage,

aber jetzt will ich zwei oder drei dieser Säcke unter dem Heck po-
sitionieren und sie aufpumpen. Gesagt, getan. Nachdem wir alles
vorbereitet haben, schnappe ich mir Taucherbrille und Flossen und
springe über Bord. Heike reicht mir den ersten Sack an und ich
schiebe ihn unter das Heck. Anschließend muss sie im Cockpit wie
wild pumpen und tatsächlich, der Sack füllt sich langsam mit Luft.
Der Skeg des Ruders verhindert, dass er nach hinten rausrutscht.
Das hört sich abenteuerlich an? Ist es auch irgendwie, aber nachdem
wir noch zwei Säcke unter der *Kiwitt* platziert haben, liegt der Spiegel gut 30 Zentimeter über der Wasseroberfläche. Im Beiboot sitzend
kann ich jetzt die Stelle gut bearbeiten. Das Boot will natürlich immer wegtreiben und so ist es eine ziemlich mühselige Angelegenheit.
Nach ein paar Tagen erstrahlt das Heck aber wieder in neuem Glanz.

Wir sitzen im Taxi auf dem Weg zur Zeitung und morgen haben wir
einen Termin beim Fernsehen. Wer will da noch von Urlaub sprechen? Unser Terminkalender ist voll mit Presseterminen. Naja, zumindest mit zwei Terminen. Eine Ordensschwester, die wir heute
Morgen kennengelernt haben, war so begeistert von unserer Reise
mit der kleinen *Kiwitt*, dass sie kurzerhand bei der Zeitung und beim
Fernsehen angerufen hat. Bei der Redaktion angekommen, werden
wir auch schon erwartet. Man interviewt uns recht ausführlich, wobei Heike den größten Teil der Antworten gibt, da mein Englisch
leider nach wie vor sehr holprig ist. Offensichtlich soll es ein recht
langer Artikel werden, was uns ein wenig wundert, da Segler auf
Barbados ja nichts Ungewöhnliches sind. Nach dem Interview geht
es mit einem Fahrzeug vom Verlag zum Strand, um ein paar Bilder
von uns mit der *Kiwitt* im Hintergrund zu machen. Der Artikel soll
in der Sonntagsausgabe erscheinen. Dumm gelaufen, denn Samstag
wollten wir eigentlich weiter. Doch dafür sind wir dann doch zu neugierig und beschließen, die Abfahrt um einen Tag zu verschieben.

Zeitung war gestern, heute geht es in die zweite Runde. Wir stehen
um 6.00 Uhr morgens vor dem Gebäude des CBC, dem staatlichen
Fernsehen von Barbados. Wir haben keine Ahnung, was wir hier
eigentlich sollen, aber da die nette Schwester so darauf bestanden
hat, dass wir auch zum Fernsehen gehen, wollen wir unsere Mana-
gerin nicht enttäuschen. Man lässt uns herein und erklärt uns, dass

wir in der Sendung „Good morning Barbados" ein kurzes Interview geben sollen. Im Studio müssen wir erst einmal in die Maske und werden gepudert. Dass ich auf der Weltreise auch noch meine ersten Schminkerfahrungen – außerhalb der Karnevalszeit – mache, hätte ich mir vorher auch nicht träumen lassen. Anschließend warten wir hinter den Kameras und schauen der Liveshow zu. Irgendwie fühle ich mich nicht besonders wohl. Ich stehe in einem Fernsehstudio weit weg von zu Hause und soll ein Interview über eine Atlantiküberquerung geben, die hundert andere im Jahr ebenfalls machen, in einer Sprache, die ich nicht richtig beherrsche. Naja, wenigstens bin ich gepudert. Aber auch Heike ist nervös. Sie lässt sich ja schon nicht gerne fotografieren, da löst ein Fernsehauftritt nicht gerade Freudentaumel aus. Und dann auch noch live. Allerdings ist es jetzt zu spät, wir bekommen ein Zeichen und nehmen auf zwei Stühlen vor der Kamera Platz. Nach einer kurzen Ankündigung richtet sich die Kamera auf uns und die Moderatorin stellt eine Frage zu unserer Reiseroute. Froh darüber, überhaupt verstanden zu haben, was sie will, fange ich an, in gebrochenem Englisch irgendwas in die Kamera zu stammeln. Als Heike das Wort übernimmt, bin ich einfach nur dankbar. Trotz ihrer Nervosität ist ihr Englisch um einiges besser als meins und die weiteren Fragen werden an sie gerichtet. Glück gehabt. Zwei Minuten später ist unser kurzer Ruhm auch schon wieder vorbei, die Sendung geht ihrem Ende entgegen. Am Abend können wir uns ein Video unseres Interviews abholen. Ob ich das überhaupt sehen will, weiß ich noch nicht.

Es ist ruhig um mich herum und die *Kiwitt* schaukelt rhythmisch. Wir fahren mit kräftigem Wind Richtung Südwesten mit Kurs auf Tobago in die aufkommende Nacht hinein. Es ist der 20. Januar und die letzten zwei Tage waren wie im Flug vergangen. Die *Kiwitt* musste nach der Reparatur wieder seeklar gemacht werden, wir mussten Wasser bunkern und Besorgungen machen. Heute Morgen, kurz vor dem Auslaufen, ist Heike noch schnell an Land gefahren, um die Zeitung mit unserem Artikel zu kaufen. Anschließend haben wir sofort den Anker gelichtet. Da unsere Batterien mittlerweile so kaputt sind, dass sie keine Ladung mehr aufnehmen, können wir auch unseren Motor nicht mehr starten und machen im Moment alles unter Segel. In Trinidad, unserem nächsten Ziel nach Tobago, wollen wir neue

Batterien kaufen. Es ist keine lange Fahrt, die uns bevorsteht. Eigentlich ist es nur dieser Tag und die kommende Nacht. Die Entfernung ist gerade so groß, dass wir sie in gut 24 Stunden schaffen sollten. Da wir vormittags losgefahren sind, haben wir noch den ganzen Tag, falls uns der Wind im Stich lassen sollte. Ich genieße es wieder auf See zu sein, die heranrauschenden Wogen, die tief stehende Sonne, die angestrahlten Wolken und die *Kiwitt*, die durchs Wasser gleitet. Heike hat sich eben verabschiedet und ich habe die erste Wache übernommen. Navigatorisch steht nichts Abenteuerliches an, da wir das Nordende von Tobago vermutlich erst bei Tageslicht erreichen werden. Es gilt also nur auf Schiffe zu achten und die Nacht zu genießen. Ich denke an das Erlebte der vergangenen Wochen und überlege, was uns wohl als nächstes erwarten wird. Ob wir Georg wieder sehen werden, der mit der *Futschikato* schon vor einer Woche alleine nach Tobago weitergefahren ist? Da die beiden so spät dran waren und Irene ihr Praktikum in Curaçao beginnen musste, ist sie von Barbados aus dorthin geflogen. Georg segelt ihr nun hinterher, will aber vorher noch ein paar karibische Inseln besuchen. Mittlerweile ist es völlig dunkel geworden und ich merke, dass ich langsam müde werde. Also stelle ich den kleinen Quälgeist. Nach Schiffen schauen, hinsetzen, dösen, piep piep, piep piep, aufstehen, nach Schiffen schauen,… So vergeht die Nacht im Zehn-Minuten-Rhythmus, bis mich Heike ablöst. Im Bett liegend träume ich, wovon man mitten in der Karibik halt so träumt: von einem ständig piependen Wecker. Ein Traum, der nicht unbedingt einen erholsamen Schlaf fördert. Über Nacht hat der Wind nachgelassen und so sichten wir erst gegen 18.00 Uhr Tobago, das aber in den nächsten Stunden nicht wirklich näher kommen will. Bald wird es wieder dunkel und wir beschließen, während der Nacht beizudrehen.

Ich staune nicht schlecht, als ich am nächsten Morgen das Kreuzchen in die Seekarte mache. Wir befinden uns 25 Seemeilen von der Nordspitze Tobagos entfernt. Offensichtlich hat uns eine starke Strömung Richtung Norden versetzt. Diese Vermutung bestätigt sich, als wir wieder Kurs aufnehmen und sich die Insel nur quälend langsam nähert. Wir kommen so schleppend voran, dass es den ganzen Tag dauert, bis wir der Nordspitze wieder nahe sind. Und wie kann es anders sein? Es ist schon wieder zu spät, um den Ankerplatz anzulaufen. Mit der untergehenden Sonne sinkt die Stimmung an Bord auf einen Tiefpunkt. Wir hatten uns auf eine Nacht auf See einge-stellt und nun wird es schon die dritte. Diesmal kreuzen wir mit fünf Meilen Abstand zur Insel hin und her. Mit den ersten Sonnenstrahlen am nächsten Morgen nehmen wir Kurs auf die Man O'War Bay, vor-bei an den wagemutigen Fischern, die mit ihren kleinen Booten und langen Schleppangeln eine Art Motorcross in den hohen Wellen am Nordkap veranstalten. Mit einer leichten Brise segelt die *Kiwitt* in die Bucht und dann, na dann ist der Wind weg. Da der Diesel ohne Batterie nicht anspringt, hänge ich unseren kleinen, zwei PS schwa-chen Außenborder an das Heck. Quälend langsam schiebt er uns in die Bucht hinein, bis es flach genug ist, um den Anker zu werfen.

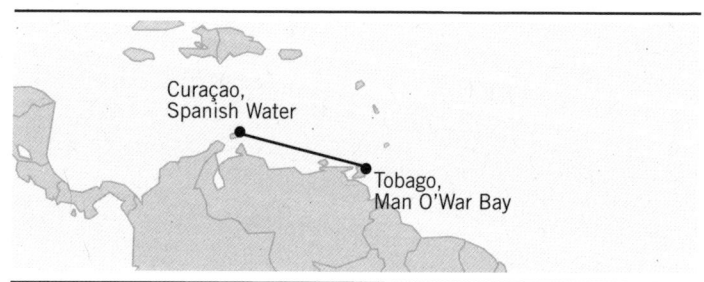

Trinidad und Tobago

Wir haben das Schiff noch nicht ganz aufgeklart, da bekommen wir schon Besuch. Reimer und Christina, zwei Deutsche, die mit ihrem Wharram Katamaran in der Bucht liegen, begrüßen uns und erklären, wo wir die Behörden finden. Die Man O'War Bay ist traumhaft schön. Die umliegenden Berge haben kräftig grün bewachsene Hänge und in ihrer Mitte liegt der kleine Ort Charlotteville, der einen einladenden Eindruck macht. Nachdem ich unser Schlauchboot aufgepumpt habe, fahren wir an Land. Die Formalitäten gehen ohne Probleme über die Bühne und wir dürfen uns frei bewegen.

Tobago ist toll und schon am zweiten Tag ist mir klar, dass ich – falls ich noch einmal den Atlantik überquere – direkt hierher fahren werde. Charlotteville ist ein beschauliches Örtchen, viel zu kaufen gibt es hier nicht. Nur ein paar kleine Läden, dafür aber kaum Trubel und so gut wie keine Touristen, wenn man von den paar Seglern absieht. Da sich in dieser Idylle nicht einmal ein Geldautomat finden lässt, unternehmen wir kurzfristig einen Ausflug nach Scarborough, denn ohne Geld kommt man auch in diesem kleinen Paradies nicht weiter. Wir nutzen den technischen Fortschritt am anderen Ende der Insel, um zu Hause anzurufen und E-Mails zu schreiben. Ein kleines Internetcafé, welches in einer windschiefen, bunten Holzhütte untergebracht ist, hat Charlotteville zwar auch, allerdings geht es dort so gemächlich zu wie im Rest der Stadt. Die Startseite meines E-Mail-Accounts braucht über fünf Minuten zum Laden und wenn dann tatsächlich die neuen E-Mails angezeigt werden, bricht die Verbindung immer wieder zusammen. Scarborough selbst finde ich wenig sehenswert, allerdings können wir hier noch ein paar Einkäufe erledigen. Zurück fahren wir genauso, wie wir gekommen sind: mit dem Bus. Nur, dass das heute Morgen in Charlotteville irgendwie einfacher war, denn dort gab es nur einen. Hier den richtigen Bus zu erwischen, ist da schon kniffliger. Als der Fahrer uns hereinbittet und ich feststelle, dass bereits alle Plätze belegt sind, staune ich nicht schlecht über das, was dann passiert. Kurzerhand werden ein paar Hocker herausgeholt und in den Gang gestellt. Doch der Bus fährt erst los, als auch der Mittelgang bis zum letzten Platz belegt ist. Das klingt eher ungewöhnlich als komfortabel und hat dazu noch den Haken, dass wir, zusammen mit allen anderen Mittelgangsitzern, bei jedem Halt im Gänsemarsch mit dem Hocker unterm Arm aus dem Bus steigen müssen, damit die anderen Fahrgäste aussteigen können. Ich bin richtig froh, als der Bus sich so weit geleert hat, dass ich endlich einen richtigen Sitzplatz ergattern kann. Bei dem rasanten Fahrstil des einheimischen Busfahrers, der offensichtlich durch die wilden Steeldrum-Rhythmen aus dem Autoradio inspiriert wird, ist das Balancieren auf einem wackligen Hocker nämlich äußerst unbequem.

Die Fahrt geht jedoch auch irgendwann vorbei und zurück auf der *Kiwitt* schäle ich die Brotfrucht, die wir heute Mittag auf dem Markt gekauft haben. Heikes Abendessenswunsch sind nämlich Kartoffelklöße, beziehungsweise in unserem Fall Brotfruchtklöße. Keine Ahnung, ob das funktioniert. Da wir noch nie eine Brotfrucht gekauft haben, habe ich überhaupt keine Ahnung, wie ich sie am besten zubereite. Erschwerend kommt hinzu, dass ich noch nie Kartoffelklöße gemacht habe. Immerhin hat man uns gesagt, dass man sie genauso wie Kartoffeln verarbeiten kann. Daher sieht der Plan erst einmal vor, alles in Stücke zu schneiden und zu kochen. Die ganze Brotfrucht ist so groß, dass uns ein Drittel für heute Abend reicht. Alles klappt dann auch wie am Schnürchen und Heike bekommt ihre

Kartoffelbrotfruchtklöße. Innen sind sie ein wenig pappig, wobei ich nicht sagen kann, ob es an der Brotfrucht oder an unserer mangelnden Erfahrung liegt. Abgerundet wird unser fast typisch deutsches Mahl mit einem Bier, das dank frisch gekauftem Eis heute sogar kalt genossen werden kann.

Die Tage kommen, die Tage gehen, so wie schon auf der ganzen bisherigen Reise. Wir leben immer mehr in unserem eigenen Rhythmus, so wie es uns gerade passt. Wenn es uns gefällt, bleiben wir länger, wenn nicht, fahren wir weiter. Es gibt nur noch wenige feste Planungen oder Termine und die meisten haben mit den Jahreszeiten und den dadurch vorherrschenden Winden zu tun. Da es hier so schön ist, verweilen wir etwas länger als die geplanten fünf Tage. Wir haben uns bereits die Insel angeschaut, waren wandern und haben die Natur genossen. Für heute steht ein Strandtag auf dem Programm und so packen wir unsere Sachen zusammen mit einem wasserdichten Fass ins Dingi und fahren los. Die große Man O'War Bay hat einige kleinere Einbuchtungen mit Sandstränden und ein besonders schöner, der eine knappe Seemeile entfernt ist, soll unser Ziel für heute sein. Durchs Fernglas habe ich gesehen, dass ein ziemlicher Schwell in der kleinen Bucht steht und habe daher vorsichtshalber einen Anker und eine lange Leine für das Dingi eingepackt. Da an ein Anlanden aufgrund der hohen Wellen auch tatsächlich nicht zu denken ist, legen wir unser kleines rotes Schlauchboot in sicherer Entfernung vor Anker. Die Sachen, die wir mit an Land nehmen wollen, verfrachten wir in das wasserdichte Fass und schwimmen rüber. Für diese Mühe werden wir mit einem einsamen, vielleicht 50 Meter langen weißen Sandstrand belohnt, der rechts und links von Klippen eingerahmt wird. Ein kleiner Bach fließt aus dem leuchtend grünen Wald und sucht sich seinen Weg ins Meer. Am Waldrand steht Bambus, der bestimmt 15 Meter hoch in den Himmel ragt. Ich folge dem Wasserlauf ein Stück in den Wald hinein und bereits nach wenigen Metern stehe ich mitten im Dschungel. Überall wachsen Blumen, die man zu Hause nur aus dem Gewächshaus kennt und das in einer Größe, die ich mir bis jetzt nicht vorstellen konnte. Ein wenig weiter entdecke ich einen kleinen Wasserfall und das Süßwasser stellt eine willkommene Abwechslung zu den sonst salzhaltigen Duschen dar. Den größten Teil des Tages verbringen wir mit Lesen, Baden und

Faulenzen am Strand und freuen uns einfach nur über unser kleines tropisches Paradies.

Am nächsten Morgen beschließe ich, mein Glück mit der von Reimer geliehenen Harpune zu versuchen. Ich fahre mit dem Dingi zu dem einsamen Felsen, der mitten in der Bucht steht. Hier soll der beste Platz zum Speerfischen sein. Ich springe mit Taucherbrille, Flossen und Schnorchel bewaffnet über Bord und das erste, was mich begrüßt, ist eine Schule von Barracudas, die gemächlich im tiefen Wasser vor dem Felsen ihre Kreise ziehen und auf Beute warten. Der Barracuda ist ein echt grimmiger Fisch, dem man einfach ansieht, dass er ein Räuber ist. Obwohl er in der Regel für Menschen nicht gefährlich ist, dauert es eine Weile, bis ich mich an das Umfeld gewöhnt habe und die Schönheit des Riffs wahrnehme. Es gibt Korallen in allen Formen und Farben, außerdem ist das Riff bevölkert von bunten Fischen. Langsam wird die Umgebung vertraut und ich kann mich orientieren. Vor dem großen Hauptfelsen, der aus dem Wasser ragt, liegt gut zehn Meter unter mir ein kleinerer Felsen. Ein einheimischer Fischer hat uns erzählt, dass man dort Thunfische erwischen kann. Nach ein paar tiefen Atemzügen tauche ich mit der gespannten Harpune in der Hand in die Tiefe und lege mich auf die Lauer. Das Wasser in der Bucht ist meistens ein wenig trüb, da es rund um die Inseln viele Schwebstoffe vom Orinoco, einem der größten Flüsse Südamerikas, gibt. Ich starre also in das etwas trübe Blau vor mir, als plötzlich etwas auf mich zugeschwommen kommt. Es ist ein schöner Thunfisch und er ist nicht allein. Eine ganze Gruppe schwimmt etwa drei bis vier Meter unter mir auf den Felsen zu, scheucht eine Schule kleiner Fische vor sich her und dreht dann wieder ab und verschwindet. Fasziniert beobachte ich dieses Schauspiel, das sich wenig später wiederholt. Noch völlig gebannt von der Situation merke ich plötzlich, dass mir die Luft ausgeht. Es wird höchste Zeit mit ein paar kräftigen Flossenstößen wieder aufzutauchen. Wie weit zehn Meter dann plötzlich sind, merkt man erst, wenn man mit schon knappem Atem nach oben will. Gott sei Dank bekommt man beim Auftauchen, wenn der Druck etwas nachlässt, das Gefühl, man hätte wieder mehr Luft. Trotzdem bin ich froh, als ich die Wasseroberfläche durchbreche und tief einatmen kann. Nach ein paar Minuten Erholung starte ich einen neuen Versuch. Diesmal positioniere ich mich noch ein paar Meter tiefer neben dem Felsen und warte darauf, dass die Fische vor meiner Harpune vorbeischwimmen. Plötzlich tauchen sie wieder aus dem trüben Blau auf, schwimmen auf den Felsen zu und machen einen Bogen. In diesem Moment peile ich ein schönes Exemplar an, drücke ab und der Speer zischt los. Daneben! Nicht, dass ich ihn nur verfehlt hätte, nein, der Speer hätte ihn gar nicht erst erreicht. Die Reichweite dieser kleinen Harpune ist doch stark begrenzt. Bevor ich zu einem zweiten Versuch ansetzen kann, muss ich erst einmal wieder auftauchen. Dieses Spiel wiederholt sich einige Male und nach über einer Stunde klettere ich völlig geschafft und beutelos ins Beiboot zurück. Diese Biester sind nicht nur unheimlich schnell, sondern haben auch noch ein sehr gutes Gespür dafür außer Reichweite zu bleiben. Etwas deprimiert fahre ich zur *Kiwitt* zurück – schließlich habe ich Heike, optimistisch, wie ich bin, für heute Abend Fisch versprochen. Da müssen wir wohl umdisponieren.

Der Motor der *Kiwitt* blubbert vor sich hin. Wir haben zwar genügend Wind zum Segeln, aber da die Batterie kaputt ist, will ich ihn nicht ausschalten. Morgen früh wollen wir die Einfahrt nach Chaguaramas auf Trinidad meistern und für die Ansteuerung hätte ich gerne eine laufende Maschine. Reimer hat uns heute Morgen mit einer zweiten Batterie Starthilfe gegeben und seitdem läuft unser Diesel. Ich habe die Segel gerade ein wenig gerefft, damit wir die verbleibende Strecke nicht zu schnell zurücklegen und erst bei Morgengrauen vor der Durchfahrt zwischen Trinidad und dem venezolanischen Festland stehen. Mir wird mal wieder bewusst, wie angenehm Segeln ohne Motor ist, aber es hilft ja nichts, da müssen wir jetzt durch. Die Nacht vergeht zügig und ohne Zwischenfälle. In der Dämmerung liegt unsere Position wenige Meilen vor der Durchfahrt. Alles läuft glatt und wir werfen knapp zwei Stunden später den Anker. Das Wasser ist tief und wir brauchen eine Weile, bis wir eine Stelle gefunden haben, an der unser Anker hält. Ich schalte den Motor ab und wir klaren die *Kiwitt* auf. Um uns herum liegen jede Menge Yachten und an Land erstreckt sich ein Mastenwald so weit das Auge reicht. Chaguaramas ist einer der wenigen Anlaufpunkte zur Bootsreparatur und -überholung weit und breit. Hier hoffen wir alle unsere Erledigungen machen zu können. Unsere Liste ist lang: ein Stück neuer

Auspuffschlauch, ein neues Aluminiumrohr für den Spinnakerbaum, Zündkerzen für den Außenborder, ein neuer Wassertank, neue Batterien, Epoxidharz und, und, und. Wenn ich die Liste so betrachte, kommt mir der Gedanke, wie schön es ist, wenn man nicht auf sein Budget achten muss. Einfach alle größeren, anfallenden Arbeiten an lokale Handwerker vergeben, das wäre ein unbeschreiblicher Luxus. Träumen ist erlaubt, aber daran ist freilich mit dem uns zur Verfügung stehenden Budget nicht zu denken. Wir haben beide rund 12.000 Euro gespart. Umgerechnet auf die geplante Reisedauer sind das je Person knapp 315 Euro pro Monat. Nach Abzug der Krankenversicherung, der Vollkasko für die geliehene *Kiwitt* und unserer eigenen Haftpflichtversicherung bleiben jedem von uns noch knapp 250 Euro im Monat. Mehr haben wir nicht zu Verfügung für Instandhaltung, Reparaturen, Klarierungsgebühren, Kosten für Kanalpassagen und nicht zuletzt zum Leben. Das ist nicht viel, aber trotzdem haben wir es bisher geschafft, davon zu leben, und uns sogar ein kleines Polster aufgebaut. Ich hoffe, dass uns das auch weiterhin so gelingen wird, allerdings bleibt da ein Handwerker für Reparaturen ein Wunschtraum.

Unser erstes Ziel, nachdem ich das Beiboot aufgebaut habe, ist, wie kann es auch anders sein, eine andere Yacht. Hier fragen wir nach dem besten Anlegeplatz für unser Dingi und den besten Anlaufstellen an Land. Da es noch früh ist und wir nicht unnötig lange bleiben wollen, machen wir uns sofort mit unserer Liste auf den Weg von einem Yachtzubehörgeschäft zum nächsten, um Preise zu vergleichen. Der teuerste Posten auf unserer Liste sind die zwei Batterien, eine große mit 120 Amperestunden zur Versorgung und eine kleinere mit 75 Amperestunden zum Starten des Motors. Recht schnell haben wir den günstigsten Anbieter gefunden, müssen aber erfahren, dass die Batterien fünf Tage Lieferzeit haben. So lange wollten wir eigentlich nicht bleiben, aber es bleibt uns nichts anderes übrig. Nach langem Suchen finden wir endlich auch ein Geschäft, das einen flexiblen Wassertank hat. Damit wollen wir das Problem des undichten Wassertanks, das uns schon seit dem Start der Reise begleitet, endgültig beheben. Der Tank war wohl mal für ein anderes Schiff bestellt worden, dann aber liegengeblieben. Der Preis stimmt, aber ganz geheuer ist er mir nicht. Ich beschließe, ihn erst einmal im Cockpit aufzufüllen.

Eimer für Eimer fülle ich ihn mit Wasser und siehe da, ein kleines Rinnsal läuft vom Tank zurück ins Meer. Er ist bereits jetzt undicht und damit kein bisschen besser als unser alter. Der Händler nimmt ihn anstandslos zurück und ich vermute, dass er ihn bereits mehrfach verkauft hat und nur auf einen Unglücklichen wartet, der den Schaden erst bemerkt, wenn er schon wieder auf See ist. Mit Ausnahme des Wassertanks bekommen wir in Chaguaramas alles, was auf unserer Liste steht.

An Land treffen wir auch Wilfried und Elke, zwei Deutsche, die wir seit den Kanaren schon mehrmals getroffen hatten. Sie haben ihre *Macoma*, ein nur neun Meter langes Stahlschiff, aus dem Wasser geholt, um das Unterwasserschiff von Grund auf zu erneuern. Das ist bei den hier herrschenden Temperaturen eine ziemlich schweißtreibende Arbeit und ich beneide sie nicht. Da die beiden auch innerhalb von drei Jahren um die Welt segeln wollen, muss die Arbeit so schnell wie möglich fertig werden, damit sie es noch in diesem Jahr schaffen, durch den Panamakanal zu fahren.

Die fünf Tage vergehen schnell, denn neben den ganzen Besorgungen sind ja auch noch ein paar Reparaturen an der *Kiwitt* auszuführen. Die Reparaturliste ist sowieso eine endlose Geschichte. Sie ist unheimlich lang und bleibt es auch, denn immer, wenn ich oben einen Punkt streiche, füge ich unten zwei neue hinzu. Das ist wirklich wie verhext.

Endlich sind unsere Batterien da. Das Leben mit der Petroleumlampe hat ein Ende. Man kann sich gar nicht vorstellen, wie angenehm es ist, das Licht einschalten zu können, ohne erst ein Streichholz suchen zu müssen. Wir benutzen die Petroleumlampe zwar häufig, um die Batterie zu schonen, aber im Dunkeln einfach mal eben aufs Knöpfchen drücken, damit es hell wird, ist schon eine Steigerung der Lebensqualität. Der Platz für die Batterien befindet sich unterm Cockpit und ist nur durch die große Backskiste zu erreichen, die dafür natürlich mal wieder völlig ausgeräumt werden muss. Ich baue sie ein und bereits beim ersten Versuch springt der Motor an. Zuverlässig wie eh und je.

Und dann ist der Tag der Abreise gekommen. Wir haben bereits den 11. Februar und wenn wir pünktlich zum Karneval auf Curaçao sein wollen, müssen wir weiter. Heike macht uns zum Frühstück rostige Ritter, die mir allerdings ein bisschen schwer im Magen liegen, und dann fahren wir los. Auf ins Karibische Meer! Das klingt nach Sonne, doch zur Begrüßung beginnt es in Strömen zu regnen. Nach einer guten halben Stunde fällt dann auch noch unser Autopilot aus. Der Tag scheint unter keinem guten Stern zu stehen. Kurzerhand schraube ich den Autopiloten auf, da sich schon ein paar Mal ein Draht im Inneren gelöst hat, doch diesmal kann ich nichts finden. So kommt es, dass sein 22 Jahre alter Kollege, eigentlich schon im Ruhestand, den Dienst übernehmen muss. Als wir die Landabdeckung von Trinidad verlassen, werden wir von einer durch kräftigen Wind recht aufgewühlten See begrüßt und bereits nach wenigen Minuten meldet sich das mir immer noch schwer im Magen liegende Frühstück. Mir geht es innerhalb einer Viertelstunde so schlecht, dass ich zu nichts mehr zu gebrauchen bin. Gut eingepackt, damit mir nicht zu kalt wird, verbringe ich die nächsten zweieinhalb Stunden auf der Salonbank und fluche innerlich über die rostigen Ritter. Seekrankheit ist eine wirklich unangenehme Sache, von der ich Gott sei Dank bisher weitestgehend verschont geblieben war. Meine schlimmsten Erfahrungen mit ihr habe ich im Sommer vor dieser Reise gemacht. Ich war mit Bernhard und der *Kiwitt* für sechs Wochen auf Ijsselmeer und Nordsee unterwegs. Wir saßen bereits seit zwei Tagen in Vlieland im Hafen fest, als sich das Wetter etwas besserte und wir den Versuch starteten Richtung Helgoland zu segeln. Nachdem sich die *Kiwitt* mühselig gegen den Wind zwischen Vlieland und Terschelling durchgekämpft hatte, empfing uns eine aufgewühlte Nordsee. Das war mein Magen nicht gewohnt. Zwar hing ich nicht über der Reling oder der Pütz, aber es ging mir lausig. Das einzige, das etwas Linderung verschaffte, war sich hinzulegen. Wenn man richtig seekrank ist, ist man völlig antriebslos. So lag ich damals auf der Salonbank, mir war kalt und die Decke lag bei meinen Füßen bereit, doch ich konnte nicht die Kraft aufbringen mich zuzudecken. Man dämmert nur so dahin und hofft, dass alles möglichst schnell vorbei geht. Auf unserer bisherigen Reise habe ich zum Glück die Erfahrung gemacht, dass mein Magen nach einigen Tagen auf See unempfindlich wird. Das Dumme ist nur, dass es mir in der aktuellen Situation nicht das

Geringste nützt. Als es mir nach zweieinhalb Stunden noch schlechter geht, nehme ich zum ersten Mal auf dieser Reise zwei Tabletten gegen Übelkeit und eine Stunde später bin ich wieder putzmunter. Abends kann ich sogar schon wieder das Meer genießen.

Die *Kiwitt* macht gute Fahrt Richtung Westen mit ausreichendem Abstand zur venezolanischen Küste. Die nächsten drei Tage ähneln sich wie ein Ei dem andern, es ist bewölkt, der Wind weht kräftig immer aus derselben Richtung und das Meer ist aufgewühlt. Wir kommen gut voran, so dass wir in der Nacht vom dritten auf den vierten Tag Klein Curaçao erreichen. Damit wir Curaçao selbst nicht verpassen und im Morgengrauen schon in Aruba sind, drehen wir bei.

Bei Sonnenaufgang haben wir den Salat. Nein, wir sind nicht zu weit gefahren. Wir haben beim Beidrehen die Angelleine nicht eingeholt und sie dann heute Nacht überfahren. Natürlich, wie konnte es auch anders sein, hat sie sich zu einem unfassbaren Knoten zusammengewickelt und hängt noch dazu in der Schraube. Mit dem Bootshaken lässt sich da nichts mehr machen und mir bleibt nichts anderes übrig, als mit einem Messer bewaffnet vor Curaçao über Bord zu springen und die Schraube frei zu schneiden. Ich hasse das. Schwimmen gehen auf See geht noch, aber mit der Taucherbrille in dieses unendliche Blau zu starren, ist mir unheimlich. Da kann ich mir so oft ich will einreden, dass es äußerst unwahrscheinlich ist, dass gerade jetzt ein riesiger Hai vorbeikommt, der einen Bärenhunger auf Segler hat. Ich bin immer wieder froh, wenn ich auf der Badeleiter stehe und eine kleine Pause machen kann. Nach einigen dieser ungeliebten Tauchgänge sind Schraube und Ruder befreit und wir können den Motor anwerfen. Wir fahren auf die Einfahrt von Spanish Water zu, die schon die ganze Zeit in Sichtweite war.

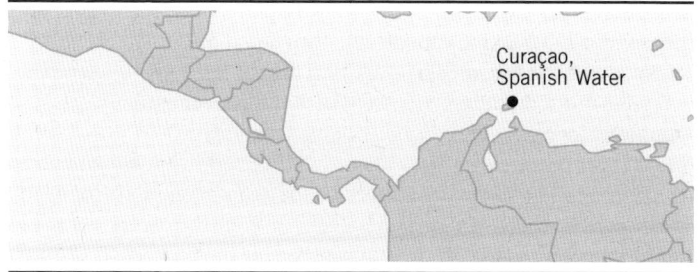

Curaçao,
Spanish Water

Curaçao

Als der Anker fällt und für die Sicherheit des Schiffs alles getan ist, neigt sich der Tag auch schon fast wieder seinem Ende zu. Wir fahren noch zu einem anderen Schiff, auf dem uns ein nettes deutsches Pärchen begrüßt. Klar bekommen wir hier wie immer die wichtigsten Informationen, aber worüber ich mich am meisten freue, ist ein großes Stück holländischer Gouda, das auf den Tisch gestellt wird. Nachdem in den letzten Monaten nur qualitativ nicht besonders guter Cheddar Cheese zu bekommen gewesen war, ist das eine echte Wohltat. Ich liebe Käse und er ist eines der wenigen Dinge, die ich auf unserem Boot wirklich vermisse. Doch jetzt bin ich auf einer Insel, auf der es holländischen Käse gibt, den ich mir auch noch leisten kann. Da freut sich der Gaumen und mit entsprechender Vorfreude fahren wir am nächsten Tag nach Willemstad. Allerdings müssen wir erst einmal einklarieren, was problemlos über die Bühne geht. Die Beamten sind sehr zuvorkommend und obendrein ist die Einreise auch noch kostenlos.

Auf der Suche nach einem Stück Käse schauen wir uns schon ein wenig die Stadt an. Willemstad wird auch Klein Amsterdam genannt und angesichts der Häuser am Hafen gibt es zumindest eine gewisse

Ähnlichkeit. Eine der Hauptattraktionen der Stadt ist die Emma-Brücke: eine gut 160 Meter lange Pontonbrücke, die zwei Stadtteile miteinander verbindet. Auf einer Seite ist die Brücke drehbar an Land befestigt und mithilfe zweier großer Schiffschrauben lässt sie sich komplett zur Seite wegklappen. Der Grund für diese Konstruktion ist, dass sie die Zufahrt zum Hafen von Willemstad überspannt, die auch gleichzeitig die Einfahrt in den Schottegat darstellt. Dort schieben sich immer wieder riesige Tanker mitten durch die Stadt. Bereits 1888, als die Brücke gebaut wurde, war die Zufahrt so wichtig, dass man sich für diese Lösung entschieden hatte. Es dauert nicht lange, da ertönt ein Signal und die Schranken der Brücke schließen sich. Anschließend können wir beobachten, wie sie langsam zu einer Seite wegklappt und gleichzeitig die zwei Fähren ihren Pendeldienst aufnehmen, um die Verbindung zwischen den beiden Seiten der Stadt aufrecht zu erhalten. Irgendwann finden wir dann auch endlich ein Geschäft, in dem ich meinen Käse bekomme. Man lernt auf einer solchen Reise sich über Kleinigkeiten zu freuen. Viele Sachen, die zu Hause einfach normal sind, werden plötzlich zu etwas Besonderem. Den Supermarkt verlassen wir jedenfalls mal wieder mit viel zu vielen Einkäufen. Unter unseren Errungenschaften befinden sich auch alle Zutaten für ein anständiges, frisch gemachtes Cordon Bleu und Brokkoli mit Sahne-Gouda-Sauce.

In Curaçao trifft jedoch nicht nur mein Gaumen auf Bekanntes, es steht noch ein weiteres Wiedersehen an: mit Irene von der *Futschikato*, die hier in Willemstad beim Sea-Aquarium ein Praktikum macht. Unsere Wiedersehensfreude wird allerdings zunächst gebremst, da wir Irene trotz mehrmaliger Anrufe im Aquarium nicht erreichen können. Auch am nächsten Tag haben wir keine Nachricht von ihr und beschließen, alleine zu einer kleinen Inselexkursion aufzubrechen. Wir fahren zeitig mit dem Bus nach Westpunt, der Nordwestecke von Curaçao und genießen den Ausblick aufs Meer. Unsere Begeisterung hält sich aber irgendwie in Grenzen. Man freut sich zwar über viele kleine Dinge, doch ist man beim Anblick von Buchten und Stränden auch ein wenig abgestumpft, wenn man so viel Wasser gesehen hat. Daher machen wir uns nach kurzer Zeit wieder auf den Weg zur Bushaltestelle. Dort angekommen stellen wir fest, dass der Bus nur alle zwei Stunden fährt und uns gerade vor der Nase weggefahren ist. Nach einer kurzen Lagebesprechung beschließen wir uns zu Fuß auf den Weg zum Nationalpark zu machen, der ein paar Haltestellen vor Westpunt liegt. Auf der Straße ist wenig Verkehr, aber wir haben Glück, denn ein Touristenpärchen, das nach einer Weile Fußmarsch an uns vorbeifährt, dreht tatsächlich um und fragt, ob es uns mitnehmen kann. Dieses Angebot nehmen wir dankend an, denn der Weg, der vor uns liegt, ist wenig interessant. Eine lange Straße, Dornenbüsche und Kakteen, so wie fast überall auf dieser sehr trockenen Insel. Wir haben bereits auf dem Hinweg einige Häuser gesehen, die ihren Garten nicht mit einer Mauer, sondern mit einer Wand aus dicht an dicht gewachsenen Kakteen abgegrenzt haben. Auch eine Möglichkeit. Das fröhliche Urlauberpärchen erzählt uns ein wenig darüber, was sie auf der Insel schon gesehen haben. Auf meine Anmerkung hin, dass es hauptsächlich Kakteen und Dornenbüsche zu sehen gibt, erzählen sie uns, dass sie in ihrem Reiseführer gelesen haben, dass man sich zu Zeiten der Sklaverei keine Gedanken über flüchtende Sklaven machte, da auf der Insel aufgrund der vielen Dornengewächse überhaupt kein Durchkommen war. Den Eindruck, dass hier kaum ein Durchkommen ist, habe ich allerdings auch. Dieses Gefühl bestätigt sich am Eingang des Nationalparks. Denn dort weist uns der Ranger darauf hin, dass das Gelände aufgrund seiner Größe besser mit dem Auto zu durchfahren sei. Das ist natürlich doof und nur für eine kurze Stippvisite ist uns der Eintrittspreis zu hoch. Auf dem Weg zu unserem nächsten Ziel, den Salinas St. Marie, begegnen wir einem Farmer, der uns seine kleine Farm zeigt. Er ist ein ehemaliger Polizist, der aber aufgehört hat, weil ihm die Polizei auf Curaçao zu korrupt ist. Stolz zeigt er uns sein Land, auf dem neben Melonen, Kartoffeln und Tomaten auch einige Früchte wachsen. Er erklärt uns, dass es eigentlich genügend fruchtbaren Boden gibt, aber nur wenige Leute Interesse haben, ihn zu bestellen, weil es harte Arbeit ist. Ich kann nicht beurteilen, ob das stimmt. Was er anbaut, sieht aber gut aus.

Die Salinas St. Marie sind von Meerwasser geflutete Salinen, in denen es Flamingos geben soll, und genau deswegen sind wir hergefahren. Wir wollen Flamingos sehen und haben dabei Bilder von riesigen Flamingoscharen, die im knöcheltiefen Wasser stehen, im Kopf. Pustekuchen! An der riesigen Saline angekommen, müssen wir eine ganze Weile auf das Wasser hinaus starren, bis wir die Flamingos entdecken. Ganze sieben Stück zähle ich und die Szenerie ist weit von dem Bild in meinem Kopf entfernt. Na toll, kreuz und quer fahren wir über die Insel, aber so richtig erfolgreich ist unsere Besichtigungstour heute nicht. O.k., wir haben ein paar nette Leute getroffen, aber ansonsten? Wir beschließen, uns auf den Rückweg nach Willemstad zu machen.

Etwas erfolgreicher wird der Tag dann aber doch noch. In einem Internetcafé haben wir endlich eine Nachricht von Irene. Ich versuche, sie unter der Telefonnummer, die sie uns geschickt hat, anzurufen. Die Verbindung wird sofort aufgebaut und ich kann sie auch deutlich verstehen, allerdings stört es unser Gespräch deutlich, dass sie mich nicht hört. Nach einigen „hallo hallo hallo" legt sie wieder auf. Ich versuche es erneut und das Spiel wiederholt sich. Beim dritten Mal klappt es dann endlich und wir verabreden uns für den nächsten Tag am Sea-Aquarium, weil sie heute Abend noch eine Besprechung hat.

Als wir auf den Bus warten, um nach Spanish Water zurückzufahren, taucht Irene plötzlich auf. Wir freuen uns riesig und begrüßen uns herzlich. Sie hat sich spontan entschieden, vor der Besprechung zu uns zu kommen. Nachdem wir ein paar Sätze miteinander gewechselt haben, stellen wir fest, dass es Irene sehr schwer fällt, mit uns Deutsch zu sprechen. Sie hat während ihrer Zeit in Curaçao, immerhin schon gut zwei Monate, so viel Niederländisch gesprochen, dass sie jetzt alles durcheinander wirft. Für mich ist das noch einfach, da ich ja sehr nah an der niederländischen Grenze groß geworden bin; Heike, die aus Rheinland-Pfalz stammt, hat da mit dem deutsch-holländischen Kauderwelsch deutlich mehr Probleme. Zusammen fahren wir zum Sea-Aquarium und schauen uns dort ein wenig um. Irene erzählt uns von ihrer Arbeit und wir erhalten auch ein paar Neuigkeiten von Georg, der mit der *Futschikato* noch in den Grenadinen unterwegs ist und erst in ein paar Wochen nachkommen will.

Später fährt Irene uns zurück zur *Kiwitt* und macht sich dann auf den Weg zu ihrer Besprechung. Die nächsten Tage unternehmen wir öfter was zusammen. Wir kochen ein paar Mal gemeinsam und verbringen gemütliche Abende bei Irene und ihrer Mitbewohnerin.

Außerdem schauen wir uns noch ein wenig die Insel an, genießen die Tage am Strand und lassen es uns einfach gut gehen. Höhepunkt unseres Aufenthalts in Curaçao sind die anstehenden Karnevalszüge. Für mich als Niederrheiner darf die fünfte Jahreszeit im Kalender natürlich nicht fehlen. Umso mehr freue ich mich darüber, dass wir es pünktlich zur Karnevalszeit nach Curaçao geschafft haben. Den Zug wollen wir auch mit den beiden bewundern und daher besuchen sie uns heute auf dem Boot. Doch da wir während unserer Essensvorbereitungen vergessen, den Steg im Auge zu behalten, warten sie vergebens auf unseren angekündigten Dingi-Shuttleservice. Ich bekomme einen richtigen Schreck, als Irene plötzlich die Badeleiter hochgeklettert kommt. Fix mache ich das Beiboot startklar und fahre mit ihr zurück an Land, um ihre Kleider und natürlich auch ihre Mitbewohnerin einzusammeln. Nachdem Irene wieder trocken ist und wir gemeinsam gegessen haben, machen wir uns auf den Weg in die Stadt. Ich bin gespannt auf den großen Karnevalszug. Mein erster Eindruck: Es ist laut. Lauter als in Deutschland. Viel lauter! Eigentlich ist Karneval in Deutschland harmlos dagegen. Und das, was da aus den Lautsprechern dröhnt, hat natürlich mit dem, was bei uns so ertönt, wenig zu tun. Ansonsten ist es eine riesige Party; alle sind ausgelassen und feiern miteinander.

Dann kommt der Zug und die meterhoch mit Boxentürmen beladenen Wagen schieben sich an uns vorüber. Die Musik, soweit man noch davon sprechen kann, schallt nun wirklich ohrenbetäubend zu uns runter. Die vielen Fußgruppen zwischen den Wagen sind da eine reine Wohltat. Nicht, oder nicht nur, weil es dann gerade mal leiser wird, sondern vor allem, weil sie Kostüme tragen, die in allen Farben des Regenbogens leuchten. Besonders farbenprächtig ist eine Gruppe, die als Papageien verkleidet ist. Sie haben über und über mit glänzenden Federn besetzte Kostüme, die im Licht der Nachmittagssonne nur so strahlen. Man sieht den Gewändern an, dass sehr lange an ihnen gearbeitet wurde. Dieses bunte Bild passt in unsere Vorstellung von tropischen Karnevalsumzügen, doch bei der nächsten Gruppe traue ich meinen Augen kaum. Glitzernde Schneemänner stapfen plötzlich die Straße entlang. Auch sie tragen fantastische, aufwendig gestaltete Kostüme. Von einem Kopfgestell hängen kleine Schneeflocken herunter. Diese eisigen Gestalten – wobei den

Kostümträgern wahrscheinlich alles andere als kalt ist – erinnern mich plötzlich daran, dass ich in Deutschland noch nie in T-Shirt und kurzer Hose auf einem Karnevalszug war.

Die Zeit verfliegt mal wieder und bald kommt der Tag des Abschieds. Aber so einfach will Curaçao uns dann doch nicht loslassen. In der vorletzten Nacht bekomme ich auf einmal schreckliche Ohrenschmerzen und kann kaum noch schlafen. Woher die Schmerzen auf einmal kommen, kann ich nicht mit Sicherheit sagen. Im Verdacht habe ich aber die Algen, die ich heute Mittag von der Ankerkette entfernt habe. Jeder Flecken Haut, der mit ihnen in Kontakt gekommen war, fing nämlich an zu brennen. Da ich die Kette unter Wasser geputzt habe und sich schnell eine Wolke von Algen gebildet hat, juckte alles an mir vom Scheitel bis zur Sohle. Aber ob das der Grund für die Ohrenschmerzen ist? Am nächsten Morgen machen wir uns auf die Suche nach einem Ohrenarzt. Der ist schnell gefunden, allerdings spricht der gute Mann schlecht Englisch. Dafür sehr gut Holländisch, was in den Niederländischen Antillen nicht verwunderlich ist, und das kann ich zumindest ein bisschen verstehen. Das Ganze ist bühnenreif. Wild gestikulierend und mit einem Wortmix aus Englisch, Deutsch und Holländisch versuche ich mein Anliegen rüberzubringen. Die Antwort des Arztes fällt ebenso gestenreich aus und am Ende hoffen wir offensichtlich beide, dass wir uns einigermaßen richtig verstanden haben. Die Diagnose lautet, dass ich eine leichte Mittelohrentzündung habe. Ich mache dem Arzt klar, dass wir morgen gerne auslaufen möchten und die nächsten fünf bis acht Tage auf See sein werden. Mit diesem Wissen verschreibt er mir ein paar Ohrentropfen, ein Mittel zum Inhalieren und einen Berg Antibiotika. Für 35 Gulden habe ich eine spannende Behandlung erlebt.

Den Rest des Tages verbringen wir mit Besorgungen. Unser erster Anlaufpunkt ist der schwimmende Markt, ein Kai, an dem Händler aus Venezuela liegen und frisch importiertes Obst und Gemüse direkt von Bord ihrer kleinen Fischerboote verkaufen. Auf dem Rückweg nach Spanish Water stoppen wir noch an einem Supermarkt, in dem wir vor ein paar Tagen einen Großeinkauf gemacht und dabei 1,25 Liter große Konservendosen mit Orangensaft entdeckt haben. Ja, es sind tatsächlich Konservendosen. Jedenfalls haben sie das Mindest

haltbarkeitsdatum gerade überschritten und sind daher stark reduziert. Abgepackte Fruchtsäfte sind, seitdem wir Spanien verlassen
haben, unerschwinglich teuer geworden. Der Liter kostet meist
deutlich über drei Euro. Da wir den Dosenfruchtsaft jedoch getestet
und für gut befunden haben, soll er nun für nicht einmal einen Euro
pro Dose in unseren Besitz übergehen. Wir haben keine Bedenken,
dass er schlecht wird und erwerben einen großen Vorrat. Für uns ist
der Saft ein kleiner Schatz, denn er ist eine willkommene Abwechslung zu dem nicht besonders gut schmeckenden Wasser aus unseren
Tanks. Zurück auf der *Kiwitt* baue ich noch den neuen Tank ein, den
wir in Trinidad nicht bekommen konnten. Hier in Curaçao gibt es
einen Holländer, der Yachten mit Ersatzteilen versorgt. Er hat uns
den Tank innerhalb von drei Tagen beschafft und obendrein zu einem Preis, der niedriger als erwartet war. Wir hoffen, dass der Tank
auf der nächsten Überfahrt das kostbare Nass nicht mehr Tröpfchen
für Tröpfchen verliert und wir endlich kein Süßwasser mehr in der
Bilge haben.

Der Einbau des flexiblen Wassertanks ist einfach, da er bei der *Kiwitt* quasi lose unter der Hundekoje liegt. Ich werfe den alten raus,
baue einen etwas längeren Anschlussschlauch ein und fertig ist die
Sache. Mit Kanistern bewaffnet geht es zum Steg um Wasser zu holen. Jetzt kommt der spannende Moment. Kanister für Kanister füllt
sich unser neuer Tank. Das dauert eine ganze Weile und ich fahre
mehrfach mit dem Dingi hin und her, bis die 150 Liter geschafft sind.
Luft anhalten. Alles ist trocken! Das ist schon einmal ein gutes Zeichen. Jetzt müssen wir abwarten, ob das auch so bleibt. Wenn alles
gut geht, ist die *Kiwitt* mit gut 250 Liter fester Tankkapazität jetzt
wieder gut gerüstet. Zusätzlich haben wir in Kanistern noch 120 Liter
an Bord. Da wir das Wasser eigentlich fast nur zum Trinken nutzen
und alles andere mit Salzwasser machen, reicht diese Menge im Notfall für drei Monate. O.k., beim Kochen benutzen wir dann doch ein
Gemisch aus Salz- und Süßwasser, da sonst alles versalzen wäre. Dafür waschen wir uns aber ausschließlich mit Salzwasser, betreiben
die Toilette mit Salzwasser, spülen mit Salzwasser und so weiter.

Die letzte Amtshandlung an diesem Tag besteht darin, bei einem
benachbarten Boot einen aktuellen Wetterbericht zu erfragen.

Ohne ein See- oder Amateurfunkgerät haben wir keine Möglichkeit einen präzisen Wetterbericht zu empfangen. Das altersschwache VHF-Funkgerät funktioniert ja nur im Nahbereich. Unsere einzige Möglichkeit auf See an Wetterinformationen zu kommen, ist unser fast schon antiquarischer Weltempfänger. Allerdings wird da mehr die Großwetterlage beschrieben und viele Informationen, die für uns interessant sind, gehen verloren. Von daher bin ich froh, dass unsere Nachbarn besser ausgestattet sind. Was wir erfahren, steigert unsere Reiselaune: Für die nächsten drei Tage ist hervorragendes Segelwetter gemeldet, ein konstanter Wind aus Osten und Sonnenschein.

Am 28. Februar lichten wir bei schönstem Wetter den Anker und verlassen Curaçao mit Ziel Panama. Wir lassen es uns nicht nehmen, möglichst dicht am Sea-Aquarium vorbei zu fahren. Und tatsächlich, Irene entdeckt uns, kommt heraus und winkt uns zum Abschied, bis wir am Horizont verschwunden sind…

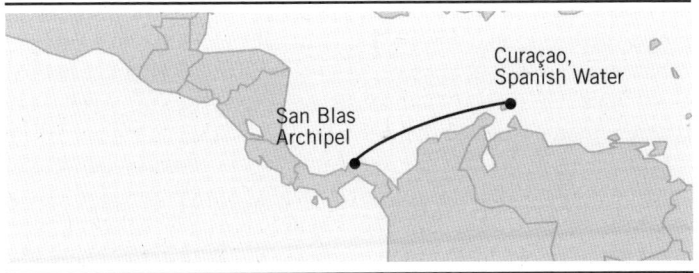

San Blas
Archipel

Curaçao,
Spanish Water

Fahrt nach Panama

Curaçao wird immer kleiner und wir sind wieder auf See. Nach dem Landaufenthalt muss sich das Bordleben erst ein wenig einpendeln, aber wir kommen schnell in unseren gewohnten Rhythmus. Gegen Abend sichten wir Aruba, das wir in der Nacht passieren. Irgendwann in den Morgenstunden verschwinden die letzten Lichter der Insel und als die Sonne aufgeht, ist rundherum nur noch Wasser. Eigentlich überkommt mich bei diesem Anblick immer eine tiefe Zufriedenheit und die Anspannungen der Tage vor der Abfahrt fallen von mir ab, aber diesmal ist es nicht ganz so. Auch wenn der Kurs mit gebührendem Abstand zur kolumbianischen Küste, die nach wie vor als Piratengebiet gilt, verläuft, bleiben wir ein wenig angespannt.

Die ersten zwei Tage der Reise sind traumhaft. Wir haben Bilderbuchwetter und das Meer zeigt sich von seiner besten Seite. Wir sind entspannt und die Zeit vergeht wie im Flug. Sonntagabend nimmt auf einmal der Wind deutlich zu und die Wellen werden höher. Ich sitze gerade im Salon und schmiere mir ein Brot, als das Vorsegel wild zu schlagen beginnt. Ich springe auf und hüpfe ins Cockpit. Die *Kiwitt* ist aus dem Ruder gelaufen und das Vorsegel hat den in Trinidad reparierten Spinnakerbaum wieder in zwei Teile zerrissen. Sofort rufe ich Heike und bahne mir meinen Weg auf das Vorschiff. Die *Kiwitt* rollt furchtbar, da sie quer zur See liegt, und ich muss mich sehr darauf konzentrieren, nicht über Bord geworfen zu werden. Den Sicherheitsgurt habe ich in der Hektik natürlich nicht angelegt. Die nächste Herausforderung besteht darin, sich von dem noch anderthalb Meter langen Rest des Spinnakerbaums, der ja noch immer am Segel hängt, fernzuhalten um nicht erschlagen zu werden. Heike steht an der Schotwinsch und versucht das Segel ein wenig zu bändigen. Erst im dritten Anlauf gelingt es mir, den Rest des Baums zu bergen. Mit den Einzelteilen unterm Arm krieche ich zurück ins Cockpit. Um die *Kiwitt* aus ihrer misslichen Lage zu befreien, nehmen wir sofort wieder Kurs auf. Als ich den Autopiloten wieder einhänge, stelle ich fest, dass er nicht mehr funktioniert. Das war also der wahre Grund dafür, dass die *Kiwitt* so unvermittelt aus dem Ruder gelaufen ist.

Der Versuch, die lästige Aufgabe des Rudergehens auf unsere kleine Windsteueranlage zu übertragen, scheitert. Sie ist dem Druck der Wellen nicht gewachsen und kann unsere Nussschale nicht auf Kurs halten. Da es aber zum Reparieren des Autopiloten schon zu dunkel ist und wir wenig Lust haben über Nacht Ruder zu gehen, drehen wir bei. Wir holen also die Fock dicht und gehen auf den anderen Bug, so dass sie back steht. Das Ruder lasche ich auf der windabgewandten Seite fest. So liegt die *Kiwitt* bequem zu den Wellen und hebt und senkt sich gleichmäßig. Circa eine Stunde später, mittlerweile ist es stockdunkel geworden, hören wir einen lauten Knall im Cockpit, gefolgt von einem ohrenbetäubenden Lärm. Heike schaut mich entsetzt an. Mit einer Taschenlampe bewaffnet reiße ich die Luke auf und klettere hinaus. Der Krachschläger ist unser kleiner Windgenerator. Warum er uns allerdings so erschrecken muss, weiß ich noch nicht. Am Achterstag klammernd und auf der Cockpitbank stehend drehe ich ihn aus dem Wind. Es dauert eine ganze Weile bis er zum Stehen kommt und dann sehe ich die Bescherung: Ein ganzer Flügel ist herausgebrochen. Das auch noch! Keine Ahnung, wie das passieren konnte. Ich schnappe mir ein Bändsel und fixiere damit das Rotorblatt. Als ich wieder im Salon sitze, hoffe ich, dass die Pechsträhne ein Ende hat. Erst der Baum, dann der Autopilot und jetzt der Windgenerator. Das müsste doch erst einmal reichen!

Die Nacht verläuft Gott sei Dank ruhig, aber Wind und Wellen nehmen weiter zu und als ich am nächsten Morgen die geschützte Kajüte verlasse, befinde ich mich in einer Hexenküche. Meer und Himmel sind grau und aufgewühlt. Die Wellen kommen in immerwährender Folge angerauscht und die *Kiwitt* rollt stark. Vorsichtig mache ich einen Rundgang über Deck, kontrolliere Wanten und Stage, die festgezurrten Kanister auf dem Vordeck und natürlich das Vorsegel. Vor den Kanistern finde ich den Flügel des Windgenerators. Ein Wunder, dass er nicht im Wasser gelandet ist. Anschließend bringen wir die *Kiwitt* wieder auf Kurs und in dem Moment, in dem das Vorsegel nicht mehr back steht, beginnt sie loszustürmen. Der Wind ist achterlich und wir machen nur unter Fock über neun Knoten Fahrt. Das ist für unser kleines Schiff viel zu viel, so dass es nicht lange dauert, bis die *Kiwitt* auf dem Kamm einer Welle zu surfen beginnt und aus dem Ruder läuft. Die Erfahrung ist neu für mich. Obwohl ich am Ruder sitze, habe ich kaum eine Möglichkeit, den Kurs zu beeinflussen. Man merkt, wie das Schiff beschleunigt wird und unter lautem Rauschen mit der Welle nach vorne schießt. Bei einer besonders steilen Welle passiert es dann: Wir schlagen quer und die *Kiwitt* lehnt sich weit über. Mir gelingt es, sie wieder auf Kurs zu bringen, aber die Wellen werden immer steiler und das Risiko zu kentern wird immer größer. Ich drücke Heike das Ruder in die Hand und suche nach der Sturmfock. Glücklicherweise ist sie schnell gefunden und nach zwei Minuten bin ich wieder im Cockpit. Wir besprechen kurz das Manöver und dann begebe ich mich vorsichtig aufs Vorschiff um alles vorzubereiten. Da die *Kiwitt* zwei parallele Vorstage hat, kann ich die Stagreiter der Sturmfock schon einmal einhängen. Anschließend lässt Heike die Fock herunter und ich beeile mich die Vorschoten ab- und anzuschlagen, damit der unkontrollierte Moment ohne Segel möglichst kurz bleibt. Noch ist ein wenig Fahrt im Schiff und wir können Kurs halten. Als die Sturmfock oben ist, übernehme ich wieder die Pinne. Wir laufen immer noch sechs bis sieben Knoten. Aufgrund der kleineren Segelfläche rollt das Schiff noch stärker und die Fock fällt immer wieder ein. Wenn der Wind sie wieder aufbläst, gibt es jedes Mal einen Schlag, der die ganze *Kiwitt* erzittern lässt. Man kann sich gar nicht vorstellen, dass dieses Segel, das nicht größer als ein Badehandtuch ist, eine solche Gewalt hat. Peng, und wieder ein Peitschenschlag. Wenn wir so weitermachen, werden das Segel oder die Beschläge nicht lange halten. Ich beschließe es daher mit dem zweiten Spinnakerbaum auszubaumen. Mit einem fast drei Meter langen Baum auf dem Vordeck herum zu hantieren, ist bei diesem Seegang allerdings ein ziemliches Abenteuer. Aber die Mühe lohnt sich, anschließend steht die Sturmfock wie ein Brett.

Der Wind nimmt weiter zu und schnell machen wir wieder über neun Knoten und das mit dem winzigen Segel. Ich sitze am Ruder und versuche unser Schiff mit aller Kraft auf Kurs zu halten. Meistens gelingt es mir, aber ein paar Mal schlägt die *Kiwitt* quer und lehnt sich so weit über, dass ich auf der Rückenlehne der gegenüberliegenden Cockpitbank stehe. Unter Deck fallen dabei alle Teller und Töpfe aus dem Schrank. Die Situation fängt an wirklich gefährlich zu werden und ich überlege, wie ich sie entschärfen kann. Beidrehen ist in dieser Situation nicht mehr möglich; die Wellen sind solche Wasserberge, dass die *Kiwitt* einfach oben von der Kante rutschen würde. Wenn das passiert, ist die Gefahr des Kenterns groß. Das Segel wegnehmen und nur unter blankem Mast zu fahren geht auch nicht, da sich die *Kiwitt* ohne Segel nicht mehr steuern lässt. Die einzige Möglichkeit, die mir bleibt, ist, zu versuchen die Geschwindigkeit durch zusätzlichen Wasserwiderstand zu senken. Ich hole alle dicken Festmacherleinen aus der Backskiste und bringe sie in langen Buchten über das Heck aus. Es sind drei Buchten mit weit über 100 Meter Tauwerk, die ich rechts und links auf einer Achterklampe belege. Die Geschwindigkeit sinkt und wir machen nur noch vier bis fünf Knoten. Als der nächste richtig hohe Wellenberg anrauscht, merke ich, wie die *Kiwitt* nach vorne beschleunigt wird. Doch im selben Moment spannen sich die Leinenbuchten und halten sie zurück. So läuft die Welle unter uns hindurch, ohne dass wir zu schnell werden. Geschafft!

Jetzt ist die Situation wieder unter Kontrolle und ich habe Zeit, das Schauspiel, das mir das Meer bietet, zu bestaunen. Es sind zwei verschieden hohe Dünungen, die uns in unterschiedlichen Geschwindigkeiten hinterherlaufen und sich etwa alle 20 Minuten zu wahren Wasserbergen vereinigen. Die Schaumkronen, die dabei entstehen, sind so hoch, dass das Cockpit der *Kiwitt* mit Gischt gefüllt wird. Wieder und wieder bekomme ich ein Vollbad. Es ist eine atembe-

oben: Lehrer und Schiffseigner Bernhard übergibt die Schiffspapiere seiner Kiwitt.

unten: Aufbruch ins große Abenteuer, Hafen Emmerich am Rhein.

oben: Drei Wochen durch die Französischen Kanäle auf dem Weg zum Mittelmeer.

unten: Das Beiboot als Packesel: Vorproviantierung für die Atlantiküberquerung, Las Palmas/Kanaren.

rechts: Großwaschtag. An Land gibt es eine Waschmaschine und der Platz zum Trocknen wird knapp.

oben: Fischerboote am Strand von Tarrafal, São Nicolau/Kapverden.

unten: Der atemberaubende Blick in den Bergen von São Nicolau lädt zum Verweilen ein, São Nicolau/Kapverden.

rechts: Notfalls können wir es auch ohne GPS.

oben: Speiseplanerweiterung, eine willkommene Abwechslung auf einem Schiff ohne Kühlung.

unten: Unser Backtopf (hier ohne Deckel), eins unserer wichtigsten Küchengeräte.

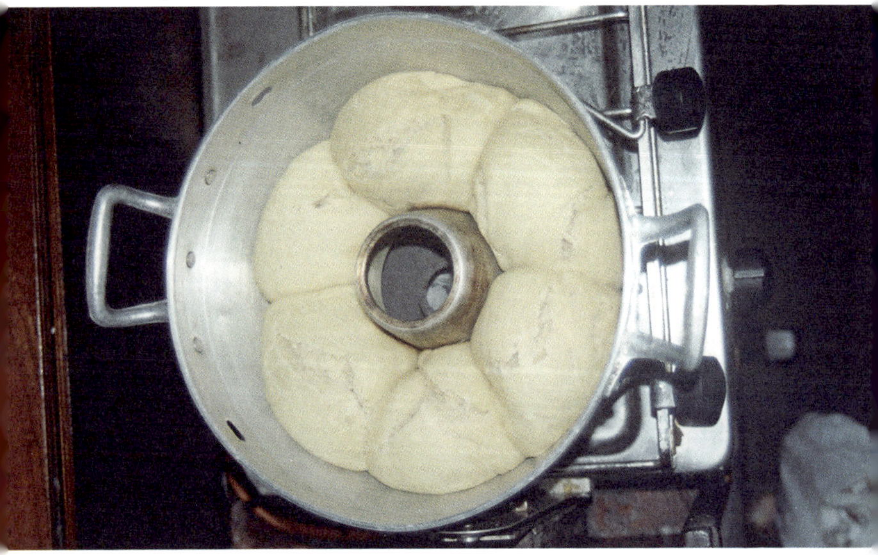

rechts: Der stürmische Weg nach Panama.

oben: Kunst am Spinnakerbaum.

unten: Und immer wieder Segelflicken.

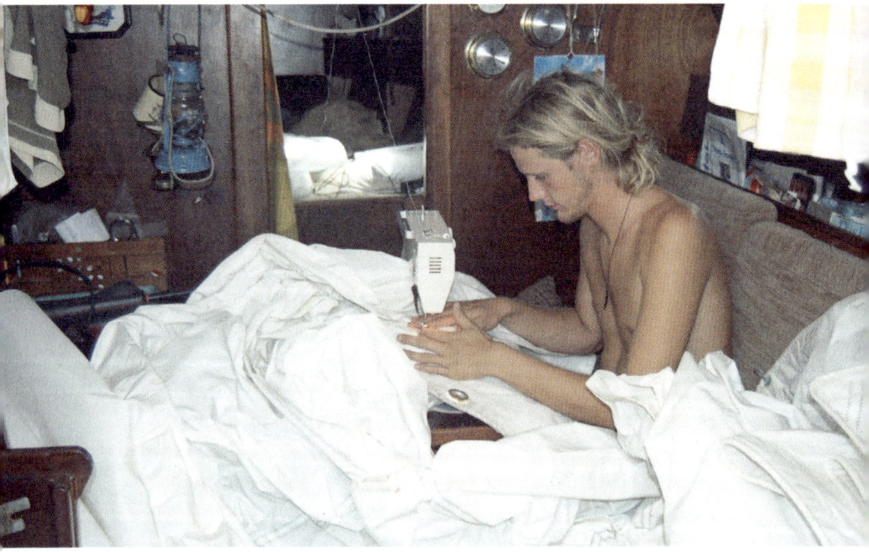

rechts: Urlaubsfeeling auf einer einsamen Insel im San Blas Archipel/Panama.

oben: Reisebegleiter, über die wir uns immer wieder gefreut haben.

unten: Ein Abschiedsgeschenk, das unseren Proviant aufstockt.

rechts: Einer der unzähligen Vorsegelwechsel.

oben: Kreative Reparaturhilfe: Um das Heck neu zu lackieren, haben wir es mit Hilfe von Luftsäcken angehoben.

unten: Hoch und trocken: Der Gezeitenhub reicht gerade aus, um den Saildrive zu reparieren.

rechts: Erfrischung aus schwindelnder Höhe.

*oben: Es heißt, die Südsee würde bereits in Panama beginnen,
San Blas Inseln/Panama.*

unten: Ein einsamer Strand und eine Trinknuss.

rechts: Karibiktraum, San Blas Inseln/Panama

oben: Platzmangel auf der Kiwitt; fünf Segler und ein Lotse, Panamakanal.

unten: Gruppenkuscheln in der Schleuse, Panamakanal.

raubende, wenn auch beängstigende Szenerie. Der Wind nimmt immer weiter zu und die Wellen donnern nur so neben uns her. Ich sitze Stunde um Stunde am Ruder und halte die *Kiwitt* auf Kurs. Irgendwann erinnert mich auch meine Blase daran, dass schon sehr viel Zeit vergangen ist, und ich rufe Heike. Sie traut sich schon seit Stunden nicht mehr ans Ruder, aber jetzt muss sie für eine kurze Zeit übernehmen. Ich beteuere ihr, dass es mit den Leinen, die wir nachschleppen, einfacher geworden sei zu steuern und übergebe ihr die Pinne. Unter Deck herrscht das reinste Chaos. Dadurch, dass wir mehrmals so stark gekrängt haben, liegt alles kreuz und quer auf dem Salonboden herum. Dazu kommt, dass es warm und stickig ist, da man bei diesem Seegang weder Fenster noch Luke öffnen kann. Diese chaotische Sauna rollt dann auch noch ständig hin und her, so dass jede Bewegung zur Qual wird und einem der Schweiß sofort herunter läuft. An Aufräumen ist da überhaupt nicht zu denken. Auch der Toilettengang ist eine unangenehme Sache. Verkrampft versucht man nicht von der nächsten Welle vom eigentlich stillen Örtchen geschleudert zu werden. Dabei bewegt sich alles um einen herum auf und ab und in alle Richtungen, so dass der Gleichgewichtssinn schnell jede Orientierung verliert. Das wiederum schlägt schnell auf den Magen und so bin ich froh, Heike am Ruder wieder ablösen zu können.

Es ist stockfinstere Nacht. Der Sturm heult nun schon seit Stunden und ich habe das Gefühl, dass der Wind seit der Dämmerung noch einmal zugelegt hat. Was bei Tageslicht noch ein beeindruckendes Schauspiel war, ist jetzt nur noch brutale Naturgewalt. Bei Tag habe ich die Wellen hinter mir beobachtet, um den besten Kurs zu finden. Nun kommen die Wasserberge im Dunkeln herangerollt. Um wenigstens noch erahnen zu können, wo sie herkommen, habe ich das Hecklicht der *Kiwitt* eingeschaltet. Die Schaumkronen reflektieren den Fall des Lichts. Ich sitze jetzt seit gestern Morgen fast ununterbrochen am Ruder und halte mich mittlerweile mit einem Hörbuch wach. „Nacht über den Wassern" ist der Titel von Ken Follett – wie passend. Die Kopfhörer sind unter der Kapuze meines Ölzeugs versteckt und ich habe die Hoffnung, dass sie trocken bleiben. Obwohl die Geschichte spannend ist, habe ich das letzte Kapitel schon zweimal gehört, da die Müdigkeit doch immer häufiger gegen die Aufmerksamkeit siegt. Immer und immer wieder werde ich mit Gischt und Schaum übergossen und das Cockpit wird zu einer gefüllten Badewanne, die jedoch binnen Sekunden wieder leer läuft. Entspanntes Baden sieht anders aus. Die Geschichte aus den Kopfhörern beginnt sich mit meinen Träumen zu vermischen. Es geht um einen Flug über den Ozean und ich beginne von diesem Flugzeug über mir zu träumen. Ich habe Mühe, das Schiff auf Kurs zu halten. Plötzlich zischt es um mich herum und ein schwerer wulstiger Strang umschlingt meinen Hals und meinen Oberkörper. Ich schrecke hoch und versuche mich zu befreien, doch es geht nicht, das Ding klammert sich an mich. Nein, das träume ich nicht! Doch es dauert eine ganze Weile, bis ich realisiere, was passiert ist. Durch die Unmengen an Wasser, die ich heute schon abbekommen habe, hat meine selbstaufblasbare Rettungsweste wohl gedacht, ich sei über Bord gefallen. Na ja, es hat auch etwas Gutes, denn jetzt bin ich wieder wach. Und da ich noch Ersatzpatronen habe, bringt mich der unfreiwillige Equipmenttest auch nicht wirklich in Schwierigkeiten. Im Grunde ist eine Rettungsweste bei diesem Wetter sowieso überflüssig. Wenn ich über Bord gehe, findet mich beim besten Willen keiner mehr. Das einzige, was wirklich etwas bringt, ist die integrierte Öse, mit der man sich einpicken kann. Da die Weste jetzt etwas sperrig ist, muss mir Heikes Weste erst einmal als Ersatz dienen.

Beim Morgengrauen lässt der Wind ein wenig nach und die Wellen werden gleichmäßiger. Da ich mich kaum noch auf den Beinen halten kann, übergebe ich die Pinne an Heike und lege mich in die Salonkoje. Als ich wieder aufwache, ist es schon Mittag und es stürmt immer noch kräftig. Ich habe einen furchtbaren Hunger und fange an zu kochen. Nach dem Essen löse ich Heike wieder ab und sie macht einen Eintrag in die Seekarte. Wie nicht anders zu erwarten war, sind wir gut vorangekommen, da uns der Wind mit voller Geschwindigkeit in die richtige Richtung getrieben hat. Eine etwas langsamere Reisegeschwindigkeit bei ruhigerer See hätten wir allerdings gerne in Kauf genommen. Gegen Abend hat sich die Situation dann so weit beruhigt, dass die *Kiwitt* wieder unter Windsteueranlage fahren kann. Wohlgemerkt mit der winzigen Sturmfock und den nachgeschleppten Leinen. Das Ganze funktioniert nicht perfekt und wir kommen etwa einmal die Stunde vom Kurs ab. Aber es ist eine riesige Erleichterung, nicht mehr ständig am Ruder sitzen zu müssen. Bei der Ruderwache kann man nun immer mal wieder für 20 Minuten dösen.

Am Nachmittag des nächsten Tages kann ich die ersten Buchten der Leinen einholen. Hand über Hand, ein richtiger Knochenjob. Man glaubt gar nicht, wie viel Zug ein nachgeschlepptes Tau entwickeln kann. Langsam nähern wir uns auch unserem Ziel und um einen Landfall bei Nacht zu vermeiden, müssen wir über Nacht beidrehen. Es ist schon stockdunkel und ich beobachte, wie sich die *Kiwitt* mit backstehender Sturmfock in den immer noch hohen Wellen verhält. Alles scheint in Ordnung. In dem Moment, als ich mich unter Deck begeben will, sehe ich am Horizont ein Leuchten. Ich behalte es eine Weile im Auge und es wird immer größer. Das ist doch nicht zu glauben! Seit Tagen kein Schiff weit und breit und jetzt, wo wir einfach nur noch schlafen wollen, kommt eins auf uns zu. Und was für eins – ein schwimmender Glaspalast. Ein riesiges Kreuzfahrtschiff, das taghell beleuchtet ist, passiert uns mit nur wenigen Kabellängen Abstand. Ein fantastischer Anblick, nachdem wir tagelang nur Wellen und graues Meer gesehen haben. Kurzerhand beschließen wir, es anzufunken und nach einem aktuellen Wetterbericht zu fragen. Heike setzt also unser altersschwaches Funkgerät in Gang und versucht auf Kanal 16 Kontakt aufzunehmen. Leider bekommen wir keine Antwort. Beim dritten oder vierten Versuch befindet sich das Schiff auf unserer Höhe und plötzlich geht ein riesiger Suchscheinwerfer an und leuchtet übers Wasser, bis er uns gefunden hat. Da liegen wir nun in der rauen See, von einem Hochhaus aus Glas angestrahlt. Das muss ein Bild sein, von da oben die winzig kleine *Kiwitt* viele Meter weiter unten zu sehen, ein Spielball der Wellen, klein und zerbrechlich. Was soll das? Warum der Scheinwerfer? Wollen sie uns ihren Gästen vorführen? Der Riese ist merklich langsamer geworden. Plötzlich schießt es mir durch den Kopf. Sie haben unseren Funkspruch erhalten, wir aber ihre Antwort nicht. Schnell funken wir, dass alles o.k. ist und wir nur einen Wetterbericht haben wollen. Kurz darauf geht der Scheinwerfer wieder aus und der schwimmende Goliath zieht weiter. Vor meinem geistigen Auge betrachte ich die *Kiwitt* vom Deck des Riesen. Eine Nussschale in der aufgewühlten See. Nach diesem Erlebnis gehen wir schlafen, an Nachtwache ist aufgrund der Müdigkeit nicht mehr zu denken. Die zwei durch-kämpften Nächte haben uns ganz schön zugesetzt und wir beschrän-ken uns auf eine Positionsbestimmung alle paar Stunden.

Morgens sichten wir die ersten Inseln des San Blas Archipels. Die Einfahrt in die geschützten Lagunen wird noch einmal spannend: Die immer noch beträchtlichen Wellen laufen hier auf Land auf. Die Wassertiefe verringert sich dramatisch und die Wellen bäumen sich auf und brechen. Es gibt nur eine schmale Durchfahrt, die sicher ist. Eine gute Stunde später liegen wir geschützt hinter der winzig kleinen Insel Porvenir.

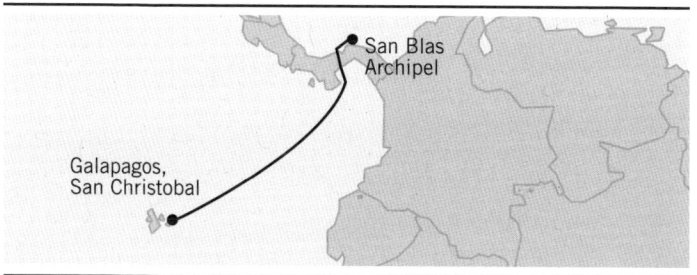

San Blas
Archipel

Galapagos,
San Christobal

Panama

Die Tage auf den San Blas Inseln verstreichen schnell und es ist
schon wieder ein paar Tage her, dass wir in Porvenir angekommen
sind. Dieser kleine Inselflughafen besteht im Wesentlichen aus einer buckligen Betonpiste, die sich quer über das Inselchen erstreckt.
Außerdem gibt es noch ein kleines Flughafengebäude unter Palmen
und, das war für uns das Entscheidende, man kann dort einklarieren.

Die San Blas Inseln sind ein Traum, weiße Sandstrände unter Palmen. Nicht umsonst sagt man, dass die Südsee bereits in der Karibik beginnt. In Kuna Jala, wie die Inseln offiziell heißen, gibt es Inseln, die so winzig sind, dass nur eine einzige Palme darauf wächst.
Dann gibt es welche, auf denen nur ein Haus Platz findet, und wieder andere beheimaten sogar kleine Dörfer oder sind vollständig
mit Bambushütten bedeckt. Zwischen den Inseln herrscht ein reger
Schiffsverkehr. Die Kuna, so heißen die Einheimischen, befahren die
Lagunen mit ihren segelbaren Einbäumen. Angesichts des nicht immer ruhigen Wassers scheint das eine wackelige Angelegenheit zu
sein. Als Außenstehender hat man erst einmal das Gefühl, in einem
kleinen Paradies gelandet zu sein. Ob die Menschen, die hier leben,
das ähnlich sehen, ist schwer zu sagen. Es ist nicht ganz einfach Kon-

takte zu knüpfen, da die meisten sehr zurückhaltend sind. Ein paar
Mal gelingt es uns aber doch und ich habe den Eindruck, dass sie
sich viele ihrer Traditionen bewahrt haben. Dies spiegelt sich auch
in ihren Häusern wider, die meist auf traditionelle Art und Weise gebaut sind. Auf einer der wenigen Inseln, die Stromversorgung haben,
entdecken wir allerdings an jeder Bambushütte einen Stromzähler.
So weit geht die Liebe zur Tradition dann doch nicht.

Wir genießen nach der anstrengenden Überfahrt die Landschaft und
machen ein wenig Urlaub. Auf einer kleinen, dicht mit Palmen be-
pflanzten Insel wohnen nur drei Familien, die schüchtern ein paar
Molas anbieten. Ein Mola ist eine traditionelle Handarbeit aus mehreren Lagen Stoff, die kunstvoll miteinander vernäht werden. Durch
Heraustrennen einzelner Bereiche werden die darunter liegenden
Lagen sichtbar und es entsteht ein buntes Motiv. Heike gönnt sich
ein Mola und ärgert sich später darüber, dass sie nicht mehr gekauft
hat. Außerdem bekommen wir für zwei US-Dollar eine Staude Bananen, die wir an das Heck der *Kiwitt* binden. Gott sei Dank spricht einer der Kuna Englisch, so dass wir ein wenig über das Leben auf der
kleinen Insel erfahren können. Wir lernen, wie die Kleinfamilien sich
versorgen, wo das Trinkwasser herkommt, wie man Kopra macht
und wohin es dann verkauft wird. Kopra ist das getrocknete Fleisch
der Kokosnüsse. Es ist neben dem Fischen eine der Lebensgrund-
lagen dieser kleinen Inselgemeinschaft. Einen Medizinmann gibt es
auch. Dieser schnitzt kleine Figürchen, die nachts die Schlafenden
beschützen sollen. Denn dann, so ihr Glaube, kommt der Teufel aus
den Bäumen herunter und dringt in die Träume ein. Jedenfalls habe
ich das so verstanden.

Einige Tage später erobere ich meine erste einsame Insel und um-
runde diese auch direkt. Da kommt wieder mal der kleine Entde-
cker in mir durch. An unser leibliches Wohl denke ich bei meiner
Erkundungstour natürlich auch und sammle ein paar Kokosnüsse.
Natürlich weiß ich, dass jede Kokospalme auch einen Besitzer hat,
aber auf dieser kleinen Insel liegen derart viele herabgefallene und
auch schon gekeimte Kokosnüsse herum, dass ich kein schlechtes
Gewissen habe. Wie schwer es ist, die eigentliche Nuss, so wie man
sie bei uns aus dem Supermarkt kennt, aus ihrer faserigen Schale

zu bekommen, weiß nur, wer es mal versucht hat. Um ein halbes Dutzend Nüsse mit der Machete aus ihrer Hülle zu befreien, brauche ich über eine Stunde. Die geübten Kuna stellen sich freilich besser an als ich.

In dieser abgeschiedenen Idylle ist die stürmische Anreise schon fast wieder vergessen. Doch Heike gesteht mir, dass sie während des Sturms Angst um ihr Leben hatte und eigentlich von Panama aus nach Hause hatte fliegen wollen. Mir war bewusst, dass ihr die Überfahrt zugesetzt hat, aber dass es so schlimm war, wusste ich nicht. Angesichts Heikes erschreckenden Geständnisses frage ich mich, wie ich die Situation eigentlich erlebt habe. So wirklich darüber nachgedacht habe ich noch nicht und während der Überfahrt hatte ich andere Dinge im Kopf. Nach einigem Überlegen komme ich zu dem Schluss, dass ich keine Angst hatte, dass etwas Schlimmes passieren könnte. Eine der brenzlichen Situationen für mich war, als die *Kiwitt* auf dem Wellenkamm querschlagen wollte. Aber ich muss zugeben, dass ich schon sehr angespannt war. Man achtet ständig darauf, ob alles so ist, wie es sein sollte. Sind die Bewegungen richtig? Ist da ein komisches Geräusch? Werden wir zu schnell oder können wir den Kurs noch halten? Bei einem Sturm erlebt man alles viel intensiver als unter normalen Bedingungen. Allerdings hatte ich es auch ein bisschen leichter als Heike, denn ich war die meiste Zeit mit Steuern beschäftigt. Heike hat, als es richtig unangenehm war, viel Zeit unter Deck verbracht. Da ist es schwerer sich abzulenken. Glücklicherweise hat sie angesichts der Menschen und der tollen Landschaft hier, den Gedanken, die Reise abzubrechen, wieder verworfen. Sie ist einfach zu neugierig darauf, was wir noch alles auf der Reise erleben werden.

Das Wasser ist blau wie in einem Swimmingpool und der Anker liegt in zwei bis drei Metern Tiefe in feinem weißen Sand. Wir sind am schönsten Ankerplatz der bisherigen Reise: Um uns herum liegen nur drei andere Schiffe, ein paar Palmeninseln sind in der Nähe und es gibt tolle Riffe zum Schnorcheln. Wir wollen gerade zu einer Inselerkundung aufbrechen, als der Außenbordmotor beschließt ein Vollbad zu nehmen. Der Schreck ist riesig. Ohne den Außenborder sind wir ziemlich aufgeschmissen, da man unser Schlauchboot kaum

gegen den Wind rudern kann. Ich springe ins Wasser, wo er seelenruhig im weißen Sand liegt. Mit einem Seil hieven wir ihn wieder an
Bord. Jetzt ist guter Rat teuer. Wie rettet man einen ins Meer gefalle-
nen Außenborder? In einem Buch habe ich dazu mal ein paar Zeilen
gelesen, aber das hilft mir im Moment wenig. Mit viel Süßwasser
spüle ich das gute Stück und blase anschließend mit der Dingi-Luft-
pumpe das Wasser aus allen Ritzen. Zum Schluss sprühe ich alles
mit Kriechöl ein, das das letzte Wasser verdrängen soll. Heike schaut
mir betrübt zu. Sie hat wenig Hoffnung, dass der Motor noch einmal
einen gesunden Laut von sich gibt. Außerdem überlegt sie gerade,
dass ein neuer Motor unsere Reisekasse weit über die Maßen strapa-
zieren würde. Verdammt. Das Dingi und der Außenborder sind unsere Haustür, unser Tor zur Welt. Ohne die beiden kommen wir nicht
an Land. Für Häfen reicht das Budget nicht aus und Schwimmen ist
keine echte Alternative. Ich beruhige Heike erst einmal und erkläre ihr, dass wir auch für kleines Geld ein ruderbares Beiboot selber
bauen könnten, für mich aber Hopfen und Malz noch nicht verloren
sei. Nachdem ich mich auch um Vergaser und Zündkerzen geküm-
mert habe, setze ich den Motor wieder zusammen. Kräftig ziehe ich
mehrfach an der Reißleine und plötzlich beginnt er etwas schwerfäl-
lig zu tuckern. Wir sind überglücklich und können aufbrechen.

Am Nachmittag machen wir eine Schnorcheltour, doch nach einer
Viertelstunde sitzt Heike wieder im Dingi. Der Grund für das frühe
Ende ihres Tauchvergnügens ist ihre erste Begegnung mit einem Hai.
Als ich mich dem Dingi nähere, sehe ich ihn auch. Er schaut grim-
mig drein und zieht gemächlich seine Bahnen, ist aber nur armlang.
Ich verrate ihr nicht, dass ich vor zehn Minuten ein gut zwei Meter
langes Exemplar beobachtet habe, sondern schnorchele noch eine
Weile neben dem Dingi her und genieße das farbenprächtige Riff.
Heike zieht hingegen ein entspanntes Sonnenbad vor.

Ja, es geht uns wirklich gut, aber alles hat nun mal ein Ende und
getrieben von den Jahreszeiten, die unseren Segelrhythmus bestimmen, müssen wir dieses kleine Paradies nach anderthalb Wochen
schon wieder verlassen. Über Nacht segeln wir nach Colón und der
Verkehr der großen Schiffe, die zum Panamakanal wollen, nimmt
stark zu. Leider reißt uns auf dem kurzen Stück das altersschwache

Großsegel in der Mitte durch. Ein neuer Punkt auf unserer Liste, die wir in Panama abarbeiten müssen.

Das erste, das wir an diesem Morgen in Colón hören, überrascht uns jedoch sehr: „*Kiwitt*? Ihr seid doch die Vermissten!" Wir schauen etwas fragend drein und erfahren dann, dass die Besatzung der *Max*, einem niederländischen Schiff, das mit uns in Curaçao gestartet war, uns in Colón vermisst hatte. Die beiden haben die San Blas Inseln ausgelassen und den Kanal schon hinter sich. Für uns hingegen beginnt das Prozedere erst, die Kanalfahrt muss organisiert werden. So stürzen wir uns in die Wirren von Colón. Das Schiff muss vermessen werden, der Messbrief zur Kanalbehörde und die Kanalfahrt bezahlt werden. Dass das Ganze nicht von heute auf morgen funktioniert, war zu erwarten. Irgendwann ist es aber soweit und wir sitzen bei der Kanalbehörde vor einem Berg Papieren. Wir kämpfen uns durch den Papierwust und bekommen im Anschluss die Aufforderung, bei der Citibank Colón das Geld zu bezahlen. Die Bank ist ganz in der Nähe, aber es stellt sich heraus, dass beide Kreditkarten nur bis 1000 Euro belastbar sind. Für die Durchfahrt müssen wir aber 1450 US-Dollar überweisen. Knapp 600 Dollar davon sind Kaution für eventuelle Schäden am Kanal. Der Betrag darf natürlich nicht gesplittet werden und so verlassen wir die Bank unverrichteter Dinge. Ich rufe zu Hause an und meine Mutter verspricht, morgen das Limit meiner Kreditkarte hoch setzen zu lassen. Ohne Verzögerungen würde uns ja fast etwas fehlen.

Wir sind mittlerweile schon eine ganze Woche in Colón. Allerdings nutzen wir die Zeit für Besorgungen und Reparaturen. Und davon gibt es genug. Zum Beispiel hat der Außenborder den Geist aufgegeben. Nein, nicht wegen seines Tauchgangs, sondern weil der Impeller gebrochen und der Motor heiß gelaufen war. Dabei ist ein Kolbenring zerbrochen und die Suche nach dem Ersatzteil dauert mehrere Tage. Der Fachhändler kann uns nicht helfen, da unser kleiner Mercury Motor nur in Europa verkauft wird. Also mache ich mich mit dem Messschieber bewaffnet auf den Weg von einer Rollerwerkstatt zur nächsten, um Kolbenringe nachzumessen. Eine typische Rollerwerkstatt in Colón erinnert jedoch eher an einen Schrotthandel. In einem Raum, der einer Abstellkammer gleicht, liegen durchaus 30 oder 40 zerlegte alte Roller auf einem Haufen. Nachdem man sich verständlich gemacht hat – und darin bin ich inzwischen sehr erfahren, man erinnere sich nur an den Ohrenarztbesuch – geht die Suche los. Berge von Schrott werden zur Seite geräumt, in Kästchen und Schubladen gekramt und alle erdenklichen Ringe zusammengetragen. In der zehnten Werkstatt finden wir dann einen Ring, der fast die richtigen Abmaße hat. Der Umfang ist lediglich ein paar Zehntel Millimeter zu lang und ich hoffe, dass ich ihn anpassen kann. Eine Wahl habe ich auch nicht wirklich, denn der Weg vom Ankerplatz bis zum Steg ist endlos lang. Bernhard will uns einen neuen Ring aus Deutschland schicken, aber auch dort muss er erst noch bestellt werden.

Irgendwann klappt es endlich mit der Zahlung bei der Bank und jetzt geht das Warten auf einen Schleusungstermin los. Um diese Zeit zu überbrücken und um besser vorbereitet zu sein, fahren wir auf einem anderen Schiff als Leinenhelfer mit. Um den Kanal zu befahren, müssen nämlich neben dem Steuermann und dem Lotsen noch vier Personen an Bord sein, die die Leinen bedienen. Für die *Julia* mit über zwölf Metern, mit der wir unsere erste Kanaldurchfahrt machen, ist das kein Problem, aber auf der acht Meter kleinen *Kiwitt* wird es da ganz schön eng werden. Es gibt zwei Möglichkeiten an Leinenhelfer zu kommen. Die eine ist, sie zu mieten. Am Yachtclub halten sich zum Beispiel ein paar Taxifahrer auf, die schon unzählige Kanaldurchfahrten gemacht haben. Die andere Möglichkeit, und das ist auch die gängigere, ist, andere Segler mitzunehmen. Unter Seglern herrscht meist ein großes Gemeinschaftsgefühl und alle helfen einander. Selbst fährt man auf zwei, drei Booten mit und dafür helfen andere auf dem eigenen Boot. Das muss dann nicht zwangsläufig die Crew der Boote sein, denen man geholfen hat. Da ein reger Austausch stattfindet, gleicht sich das am Ende immer aus.

Nach 14 Tagen ist es soweit, wir haben einen Termin! Morgen früh soll es losgehen, alles ist vorbereitet. Wir haben genug Essen an Bord, um alle notfalls auch zwei Tage verpflegen zu können, die vier 50 Meter langen Leinen liegen bereit und an der Seite der *Kiwitt* hängen Autoreifen und dicke Fender. Unsere Leinenhelfer sind eine französische Familie, die sich den Kanal schon einmal anschauen will, obwohl die Passage erst in der nächsten Saison geplant ist.

Mutter, Vater und Großmutter begleiten uns, die Kinder bleiben bei Freunden auf einem anderen Schiff. Morgens um 4.30 Uhr sitzen alle bei uns im Cockpit und wir warten auf den Lotsen. Der ist immer das große Fragezeichen bei der Kanaldurchfahrt. Ist der Lotse gut, ist alles entspannt, ist er schlecht oder grimmig, kann es eine sehr, sehr anstrengende Fahrt werden. Plötzlich taucht ein Hafenschlepper aus der Dunkelheit auf und der Lotse steigt an Bord. Dass er dabei fröhlich vor sich hin singt, betrachte ich als gutes Omen. Wir gehen Anker auf und steuern beim ersten Tageslicht auf die großen Schleusen zu. Dort angekommen bilden wir einen Verband mit zwei anderen Yachten und fahren als Päckchen in die Schleuse. Vor uns liegt bereits ein Ozeanriese. Von den Seiten werfen die Schleusenarbeiter Sandsäcke mit langen Leinen aufs Deck, an die wir die Festmacherleinen binden. Anschließend ziehen die Arbeiter sie herauf. Hinter uns haben sich mittlerweile die mächtigen Schleusentore geschlossen und langsam beginnt das Wasser in der Kammer zu steigen. Als sie ganz voll ist und sich die oberen Tore geöffnet haben, fährt der Ozeanriese vor uns langsam in die nächste Kammer. Wir folgen ihm als Päckchen und werden wieder sicher vertäut. Diese Prozedur wiederholt sich drei Mal und nach einer guten Stunde erreichen wir den Gatunsee, einen großen Süßwassersee mit vielen Buchten und Inseln, der für den Kanal inmitten eines tropischen Dschungels angestaut wurde.

Obwohl wir bei günstigem Wind zusätzlich zum Motor die Segel setzen können, kommen wir gerade mal auf fünf Knoten. Dass sich ihre Besatzung verdreifacht hat, steckt die völlig überladene *Kiwitt* nicht einfach so weg. Gegen 11.30 Uhr erreichen wir Gamboa, einen Arbeitshafen, der etwa auf der Hälfte der Kanalstrecke liegt. Der Lotse hält mich an, etwas langsamer zu fahren und führt ein kurzes, für uns unverständliches Gespräch mit der Zentrale. Die Order: Ich soll so schnell wie möglich weiterfahren. Gut, es geht vorwärts. Leider kommt nach 100 Metern ein Funkspruch, der uns anweist in Gamboa zu ankern. Wir schauen etwas enttäuscht drein, als uns der Lotse erklärt, dass unsere Reise erst morgen weitergeht. Er wird abgeholt, wir hingegen dürfen das Schiff nicht verlassen. Da es nicht genug Kojen gibt, wird auch das Cockpit genutzt. Warm genug ist es und glücklicherweise gibt es auch keinen sintflutartigen Regen. Die alte

Plane, die ich aufspanne, hätte wohl nur noch mäßigen Schutz geboten. Der Lotse, der am nächsten Tag mit uns fährt, ist sogar noch freundlicher als der erste. Freundlich, aber leider nicht pünktlich, und so müssen wir uns schon wieder beeilen und erreichen die nächste Schleuse auf den letzten Drücker. Am 28. März gegen 14.00 Uhr öffnen sich die zwei letzten Schleusentore und geben den Weg in den Pazifik frei.

Wir haben es geschafft, jetzt gibt es kein Zurück mehr. Von hier aus führt der Weg nach Hause immer Richtung Westen. Wir verabschieden unsere Helfer, die mit dem Bus zurück nach Colón fahren. Anschließend haben wir die *Kiwitt* wieder für uns allein. Vor der Isla Flamenco fällt der Anker in der Nachbarschaft einiger uns bereits gut bekannter Boote. Der Abend ist eine Wohltat. Wir sind im Pazifik und der ganze Stress vor der Kanalfahrt und die Sorgen, dass es unerwartete Probleme geben könnte, liegen hinter uns. Wir müssen jetzt nur noch darauf achten, dass unsere Kaution zurücküberwiesen wird. Im Nachhinein betrachtet war auch diese erst so groß erscheinende Hürde eigentlich ein Kinderspiel. Auf dem Weg zum Mittelmeer, quer durch Frankreich, haben wir so viele Schleusen hinter uns gebracht, von denen einige deutlich höher waren als diese hier, dass es gar nichts so Besonderes war. Aber das Erlebnis, von einem Ozean zum andern gefahren zu sein, bleibt. Vor uns liegt die größte Wasserfläche der Erde.

Das Wasser um uns herum ist spiegelglatt und die Segel hängen schlaff herunter. Seit Stunden dümpelt die *Kiwitt* vor sich hin, nur unterbrochen von gelegentlichen Brisen, die plötzlich aus dem Nichts kommen und genauso schnell wieder aufhören. Es ist keine einzige Wolke am Himmel und egal, wohin man schaut, man sieht nur blau. Der Himmel geht am Horizont so gleichmäßig in die Farbe des Meeres über, dass die Grenze nicht auszumachen ist. Die *Kiwitt* schwebt in einem Raum aus verschiedenen Blautönen und der Pazifik macht seinem Namen alle Ehre. Stiller Ozean! Um uns vor der gleißenden Sonne ein wenig zu schützen, habe ich zwei Bettlaken über das Cockpit gespannt. So sitze ich im Schatten und beobachte das Meer. Wer glaubt, dass es hier nichts zu sehen gibt, der irrt, denn wenn das Meer glatt ist, sieht man erst, wie viel Leben tatsächlich unterwegs ist. Ständig springen irgendwo Fische, man sieht Delphine und heute Vormittag konnten wir in einiger Entfernung eine Walschule beobachten. Aber was ich am erstaunlichsten finde, sind diese winzig kleinen Tierchen, die auf dem Wasser leben und ein bisschen so aussehen wie Wasserläufer auf einem Tümpel. Nur, dass wir einige 100 Seemeilen von der Küste entfernt sind und es hier bestimmt nicht immer so ruhig ist.

Vor zwei Tagen, an Ostersonntag, haben wir gegen Mittag San José verlassen. Die Insel ist Teil des Las Perlas Archipels, das zu Panama gehört. Nach unserer Kanalfahrt hatten wir in Panama-Stadt noch viele Besorgungen gemacht und die *Kiwitt* auf Vordermann gebracht. Außerdem wurde unser Segel in einer Planmacherei genäht. Als Proviant für die Überfahrt zu den Galapagosinseln sind jetzt unter anderem zwei 30-Kilo-Säcke Orangen an Bord, die knapp drei Dollar gekostet haben. Um ehrlich zu sein, haben wir von Panama-Stadt außer dem Markt, einigen Geschäften und der großen Einkaufsstraße nicht viel gesehen. Es war ein richtiger Arbeitsstopp. Eins der großen Ziele unserer Reise ist die Südsee und wenn wir sie noch in diesem Jahr erreichen wollen, drängt die Zeit. In San José mussten wir mal wieder länger bleiben als geplant. Eigentlich wollten wir nur Dieter und Gerda besuchen. Wir hatten bereits mehrfach gehört, dass die beiden Deutschen hier seit Jahren wie zwei Einsiedler leben und sich über Yachten freuen, die sie besuchen. Aber da der Wind aus der ungünstigsten Richtung kam, nämlich von vorne, hatten wir Zwangspause. Dafür ist die *Kiwitt* jetzt wieder fit für die vor ihr liegenden langen Strecken durch den Pazifik. Galapagos heißt das Etappenziel. Diese Inseln, die wir wohl alle aus dem Biologie unterricht oder dem Fernsehen kennen und die mich mit ihren zutraulichen Tieren und Riesenschildkröten schon als Kind fasziniert haben. Aber noch liegen fast 700 Seemeilen vor uns und wenn es so weitergeht, müssen die tierischen Inselbewohner noch eine ganze Weile auf ihre Bewunderer warten.

Am nächsten Tag stellt sich zum Glück ein beständiger Nordwestwind ein und wir kommen gut voran. Die Tage verstreichen, das Meer ist ausgesprochen ruhig und es ist schönes Segeln. Leider lässt uns der Wind nach einer Woche wieder im Stich und dreht auf Süd.

Da uns der starke Humboldtstrom nach Norden versetzt, machen wir unter Segel keine Meile mehr gut und driften immer weiter Richtung Westen. Als der Wind immer weiter einschläft, starte ich den Motor und unter Segel und Motor nehmen wir Kurs auf.

Da habe ich mir immer vorgestellt, wie ich den Äquator unter Segel überquere und in die südliche Hemisphäre eintauche. Nun liegt der Äquator vor uns und an Segeln ist nicht zu denken. Je mehr wir uns den Inseln nähern, desto weniger Wind haben wir. Trotzdem beobachte ich gespannt das GPS. Bei 88° und 54.02' zeigt es 0° nördliche Breite und wir befinden uns auf der unsichtbaren Grenze zwischen Nord und Süd. Auf meinem Kinderglobus war der Äquator deutlich zu erkennen und sogar leicht erhaben. Ich schau noch einmal nach, aber um uns herum ist immer noch alles blau und unauffällig. Trotzdem feiern wir diesen magischen Grenzübergang gebührend mit einem frisch gebackenen Kuchen und auch die letze Flasche Sekt muss dran glauben.

Der Äquator liegt hinter uns und mittlerweile ist es dunkel. Der Regen prasselt nur so aufs Deck, das Meer ist glatt und der Wind ist weg. Was sich mir bei meiner Nachtwache darbietet, ist unbeschreiblich. Die *Kiwitt* schwimmt, nein, sie schwebt in einem grün leuchtenden Universum. Das Plankton leuchtet schon seit ein paar Tagen stärker als je zuvor, doch das aktuelle Bild übertrifft alles. Durch die großen Regentropfen angeregt leuchtet es, das gesamte Meer ist eine grün leuchtende Fläche. Ich kann mich an diesem Naturschauspiel nicht satt sehen. Es sieht aus wie ein über und über bepackter Sternenhimmel. Als der Regen aufhört, sitze ich noch lange schweigend im Cockpit und starre gebannt aufs dunkle Meer hinaus.

Die Galapagosinseln sind zum Greifen nah, auch wenn wir sie noch nicht ausmachen können. Bei Seefahrern vergangener Zeiten haben sie oft für Verwirrung gesorgt. Zwischen den Inseln gibt es starke Strömungen, die das Navigieren erschweren. Außerdem kann ein ganz feiner Sprühregen die Inseln hinter einem Nebelvorhang verschwinden und wieder auftauchen lassen. Dank unseres elektronischen Kästchens weiß ich aber, dass sie bald in Sichtweite kommen müssen. Vermutlich werden wir im Laufe der Nacht die ersten Lichter sehen. Wir freuen uns auf den Landfall. Die vielen Flauten haben uns mal wieder gezeigt, dass nicht wir unseren Zeitplan bestimmen, sondern das Wetter es tut.

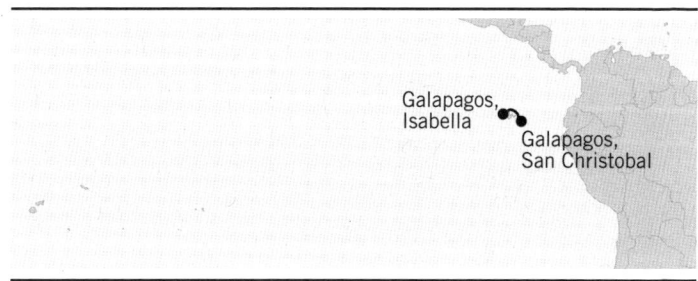

Galapagos,
Isabella

Galapagos,
San Christobal

Galapagos

Beim ersten Tageslicht ist San Cristobal, die östlichste der Galapagos-Inseln, in Sichtweite. Auf dem Weg zum Hafen machen wir
jedoch noch eine Bekanntschaft der besonderen Art. Der Fisch an
unserer Angel hat ein sehr sonderbares Aussehen. Es ist ein Tölpel!
Von unserem bunten Gummifisch angelockt, hat sich der Vogel auf
ihn gestürzt und planscht jetzt hilflos im Wasser. Sofort nehme ich
das Gas weg und hole die Angelschnur vorsichtig ein. Das arme Tier
klatscht wenig erfreut mit den Flügeln. Ich hebe ihn an Bord und
halte ihm die Augen zu, damit er sich ruhiger verhält und ich ihm den
Haken aus dem Schnabel entfernen kann. Zum Glück ist nicht viel
passiert und nachdem der Tölpel ein paar Minuten benommen im
Cockpit gesessen hat, hüpft er übers Heck und fliegt davon.

Wenig später ankern wir im geschützten Hafen in der Nähe einiger
Fischerboote, die von Seelöwen belagert werden. Sie liegen einfach
faul an Deck in der Sonne. Als ich ins Wasser steige, um den Anker zu
kontrollieren, kommt sofort ein Jungtier herangeschwommen und
umkreist mich neugierig. Dass er ein um Längen besserer Schwimmer ist, kriegt er schnell spitz und schießt immer wieder auf mich
zu und dreht erst im letzten Moment ab. Der Anker hält und schnell

verlasse ich das Wasser wieder. Nein, nicht wegen des Seelöwen, sondern weil es aufgrund des kalten Humboldtstromes nicht gerade warm ist. Um es genau zu sagen, es ist arschkalt.

Wie immer machen wir uns als erstes auf den Weg zum Hafenkapitän. Da aber Wochenende ist, vertröstet uns dieser auf Montag. Trotzdem dürfen wir uns frei auf der Insel bewegen. Die Promenade am Hafen ist übersät mit Seelöwen, die den Schatten der Bäume suchen. Ein lustiges Postkartenmotiv, doch live wird das Bild ein wenig getrübt. Die Models machen reichlich Lärm und riechen, nett ausgedrückt, etwas fischig. Beim Schlendern durch die Stadt treffen wir Heinz wieder, den wir in Panama kennen gelernt haben, und freuen uns über das Wiedersehen. Plötzlich kommen auch noch Wilfried und Elke um die Ecke. Wir haben sie seit Trinidad nicht mehr gesehen und sind froh, dass sie es nach den Reparaturen an ihrer *Macoma* dieses Jahr doch noch in den Pazifik geschafft haben.

In den nächsten Tagen erkunden wir die Insel. San Cristobal hat eine Universität, die in einem hübschen kleinen Gebäude, das man vom Hafen aus sehen kann, untergebracht ist. Als wir auf dem Campus stehen, kommt jemand mit Surfbrett unterm Arm aus der Tür und macht sich auf den Weg zum Strand, direkt gegenüber des Eingangs. Drinnen sehen wir, dass vor einigen Hörsälen Surfbretter stehen. Man kann Wirtschaft und natürlich Biologie studieren. Angesichts der Lage ist das nicht der schlechteste Ort für ein Auslandsstudium.

Ich habe mir die Inseln immer als unberührtes Paradies vorgestellt und muss jetzt feststellen, dass sie eigentlich ganz normal bewohnt sind. Es gibt Städte und Straßen, es wird Landwirtschaft betrieben und die Leute gehen ihren Alltagsbeschäftigungen nach. Im Fernsehen wird einem immer ein Bild von Einsamkeit vermittelt.

Herbert, ein Österreicher, der hier lebt, zeigt Heinz und uns die Insel. Er weiß viel über die Geschichte und kann uns einiges über Fauna und Flora erzählen. Viele der Pflanzen, die am Straßenrand stehen, sind eingeschleppte Arten und gehören eigentlich gar nicht hierher. Brombeersträucher wuchern zum Beispiel überall und sind kaum in den Griff zu bekommen. Auch Ratten sind eine Plage, da sie keine natürlichen Feinde haben. Bei unserer Rundfahrt besuchen wir eine Aufzuchtstation für Riesenschildkröten. „Riesen" ist der zutreffende Begriff. Die Tiere können bis zu 100 Kilo auf die Waage bringen, auf anderen Inseln sogar noch mehr. Wenn die Schildkröten, die bis zu 150 Jahre alt werden, sich bewegen, bebt die Erde. Das ist kein Witz. Man spürt es wirklich, wenn sie gemächlich durch die Gegend stampfen. Ihre größten Feinde, so erklärt man uns, sind eingeschleppte Ratten, die die Gelege zerstören. Aus diesem Grund buddeln die Ranger einige Gelege aus und verfrachten die Eier in die Aufzuchtstation. Herbert erzählt uns, dass auf San Cristobal nur noch ganz im Norden frei lebende Riesenschildkröten anzutreffen seien, sich der Bestand aber in den letzten Jahren stabilisiert habe.

Da wir uns zwischen den Galapagosinseln mit der *Kiwitt* nicht frei bewegen dürfen, machen wir am 1. Mai, meinem Geburtstag, einen geführten Ausflug zur unbewohnten Isla Española. Die Insel ist, wie weite Teile des Archipels, ein Naturschutzgebiet und ein Paradies für Seevögel. Morgens geht es zusammen mit anderen Seglern und einigen Touristen in einem kleinen, offenen Boot eine Stunde übers Meer. An Bord ist neben dem Kapitän auch ein Nationalpark-Ranger. Der Ausflug kostet jeden von uns 50 US-Dollar und wir haben lange überlegt, ob wir uns das leisten wollen. Immerhin entspricht der Gesamtpreis fast unserem Wochenbudget. Allerdings müssen Feste ja auch gefeiert werden und unsere Geburtstage, Heikes ist morgen, sind für uns zwei gute Gründe, uns diesen Ausflug zu gönnen. Jetzt hoffen wir natürlich, dass wir nicht enttäuscht werden. Bereits beim Landgang begrüßt uns ein Seelöwe und auf den schwarzen Steinen der kleinen Mole tummeln sich Seeleguane. Auf einem Stein ein Stückchen weiter sitzt ein Blaufußtölpel, der nicht die geringsten Anstalten macht zu flüchten. Die Blaufußtölpel heißen übrigens nicht umsonst so: Ihre Füße leuchten geradezu himmelblau und sehen aus, als hätte man sie lackiert. Die ganze Insel ist ein einziger Nistplatz, und auch der kleine Trampelpfad, dem wir folgen, wird gerne zum Nestbau genutzt. Eigentlich laufen wir die ganze Zeit Schlangenlinien und umkurven ein brütendes Pärchen nach dem andern. Als ich stehen bleibe, pickt der Vogel neben mir auf meinem Schuh herum und sein Partner bleibt unbeeindruckt auf dem Ei sitzen. Die Blaufußtölpel geben übrigens beim Balzen ein lustiges Bild ab. Sie heben erst ganz langsam einen Fuß, setzten ihn wieder ab und heben dann den anderen. Dabei drehen sie sich, mit halb ausgebreiteten Flügeln, langsam im Kreis. Man könnte fast meinen, die Park-Ranger hätten diesen Tanz mit den Vögeln einstudiert, um den Touristen eine kleine Showeinlage zu bieten. Doch alle Blaufußtölpel weit und breit zeigen dieses Verhalten und brauchen dafür sicher keinen menschlichen Choreographen. Ein Stück weiter ist eine richtige Startbahn für Albatrosse. Da diese den größten Teil ihrer Zeit auf See verbringen, haben sie sichtlich Mühe wieder in die Luft zu kommen. Deswegen haben sie einen Platz in der Nähe einer Wiese zum Starten auserkoren. Eine gut 15 Meter lange Fläche, die an einer Klippe endet, ist die perfekte Startbahn. Ein Albatros positioniert sich wie ein startender Jumbo vor einem schon ausgetretenen Pfad. Etwas ungelenk rennt er los und vertraut darauf, am Ende der Startbahn schnell genug zu sein. Dort angekommen fällt er in den Abgrund und... fliegt. Unser Führer erzählt uns, dass sich Albatrosse beim Landen an Land häufig etwas brechen. Aus der Nähe betrachtet sind sie wirklich riesig und das, obwohl die Galapagos-Albatrosse zu den kleinsten ihrer Art gehören. Nachdem wir noch einen Seelöwenstrand besucht und eine Runde geschnorchelt haben, fahren wir zufrieden wieder nach Hause. Nach Hause heißt natürlich zurück auf die *Kiwitt*. Unsere kleine bewegliche Wohnung, die manchmal, je nach Laune des Wetters, schief steht oder abenteuerlich von rechts nach links schwankt; unser Wohnzimmer, unser Rückzugsraum, unser Schlafplatz, unsere Werkstatt. Ein richtiges Zuhause eben.

Heute Abend wollen wir noch ein wenig Geburtstag feiern. Wilfried, Elke, Heinz und Herbert sind unsere Gäste. Herbert sorgt für eine kleine Überraschung, denn er bringt uns eine Geburtstagstorte mit. Sie ist zwar sehr süß, schmeckt aber köstlich. Ich weiß schon gar nicht mehr, wann ich mein letztes Stück Torte gegessen habe. Es ist ein fröhlicher Abend, bei dem es viel ums Segeln und natürlich um den Ausflug geht, den wir heute alle gemeinsam unternommen haben. Heinz meint, die Amerikaner, die mit uns unterwegs waren, seien ja sehr nett gewesen, aber man müsse mit ihnen immer so viel reden. Ich muss lachen und erzähle ihm, dass mir genau dieselben Amerikaner heute Mittag gesagt haben, Heinz sei ja ganz nett, aber ein bisschen zu schweigsam.

Am nächsten Morgen klaren wir die *Kiwitt* auf. Unser nächstes Ziel heißt Isabella. Vorher müssen wir aber noch einen wichtigen Punkt auf unserer Liste erledigen. Das meiste für die lange Ozeanüberfahrt, die bald vor uns steht, haben wir an Bord, nur Mehl fehlt noch. Da wir nicht wissen, was uns auf Isabella erwartet, wollen wir es hier noch besorgen. Wir haben in den letzten Tagen kaum verpacktes Mehl gesehen und wenn, dann waren es einzelne kleine Tüten. Da wir rund 20 Kilo brauchen, will ich es heute beim Bäcker versuchen. Dort bekomme ich problemlos zwei große Säcke. Offensichtlich scheint es hier nicht unüblich zu sein, das Mehl beim Bäcker zu kaufen. Zurück auf der *Kiwitt* füllen wir es in wasserdichte Gefäße und stellen dabei fest, dass das weiße Gut nicht so leblos ist, wie es aussieht. Hier und da winden sich kleine Mehlwürmer. Unsere Freude hält sich in Grenzen. Was tun? Wir haben keine echte Alternative. Also hole ich ein Sieb und wir beginnen das Mehl von seinen unerwünschten Einwohnern zu befreien. Anschließend verschließen wir es luftdicht. Heike ist immer noch wenig begeistert, aber als ich erwähne, dass der Bäcker, bei dem wir das Brot gekauft haben, das Mehl vorher mit Sicherheit nicht gesiebt hat, verwirft sie den Gedanken schnell, Brot für die ganze Überfahrt im Voraus zu kaufen. Mal ganz abgesehen davon, dass es sowieso nicht lange genug halten würde. Nach unserer Mehlsäuberung gehen wir bei schönem, ablandigem Wind unter Segel Anker auf und richten den Bug auf Isabella.

Die Überfahrt verläuft problemlos und beim Ansteuern des Ankerplatzes beißt dann, gerade als ich die Leine einholen will, eine Makrele an. Das Fischerglück muss natürlich genutzt werden und abends sitzen wir gemeinsam mit unseren Freunden auf der *Kiwitt* zusammen und essen Fisch. Es ist eine bunte Gruppe: Ruedi und Jocelyne, zwei Kanadier, und Colin aus Südafrika. Alle drei hatten wir bereits in Panama kennengelernt und trotz des großen Altersunterschieds verstehen wir uns prächtig. Die Gruppe der Segler ist halt nicht nur international, sondern auch bunt gemischt und man knüpft schnell Kontakte, die über die eigenen Landesgrenzen und Altersklassen hinausgehen. Fahrtensegler bilden eine Gemeinschaft. Auch, wenn man sich noch nicht kennt, hat man ja durch die Art zu reisen, schon eine Gemeinsamkeit, die verbindet. So kommt man schnell ins Gespräch und alle helfen sich gegenseitig.

Auf Isabella machen wir noch einen tollen Ausflug ins Landesinnere. Colin hat uns den Kontakt zu Josef, einem Touristenführer, vermittelt. Josef organisiert gerade eine Ausflugstour zum großen Vulkan der Insel, an der einige Segler teilnehmen wollen. Da wir uns aber die 30 Dollar pro Kopf nicht leisten wollen, macht uns Josef, der in unserem Alter ist, einen Vorschlag. Ein Teil der Tour ist eine Passage mit Pferden und wenn wir anstatt zu reiten zu Fuß gehen, können wir für zehn Dollar mitfahren. Das ist ein faires Angebot und da er meint, dass wir das problemlos schaffen, willigen wir ein.

Am nächsten Morgen machen wir uns also mit insgesamt zehn anderen Seglern, verteilt auf zwei Pick-ups, auf den Weg. Auf Meereshöhe ist die Insel sehr trocken, doch im Laufe der Fahrt wird es immer grüner, bis wir schließlich an riesigen Bäumen vorbeifahren. Weiter bergauf wird die Vegetation wieder spärlicher. Irgendwann ist die Straße zu Ende und alle – außer uns – satteln auf die Pferde um. Wir folgen einem schmalen Pfad, der den Berg hinauf bis zum Kraterrand des Sierra Negra führt. Als ich in knapp 1.000 Meter Höhe über den Rand schaue, bleibt mir der Atem weg. Es ist ein fantastisches Bild. Das hatte ich nicht erwartet: Vor mir liegt ein gigantischer Krater. Der Krater des Sierra Negra ist so groß, dass ich die andere Seite kaum ausmachen kann. Es ist mehr ein riesiger Kessel, dessen Boden grün bewachsen ist. Laut Josef ist er, mit gut zehn Kilometern Durchmesser der zweitgrößte der Erde. Kein Wunder, dass man ihn Schwarzes Gebirge getauft hat. Unser Tross folgt dem Kraterrand nach Nordwesten zu einer Stelle, an dem der Vulkan vor ein paar Jahren ausgebrochen ist. Im Vergleich zu dem riesigen Krater ist das Gebiet winzig und trotzdem einige Fußballfelder groß. Hier ist der Hang nicht mehr bewachsen und alles ist mit schwarzer Lava und Asche übersät. Überall dampft es aus den Ritzen, steigen heiße Gase auf und es riecht nach faulen Eiern. Das muss ein beeindruckender Ausbruch gewesen sein. Nach einer Pause unter einem alten Baum machen wir uns auf den Rückweg und gegen Ende der Tour beneide ich unsere reitenden Freunde schon ein wenig. Heute Abend schlafen wir bestimmt gut.

Die Zeit auf Isabella geht schnell vorüber, die knappe Woche, die wir hier verbracht haben, ist eigentlich viel zu kurz, aber wir müssen leider weiter. Da alle Segler bald Richtung Westen aufbrechen, organisiert der Wirt der kleinen Strandbar am Dingi-Anleger ein großes Barbecue. Keine schlechte Geschäftsidee, denn die Besatzungen fast aller Boote sind da und neben Fleisch von der Insel gibt es fangfrischen Thunfisch. Es ist ein schönes Fest, alle sind fröhlich, es wird Gitarre gespielt und gesungen. Für uns ist es der letzte Abend an Land. Vor uns liegt die Südsee, aber dazwischen fast 3.000 Seemeilen pazifischer Ozean. Gemäß unserer 100-Meilen-am-Tag-Regel, rechnen wir mit gut 30 Tagen. Das wird voraussichtlich die längste Überfahrt unserer gesamten Reise.

Gut gelaunt, aber auch mit dem Gedanken, ein großes Abenteuer vor mir zu haben, gehe ich an diesem Abend in die Koje.

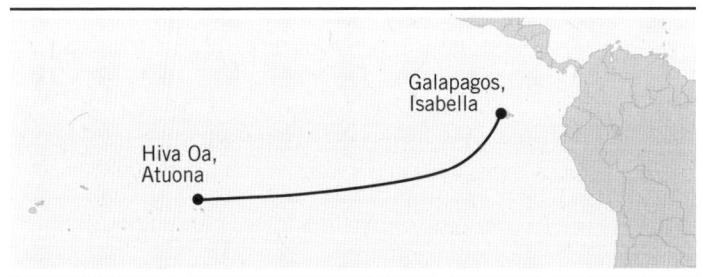

Galapagos,
Isabella

Hiva Oa,
Atuona

Auf dem Pazifik

Die *Kiwitt* wiegt sich leicht mit den Wellen hin und her. Um uns herum erstreckt sich der Pazifik bis zum Horizont. Die Sonne ist gerade
aufgegangen und der Morgen ist noch angenehm. Wir halten einen
leicht südlichen Kurs, da es weiter weg vom Äquator beständigeren
Wind geben soll. Wobei wir uns über die Beständigkeit des Windes
nicht beschweren können. Als wir Isabella verlassen haben, hatte
absolute Flaute geherrscht, so dass wir den ganzen Tag und die fol-
gende Nacht motoren mussten. In den frühen Morgenstunden war
ein wenig Wind aufgekommen und wir hatten das Großsegel und die
Genua gesetzt. Seit zehn Tagen sind die beiden Segel nun unverän-
dert oben und ich habe allenfalls mal ein wenig an den Schoten ge-
zupft. Heute ist es endlich soweit: Wir müssen nicht weiter Richtung
Süden fahren, sondern können direkt die Marquesas-Inseln ansteuern. Es duftet verführerisch. Das Brot im Backtopf auf dem Herd
ist bald fertig und ich freue mich auf das Frühstück. Der Geruch
lockt auch Heike aus der Koje. Nach dem Frühstück aus frischem
Weißbrot – ohne Mehlwürmer, mit Marmelade – mache ich eine Runde über Deck und kontrolliere das Rigg. Als ich das Leewant sehe,
bekomme ich einen Schreck. Von den vielen Einzeldrähten stehen
gut drei Viertel in alle Richtungen ab. Sie sind direkt oberhalb des

aufgewalzten Wantenspanners gebrochen. Damit können wir nicht weiter segeln und schon gar nicht vor den Wind gehen. Ersatz ist natürlich nicht an Bord und so ist guter Rat mal wieder teuer. Um die Situation zu entschärfen, spanne ich den Mast mit einer Leine ab. Nach einigem Überlegen entschließe ich mich dazu, das Oberwant zu kappen. Es kostet mich einige Überwindung, die verbleibenden Drähte zu durchtrennen. Wer kappt schon gerne ein Want mitten auf dem Ozean? Seilklemmen und Seilösen sind zum Glück genügend vorhanden. Ich führe das kaputte Want um eine möglichst große Öse und sichere es mit drei Seilklemmen. Das jetzt fehlende Stück bis zur Pütting ersetze ich mit einer dicken Festmacherleine und spanne sie so fest, wie es geht. Ich betrachte die Reparatur eine Weile und beschließe, dass sie uns sicher über den Pazifik bringen wird. Bevor wir Tahiti erreichen, ist nicht mit Ersatz zu rechnen.

Nach der nicht gerade willkommenen Abwechslung im Seealltag können wir endlich das tun, was schon den ganzen Morgen ansteht: Heike und ich bergen das Großsegel. Nachdem der neue Kurs anliegt, können wir die Genua zur einen und die Fock zur anderen Seite ausbaumen.

Seit Galapagos sind wir einen Halbwindkurs gefahren, wobei das Schiff schön auf einer Seite lag und nur wenig geschaukelt hat. Man kann sich sicher sein, wenn man unter Deck etwas nach Lee abstellt, bleibt es dort auch eine Weile stehen. Jetzt sind wir wieder auf klassischem Passatkurs, platt vor dem Wind. Die *Kiwitt* beginnt sofort von rechts nach links zu rollen. Nichts, aber auch wirklich gar nichts, bleibt mehr einfach so stehen. Alles muss irgendwie verkantet werden oder angebunden sein. Plötzlich beginnt es in allen Schapps zu klappern und ein Störenfried nach dem andern muss gesucht und ruhig gestellt werden. Ein Glas, das im Schrank liegt und unaufhörlich von rechts nach links rollt, kann einem den letzten Nerv rauben. Irgendwann herrscht mehr oder weniger Ruhe. Wir sitzen im Cockpit und freuen uns darüber, dass wir endlich direkt auf unser Ziel, das noch fast 2.000 Seemeilen entfernt ist, zuhalten.

Die Tage verstreichen und einer ist wie der andere. Der Pazifik ist mit dem Atlantik nicht zu vergleichen. Dort hatten wir oft leicht drehende Winde mit wechselnder Stärke. Dazu kamen Regenschauer mit starken Böen. Hier hingegen bläst der Wind konstant aus einer Richtung, nur das Muster der Wellen hat sich in den letzten Tagen ein wenig geändert und kommt mehr aus Süden, aber Windrichtung und Windstärke sind konstant. Seit unserer Kursänderung ist eine Woche vergangen oder sind es schon zwei? Ich habe kein Gefühl mehr für die Zeit. Kreuzchen für Kreuzchen nähern wir uns den Marquesas-Inseln und der Eintrag in die Seekarte ist einer der Höhepunkte des Tages. Ansonsten gibt es wenig zu tun und wir lesen viel. Vorgestern hatten wir einen so ruhigen Tag, dass ich ein paar Holzflächen an Deck abgeschliffen und gestrichen habe. An einem anderen Tag hat Heike abends einen Eimer Wasser zum Duschen an Deck geholt und entdeckt, dass ein Schwarm Goldmakrelen neben der *Kiwitt* herschwimmt. Schnell sprang ich nach hinten, um unsere Angelleine etwas dichter zu holen. Beim Einholen biss die erste Makrele an und zehn Minuten später lagen drei Exemplare im Cockpit. Bis spät in die Nacht haben wir bei Petroleumlicht, um unsere Batterien zu schonen, den Fisch in Gläser eingekocht. Nach getaner Arbeit begleitete uns der Schwarm immer noch, jetzt als leuchtende Wolken aus glühendem Plankton. Ob sie auch zur Küste schwimmen? Land: Das kommt mir gerade so weit weg vor. Das Einzige, was ich bei dem fahlen Mondlicht sehe, ist Wasser, Wasser, Wasser.

Jetzt bin ich schon seit fast einem ganzen Jahr unterwegs und habe die gesamte Zeit meine Familie und Freunde nicht mehr gesehen. Lange ist es her, dass ich in Kleve gestartet bin. Ein Start mit Hindernissen. Die *Kiwitt* stand auf dem Trockenen und wir machten sie für die große Reise fit. Doch als Ich sie zu Wasser lassen wollte, war der Hafenkran defekt. Die Alternative, einen Autokran kommen zu lassen, passte natürlich überhaupt nicht in mein knappes Budget. Bei der Suche nach Lösungen kam uns die Idee, das THW anzusprechen. Sie waren schnell bereit, im Rahmen einer Übung die *Kiwitt* zu kranen. Meine Retter in der Not. Nachdem das eine Problem gelöst war, kam der nächste Rückschlag: Der Altrheinarm, in den der Kanal mündet, hatte mit den Folgen des heißen Sommers zu kämpfen. 50 Zentimeter waren auch für die *Kiwitt* mit ihren 1,15 Meter Tiefgang zu wenig. Was konnte man tun? Die einzige Möglichkeit, die blieb, wenn ich in absehbarer Zeit noch losfahren wollte, war, den ersten Teil der Reise, die 13 Kilometer vom Klever zum Emmericher Hafen, auf dem Landweg zurückzulegen. Der Plan sah vor, die *Kiwitt* mit Hilfe des THW auf einen stabileren Trailer zu kranen, den wir mit einem geborgten Traktor nach Emmerich ziehen würden. Klingt einfach, wenn man ein paar Wochen Zeit hat. Ich wollte jedoch am Dienstag in Emmerich sein – und es war Samstagnachmittag. Mit einiger Unterstützung von Bernhard, meinen Eltern und einigen Freunden ließ sich tatsächlich noch alles organisieren. Mit einem flehenden „bitte, bitte" bekam ich Dienstagmorgen sogar noch die Sondertransporterlaubnis, wohlgemerkt für Dienstagabend. Heike bekam von diesen Startschwierigkeiten nicht viel mit, denn sie musste erst noch ihr Staatsexamen schreiben und konnte daher erst am Mittelmeer zusteigen. In Emmerich lag die *Kiwitt* noch eine gute Woche am Steg und ich habe alles an Bord gebracht, was ich für unentbehrlich hielt. Ich hielt eine Menge für unentbehrlich und für alles musste ein Platz gefunden werden. Dazu kamen dann noch Lebensmittel für ein gutes dreiviertel Jahr. Reparaturen auf den letzten Drücker gab es natürlich reichlich, ganz zu schweigen von den Dingen, die man sonst noch so erledigen musste. Als dann endlich der 17.08. kam, war ein Großteil der Sachen noch nicht verstaut. Aber ich hatte das Datum als Abfahrttermin gesetzt und irgendwann muss man losfahren. Ich erinnere mich gut an den Moment des Abschieds: Ein Haufen Leute stand auf dem kleinen Steg und an Land, als Bernhard mir offiziell die Papiere seiner *Kiwitt* übergab. Ich weiß noch, wie aufgeregt ich war, als ich meine Geschwister und Eltern, meine Großeltern, Onkel und Tanten noch einmal gedrückt und verabschiedet habe. Aber in dem Moment darüber nachgedacht, dass ich sie sehr, sehr lange nicht sehen würde, habe ich nicht. Ich, …piep piep, piep piep.

Ein warmer Wind bläst mir ins Gesicht. Da ist er wieder, der kleine Quälgeist, der mich unerbittlich daran erinnert, dass gerade meine Wache ist. Ich stehe auf und suche den Horizont ab. Nicht, dass ich wirklich etwas anderes erwartet hätte: Es ist nichts zu sehen. Auch der Wind bläst stetig wie eh und je. Ich merke, dass ich unbequem gesessen habe, mein Rücken ist steif und mein Hintern tut mir weh. Von drinnen hole ich mir zwei Kissen von der Salonbank. Oh ja, das macht viel aus, eine Holzbank ist auf Dauer echt unbequem.

Irgendwann war es soweit: Ich startete den Motor der *Kiwitt* und löste die Festmacherleinen. Nach einer Runde durch den Hafen steuerte ich die Ausfahrt an. Ein wenig abseits vom Trubel stand mein Großvater. Er war eine Treppe zum Wasser hinunter gegangen und rief mir als letztes zu: „Komm gesund wieder zurück, Jung!" „Mach ich! Aber bleib du auch gesund." Das ist das Bild von der Abfahrt, das mir am stärksten im Gedächtnis geblieben ist. Mein Opa, der traurig am Wasser steht und mir zuwinkt. Ich bin sein ältester Enkel und wir haben schon sehr viel gemeinsam erlebt. In diesem Moment ist mein größter Wunsch, ihn nach der Reise wiederzusehen. Das gilt natürlich für alle Verwandten und Freunde. Aber so darf man nicht denken. Wenn man sich überlegt, was in der langen Zeit alles passieren kann, traut man sich nicht los zu fahren. Der Kontakt mit Zuhause ist ja zum Glück einfacher geworden. Noch vor ein paar Jahren wäre ein Telefonat unerschwinglich gewesen. Aber heute ist das ein Luxus, der sogar in unser schmales Budget passt. Man sieht sich zwar nicht, aber kann sich wenigstens ab und zu austauschen. Piep piep, piep piep. Wieder schaue ich in die Nacht. Alles ist friedlich. Drei oder vier Mal noch, dann ist meine Wache zu Ende. Ich klettere in den Salon und schaue, ob ich noch etwas zu essen finde, aber von den frischen Sachen, die wir auf den Galapagosinseln gebunkert haben, ist bis auf ein paar Zwiebeln und Knoblauch nichts mehr übrig. Auch die extra grüne Bananenstaude, die wir gekauft hatten, war letzte Woche reif gewesen. Wir hatten die eine Hälfte nach drinnen gehängt und die andere Hälfte in die Sonne. So war die Riesenstaude nicht komplett auf einmal reif geworden, aber besonders viel Zeit konnten wir damit auch nicht gewinnen. Die ganze letzte Woche gab es also Bananen: Frische Bananen, Bananenbrei, flambierte Bananen, gebratene Bananen, Bananenpfannkuchen, Bananenkuchen, ... So eine Staude ist verdammt groß und wenn mir gerade jemand eine Banane anbieten würde, ich würde dankend ablehnen. Mit einem Keks in der Hand setzte ich mich wieder ins Cockpit und warte auf das Ende meiner Wache.

Grün erheben sich die steilen Hänge aus dem tiefblauen Meer. Unwirklich, irgendwie fehl am Platz. Wie eine Kathedrale aus Fels liegt sie vor uns. 26 Tage haben wir nur Wasser gesehen und auf einmal ist eine Insel da. Hiva Oa, die zweitgrößte Insel der Marquesas und das Ziel dieser Überfahrt. Den ganzen Vormittag haben wir schon auf Deck verbracht und in den Dunst gestarrt. In einer Seemeile Abstand segeln wir an der wildromantischen Küste entlang.

In den letzten Tagen ist nicht viel passiert, Wind und Wetter waren eigentlich immer konstant. Eigentlich. Bis auf die Regenböe, die uns erwischt hat. Es war, obwohl sie ganz typisch für den Passat sein soll, unsere erste auf dem Pazifik. Wir haben uns nicht viel dabei gedacht, bis der Wind plötzlich kräftig zunahm. Nach wenigen Minuten war der Spuk wieder vorbei, doch der Spinnakerbaum hat ihn mal wieder nicht überlebt. In der Mitte durchgebrochen! Das kennen wir ja schon. Ich habe ihn wieder geschient.

Vorgestern Nacht haben wir einen großen Thunfisch gefangen. 1,25 Meter lang und an die 30 Kilo schwer. Zehn große Thunfischsteaks sind in der Pfanne gelandet und wir haben den halben Tag damit verbracht, den Rest einzukochen. Statt Bananen gab es dann eben Thunfisch: Thunfisch zum Frühstück, Thunfisch zum Mittagessen und Thunfisch zum Abendessen. Das letzte Steak habe ich heute über Bord geworfen. Wir hatten es gestern einfach nicht mehr runtergekriegt und ohne Kühlung war uns der Genuss heute zu unsicher.

Mittlerweile ist es spät geworden und meine Befürchtung, dass wir es vor dem Dunkelwerden nicht mehr schaffen, bestätigt sich. Es fehlen nur ein paar Meilen, aber die Sonne steht knapp über dem Horizont und in einer halben Stunde ist sie weg. Wären wir eine Stunde eher dran gewesen, würde das Licht noch reichen. Die Einfahrt ist einfach und soll befeuert sein, daher überlege ich, ob wir es versuchen sollen. Zurzeit ist Vollmond, was uns sicherlich zu Gute kommt. Wir beschließen, uns die Lage mal näher anzuschauen.

Als das Sektorenfeuer an der Stelle auftaucht, wo es in unserer 20 Jahre alten Seekarte eingezeichnet ist und auch die Kennung noch stimmt, nehmen wir Kurs auf und fahren drauf zu. Das Meer sieht bei Vollmond immer hell erleuchtet aus, aber die Landmasse vor uns schluckt das gesamte Licht und ist nur als schwarzes Etwas zu erkennen. Dafür lässt sich die Küstenlinie sehr deutlich ausmachen. Als wir unter Motor in die Landabdeckung fahren, lässt der Passatwind plötzlich nach und eine warme und feuchte Brise erreicht die *Kiwitt*. Es riecht nach frischer Erde und feuchter schwüler Luft. Ein bisschen wie in einem Tropenhaus. Langsam nähern wir uns der Klippe, auf der das Feuer steht und ich suche die Lichter, die die Einfahrt zum Hafen markieren. Auch diese leuchten vorschriftsmäßig und stimmen immer noch mit der Kennung unserer alten Karte überein. Ich bin erleichtert und 15 Minuten später fällt der Anker im Hafen von Atuona auf Hiva Oa.

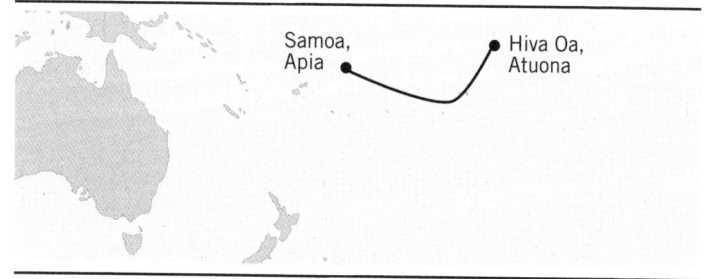

Französisch-Polynesien

Ich sitze im Cockpit und genieße den Morgen. Die Nacht war schwül-warm und noch immer kommt schwere feuchte Luft vom Land herü-ber. Einige Dunstschwaden treiben faul über das Wasser der Bucht. Der Anblick, der sich mir bietet, ist atemberaubend, überall gibt es schroffe Berge, die hoch in den Himmel ragen und bis oben hin grün bewachsen sind. Der Geruch nach Wald und Erde hat mich seit ges-tern Abend nicht mehr verlassen. So intensiv habe ich das noch nie wahrgenommen, aber nach fast einem Monat auf See sind die Ge-ruchsnerven wohl geschärft.

In der kleinen Bucht liegt ein gutes Dutzend anderer Boote, von de-nen wir einige bereits kennen. Heute steht vor allen Dingen Einkla-rieren auf dem Programm und so machen wir uns auf den Weg in die Stadt. Es sind ein paar Kilometer Fußweg, aber wir haben Glück und nach einem kurzen Stück hält ein Pick-up, auf dessen Ladeflä-che wir mitfahren können. Der Fahrer ist ein stattlicher Polynesier mit langen schwarzen Haaren und einer Blumenkette um den Hals. Fast schon ein bisschen zu viel Klischee. Der junge und freundliche Beamte in der Stadt erledigt das Einklarieren schnell, problem- und kostenlos. Aber das Schönste: Da wir EU-Bürger sind, dürfen wir uns so lange aufhalten, wie wir möchten. Geplant sind zweieinhalb Monate. Das ist nicht lange, wenn man bedenkt, dass unsere Route durch die Inseln fast 1.000 Seemeilen lang sein wird. Unsere zweite Anlaufstelle ist ein kleiner Laden. Hier bestaunen wir erst einmal die hohen Preise, die alleine schon fast eine Sehenswürdigkeit sind. Das meiste können wir uns nicht wirklich leisten. Aber es gibt abgepackten haltbaren Käse und Butter in Dosen, die recht preiswert sind. Dazu kaufen wir ein Baguette und gönnen uns damit ein anständiges Frühstück. Frisches französisches Baguette, einfach herrlich. Das alles müssen wir erst einmal mit US-Dollar bezahlen, da die Bank geschlossen ist. Es ist Samstag und der Geldautomat befindet sich im Gebäude. Natürlich hat auch die Post heute zu und so kommen wir nicht an die Briefe, die wir erwarten. Besonders wichtig sind mir ein paar Ersatzteile für den Außenborder, die Bernhard schon vor Wochen in Deutschland abgeschickt hatte. Wenn das Päckchen zu früh eingetroffen war und schon länger hier gelegen hatte, war es nämlich möglicherweise wieder zurück geschickt worden. Mit einer Telefonkarte im Gepäck laufen wir zurück zum Hafen. Da man sich in Frankreich in fast jeder Telefonzelle zurückrufen lassen kann, hoffe ich, dass das auch hier funktioniert. Es klappt und ich verbringe den halben Abend in der Telefonzelle. In Deutschland ist es Sonntagmorgen und ich kann meine Eltern nicht erreichen. Wahrscheinlich schlafen sie noch. Also versuche ich es bei Bernhard. Der ist zu Hause und wir unterhalten uns ausgiebig. Anschließend habe ich meine Großeltern an der Strippe, dann meine Schwester und meine Tante. Letztes Endes, nachdem meine Tante sie aus dem Bett geschmissen hat, klappt es auch mit meinen Eltern. Alle sind froh, nach der langen Überfahrt etwas von mir zu hören. Gut, dass in diesen Stunden kein anderer telefonieren will.

Am nächsten Tag wollen wir uns einen Marae im Nachbarort anschauen. Ein Marae ist ein Platz für zeremonielle Zwecke und bildet einen wichtigen Bestandteil der polynesischen Kultur. Auf dem Weg dorthin tritt plötzlich ein Polynesier aus den Büschen und fragt, wohin wir wollen. Wir, das heißt eigentlich Heike, da sich mein Französisch auf ja, nein und danke beschränkt, erklärt es ihm und er sagt, unser Ziel sei weit, aber er könne sein Auto holen und uns fahren. Vorsichtig fragen wir nach dem Preis. Da er es nicht abschätzen kann, lehnen wir ab. Angesichts der hohen Preise hier ist uns das zu gefährlich. Nach ein paar Kilometern kommt plötzlich ein Auto von hinten angefahren. Der Fahrer ist der Polynesier von eben und er fragt wieder, ob er uns mitnehmen soll. Heike ist noch skeptisch, aber angesichts seiner freundlichen Augen haben wir nicht das Gefühl, dass er uns betrügen will. Kurzerhand springe ich auf die Ladefläche und Heike nimmt auf dem Beifahrersitz Platz. Karl, so heißt unser neuer Freund, kutschiert uns die nächsten vier Stunden durch die Gegend. Dabei zeigt er uns sogar sein Grundstück, das heißt den Platz, wo er einmal bauen möchte. Hoch gelegen mit einem traumhaften Blick auf die Nachbarinsel. Anschließend besuchen wir das Marae und er erzählt uns viel über die Insel. Warum unser Chauffeur einen solch exotischen Namen hat? Sein Großvater war Deutscher und so haben Karl und seine Brüder deutsche Namen. Statt einer Rechnung schenkt er uns nach der Tour einige Pampelmusen und Zitronen und wir laden ihn als Dankeschön für den nächsten Tag auf die *Kiwitt* zum Essen ein.

Montags bekommen wir endlich Geld und auch die Post ist da. Das kleine Päckchen mit den Ersatzteilen hat die schönste Adresse, die ich mir vorstellen kann:

Monsieur Sebastian Pieters
SY Kiwitt
Atuona / Hiva Oa
Polynésie Française
Poste Restant

Ich kann den Motor also bald reparieren. Abends essen wir gemeinsam mit Karl. Es gibt Pizza aus unserem Backtopf, die natürlich ein Loch in der Mitte hat. Karl schmeckt es und wir haben einen lustigen Abend. Er möchte uns gerne noch ein paar andere Maraes zeigen, die im Wald versteckt sind und die man nur schwer findet. Wir sind begeistert und verabreden uns für den kommenden Freitag.

Die Besatzung eines anderen Bootes bestellt uns Grüße von Colin und so erfahren wir, dass er auf der Nachbarinsel in einer geschützten Bucht liegt. Da wir ihn seit unserem Start auf den Galapagos-Inseln nicht mehr gesehen haben und die Entfernung nur ein paar Seemeilen beträgt, beschließen wir spontan, ihn zu besuchen und erst am Freitag wieder zu kommen.

Es ist ein kurzer Schlag und in der Bucht angekommen, feiern wir erst einmal das Wiedersehen mit Colin. An Land gibt es einen weißen Sandstrand und das Wasser ist glasklar, sonst gibt es nicht viel zu entdecken. So machen wir einfach ein paar Tage Urlaub. Und was macht man so im Urlaub? Den Außenborder reparieren, das Unterwasserschiff putzen und viele Kleinigkeiten, die auf der Überfahrt liegengeblieben sind. Natürlich genießen wir auch die Ruhe nach der langen Überfahrt und treffen unsere Freunde. Colin hat sein kleines Dingi aufgeriggt und wir kreuzen damit ein wenig durch die Bucht. Anschließend segelt Heike zum ersten Mal richtig alleine. Sie kennt sich zwar gut auf der *Kiwitt* aus, ist allerdings immer noch unsicher, wenn es um Segelmanöver geht. Auf einem behäbigen Kielschiff wie der *Kiwitt* bleibt meist genug Zeit zum Überlegen. Colins kleines Dingi reagiert aber recht empfindlich. Als sie von einer Böe erwischt wird, rammt sie eine andere Yacht. Passiert ist nichts, das kleine Boot ist gut gepolstert, aber dem verdutzten Skipper erklärt sie, dass sie gerade Segeln lernt. Das hört sich nach so vielen zurückgelegten Seemeilen natürlich ein bisschen absurd an.

Nach unserem zweiten Ausflug mit Karl fahren wir zur nächsten Insel weiter. Auf Ua Huka liegen wir in einer von senkrechten Felswänden eingerahmten Bucht. Die Insel hat nur ein paar hundert Einwohner und wir sind die einzige Yacht. Gegen Abend dringen auf einmal rhythmische Klänge von Land herüber. Das Wummern der Trommeln kann man bis hierher spüren und der Gesang hallt von den Steilwänden zurück. Es ist eine magische Atmosphäre und ich habe das Gefühl in einer anderen Zeit zu sein. Neugierig geworden, fahren wir an Land und finden im rundherum offenen Gemeindehaus eine große Gruppe Insulaner aller Altersklassen. Sofort kommt jemand auf uns zu und lädt uns ein zuzuschauen. Wir erfahren, dass die Tanzgruppen der Insel hier für die Feierlichkeiten am 14. Juli im knapp 800 Seemeilen entfernten Tahiti üben. Beim Anblick der traditionell gekleideten Tänzer wächst der Eindruck durch die Zeit gereist zu sein. Die Klänge sind derb und rhythmisch, die Tänzer setzen ihren ganzen Körper dabei ein und bewegen sich gekonnt und kraftvoll. In manchen Tänzen stehen sich Frauen und Männer gegenüber und führen abwechselnd Choreografien vor, in anderen tanzen sie gemeinsam. Jeder Tanz erzählt eine Geschichte, zum Beispiel von der Entdeckung und Besiedlung der Marquesas-Inseln oder von polynesischen Mythen und Sagen. Es ist ein toller Abend und wir fahren mit vielen neuen Eindrücken zur *Kiwitt* zurück.

In einem hellen Moment habe ich bei der Abfahrt unser Topplicht eingeschaltet. Jetzt ist es in der Bucht nämlich so dunkel, dass wir kaum einen Meter weit schauen können. Dank des Lichts finden wir die *Kiwitt* aber schnell und ich träume in dieser Nacht von Tänzen und Trommeln.

Ua Huka erinnert mehr an Schottland als an die Südsee. Die lieblichen Hügel sind grasbewachsen und vereinzelt laufen Wildpferde herum. Beim Trampen lernen wir eine Lehrerin kennen. Als wir ihr erzählen, dass wir mit einem kleinen Boot unterwegs sind, fragt sie uns, ob wir ein paar frische Früchte wollen. Da sagen wir natürlich nicht nein und kurzerhand fahren wir zu ihrem Haus. Ihr Vater sei Gärtner gewesen, erzählt sie uns, und habe einen großen Obstgarten angelegt. Eine Stunde später stehen wir wieder am Pier mit zwei großen Säcken Pampelmusen, die so groß sind wie Handbälle, und einem kleinen Sack mit über 100 Zitronen und Orangen. An Vitaminen wird es uns auf der gut 500 Seemeilen langen Fahrt zu den Tuamotus also nicht mangeln.

Am Horizont sehe ich einen schmalen grünen Streifen, eigentlich ist es eher ein Hauch von einem Streifen. Das muss es sein: Raraka! Ein Atoll des Tuamotu-Archipels, das kaum aus dem Wasser ragt und dessen höchster Punkt die Palmen sind, die ich jetzt gerade am Horizont sehen kann. Acht Tage ist es her, dass wir die Marquesas-Inseln verlassen haben. Die ersten Tage der Überfahrt hatte man eher das Gefühl auf einem Dorfteich zu segeln als auf dem größten Ozean der Erde. Das Meer war fast spiegelglatt und der Wind gerade stark genug, um die Segel zu füllen. Das war traumhaftes Segeln und dank der Strömung haben wir trotzdem 70 bis 80 Meilen am Tag geschafft. Die letzten Tage waren dann etwas ungemütlicher. Wir konnten den Kurs fast nicht mehr halten, aber jetzt haben wir es geschafft. Was uns hier erwartet, weiß ich noch nicht so genau. Ein Atoll anzulaufen, ist nicht so einfach. Besser gesagt, dass Atoll anzulaufen schon, denn rundherum ist es sehr tief, aber in das Atoll hinein zu fahren, kann schwierig sein. Der Pass von Raraka ist in unserem Segelführer als nicht ganz einfach und nur für kleine Boote geeignet beschrieben. Da es unser erstes Atoll ist, bin ich ein wenig nervös. Eine Passdurchfahrt ist eine Sache für sich. Je schmaler der Pass ist, desto schwieriger. Raraka hat einen sehr schmalen und dort herrscht meistens eine starke Strömung. Sie hängt unter anderem von den Gezeiten ab, aber auch von Wind und Seegang. Schwappt viel Wasser übers Riff in das Atoll hinein, ist die Strömung im Pass stärker und er kann unpassierbar werden. Wir kreuzen ein wenig hin und her und ich beobachte die Einfahrt. Das Wasser gurgelt nur so aus ihr heraus und ich kann mir nicht vorstellen, dass wir gegen diesen Strom ankommen. Vermutlich ist gerade Niedrigwasser. Ein größeres Fischerboot, das zur selben Zeit angekommen ist wie wir, ankert neben dem Pass. Wir steuern es an und fragen nach. Der Kapitän meint, dass die Strömung gegen Mittag schwächer würde. Wir dürfen an seinem Heck festmachen und warten. Irgendwann meint ein Einheimischer, der mit einem kleinen offenen Boot aus dem Atoll kommt, wir könnten jetzt los. Als wir noch zögern, sagt er, wir sollen ihm einfach folgen. Ich schalte den Motor an und wir nehmen Kurs auf die Einfahrt. Wenngleich der Strom schwächer geworden ist, kann man nicht sagen, dass er schwach ist. Unter Vollgas schiebt sich die *Kiwitt* langsam durch das aufgewühlte Wasser. Heike steht am Bug und hält nach Untiefen Ausschau. Rechts und links kann ich deutlich die Korallen erkennen, wie sie im Schneckentempo an uns vorbeiziehen. Die Einfahrt ist nur wenige Meter breit. Nach einer

Viertelstunde, die mir wie eine Ewigkeit vorkommt, ist es geschafft. Der Wind kommt aus Süden und wir sind im Norden der mehrere Meilen großen Lagune. Da baut sich natürlich Seegang auf. Hinter einer Untiefe aus Korallen fällt der Anker in den Sand. Der Platz ist zwar nur mäßig geschützt, aber der einzige nicht zu tiefe Ankerplatz in der Nähe des einzigen Ortes Motupapu. Da es schon spät ist, verschieben wir den Landgang auf morgen.

Wir werden von einer Kinderschar begrüßt, die an der Kaimauer des kleinen Hafens steht und mit uns in den Ort geht. Vor der winzigen Post finden wir ein Telefon und überlegen, ein Lebenszeichen nach Hause abzusetzen, als uns ein Polynesier anspricht. Er stellt sich als Daniel vor und lädt uns auf einen Tee ein. Von ihm erfahren wir auch, dass Raraka erst seit einem knappen Jahr Telefon hat. Vorher war die Kommunikation für die gut 60 Einwohner nur über Funk möglich. Nachdem wir unsere Familie informiert haben, gehen wir mit zu Daniels Haus, das direkt am Meer liegt. Wer sich jetzt aber ein traumhaft schönes Haus an der Lagune vorstellt, der wird enttäuscht sein. Es ist ein eher zweckmäßiges Gebäude aus Holzplatten mit einem Wellblechdach, so wie die meisten Häuser im Dorf. Daniel und sein Cousin Patrick betreiben eine kleine Perlenfarm und fischen. Außerdem besitzen sie Land auf Raraka, das zur Kopraherstellung genutzt wird. Nach dem Tee machen wir daher einen Spaziergang durch ihre Palmenplantage. Da so ein Atoll ja nur ein Riffring ist, der mit vielen kleinen Motus – so werden die Inseln auf dem Riff genannt – übersät ist, ist man nie weit vom Wasser entfernt. Der grüne Streifen aus Palmen und Buschwerk ist auf Raraka nirgendwo breiter als 250 Meter. Patrick holt ein paar Trinknüsse von einer Palme und wir setzen uns auf einen Stamm am Wasser. Langsam gewöhne ich mich an den Geschmack der Nüsse und freue mich darüber, dass sie immer etwas kühl sind.

Plötzlich steht Daniel auf und kniet sich hin. Er greift in ein Sandloch und holt kurz darauf einen großen Krebs heraus. Angesichts der großen Scheren weigere ich mich ihn zu nehmen und Daniel lässt ihn wieder laufen. Auf dem Außenriff sammeln sie ein paar Seeigel ein und zeigen uns, dass man sie roh essen kann. Das Fleisch schmeckt ziemlich salzig und ist nicht wirklich mein Fall. Patrick speert einen Fisch und will uns Poisson Cru daraus zubereiten. Heike ist ganz begeistert, sie wollte dieses polynesische Nationalgericht schon die ganze Zeit probieren. Ich bin da eher zurückhaltend, denn ich befürchte, dass roher Fisch auch nicht wirklich meins ist.

Daniel erzählt mir, dass das Fischerboot, an dem wir gestern festgemacht haben, einem anderen Cousin gehört. Offensichtlich sind hier alle irgendwie miteinander verwandt. Jedenfalls fischt er eigentlich Thunfisch, aber nebenher versorgt er Raraka mit frischem Obst und Gemüse. Das Atoll wird vom staatlichen Versorgungsschiff meist als letztes angesteuert und dann sind die frischen Produkte schon alle weg. Viel anpflanzen außer Kokospalmen und ein paar Zitronensträuchern kann man auf dem kargen Boden nicht. Das Leben auf solch einem Atoll ist halt nicht so romantisch, wie man auf den ersten Blick denkt. Zurück am Haus bereiten die beiden dann die angekündigte Spezialität vor. Und nachdem er eine Weile gezogen hat, essen wir den Fisch gemeinsam. Wie schon befürchtet, ist er nicht mein Fall und auch Heike, die eigentlich sehr gerne Fisch isst, kann sich nicht so ganz dafür erwärmen. Trotzdem haben wir einen lustigen Nachmittag und es wird viel erzählt.

Nach ein paar Tagen verlegen wir die *Kiwitt* in eine andere Ecke des Atolls. Daniel hat uns einen geschützten Platz empfohlen und unser Anker fällt vor einem einsamen Motu. Den Weg durch die Lagune hatte ich mir abenteuerlicher vorgestellt, aber mit der hoch stehenden Sonne im Rücken ließen sich alle Gefahrenstellen vom Bugkorb aus gut ausmachen. Hier verbringen wir einige schöne Tage, wir schnorcheln an den Riffen um die *Kiwitt* herum und fühlen uns auf der kleinen Insel wie Robinson Crusoe. Ich versuche aus dem Wasser einiger Trinknüsse Palmwein zu machen und als wir einige Tage später abends Stockbrot am Lagerfeuer backen, verkoste ich ihn. Geschmacklich ist das Gebräu aus Kokosnusswasser, Hefe und Zucker leider nicht die Offenbarung. Heike hält sich daher auch lieber an unseren aus Panama mitgebrachten chilenischen Wein. Aber da ich ihn mit soviel Mühe gebraut habe, bleibe ich beim Palmwein. Hoffentlich rächt sich das nicht am Morgen.

Ich habe übrigens noch nie so viele Einsiedlerkrebse gesehen wir hier. Der Strand ist förmlich übersät und jede noch so kleine Muschel ist besetzt. Im Wald haben wir riesengroße gesehen, deren Häuser Kokosnüsse sind. Überall krabbelt und kriecht es. Wer von endlosen Stränden träumt, ist hier übrigens fehl am Platz. Der Strand ist ein schmaler Streifen aus Korallenschutt, der gelegentlich mit Sand durchsetzt ist. Dafür ist die Szenerie in Verbindung mit den Palmen, die sich oft weit über das traumhaft blaue Wasser beugen, wunderschön und man kann stundenlang dasitzen und das Zusammenspiel aus Licht, Schatten und leuchtendem Wasser genießen.

Hier schaffen wir es endlich, unser Sonnensegel fertig zu nähen. Das schieben wir jetzt schon so lange vor uns her. Nach getaner Arbeit haben wir richtig Schatten im Cockpit und den nutze ich dann auch direkt, um unsere zwei Fahrräder, die seit unserer Abfahrt an der Seereling vor sich hin rosten, wieder betriebsbereit zu machen, damit wir sie endlich einmal nutzen können.

Nach gut einer Woche Urlaub und Einsamkeit segeln wir wieder zurück zum Ort und verbringen hier noch ein paar Tage, ehe wir nach Tahiti weiterfahren.

Das Wetter ist toll und nach einer entspannten Überfahrt von nicht einmal 300 Seemeilen erreichen wir drei Tage später die Lagune von Tahiti. Im Pass kommt uns die *Globitou* entgegen. Seit unserer gemeinsamen Abfahrt in Galapagos sind uns Ruedi und Jocelyne immer knapp voraus. Wir freuen uns und halten ein Schwätzchen in der Mitte der Einfahrt. Schnell tauschen wir ein paar Bücher aus, die wir uns gegenseitig geliehen hatten und dann geht's weiter. Für die beiden nach Morea und für uns zum Ankerplatz. Da wir einen ähnlichen Weg vor uns haben, verabschieden wir uns in der Hoffnung, uns bald wieder zu treffen.

Nach so vielen kleinen Inseln und so langen Strecken auf See ist Tahiti ein kleiner Schock. Nicht nur, dass gut 80 bis 100 Yachten vor Anker liegen, es ist auch laut und es gibt viele Autos. Direkt vor der Marina, wo wir mit dem Dingi festmachen dürfen, verläuft eine vierspurige Straße, auf der es immer wieder zu Staus kommt. Wir schnappen uns einen Bus und machen uns auf den Weg nach Papeete. Die Stadt ist für die Südsee eine richtige Großstadt und hinterlässt bei mir keinen besonders positiven Eindruck, was aber wahrscheinlich daran liegt, dass ich den Trubel nicht mehr gewohnt bin. Autos, Lärm und viel mehr Hektik als auf den kleinen Inseln. Wie immer müssen wir einiges erledigen, ganz oben stehen die Wanten und dann brauchen wir auch unbedingt neues Gas. Nach einer Irrfahrt kreuz und quer durch die Stadt, die uns bis ins Gasdepot geführt hat, finden wir heraus, dass wir an der Tankstelle unsere kleinen, blauen Gasflaschen einfach tauschen können. Das hatten wir schon seit Monaten nicht mehr. Diese Erkenntnis hat uns allerdings den ganzen Tag gekostet. Wir freuen uns trotzdem, da wir ein paar neue Flaschen bekommen. Die alten hatten schon kräftig Rost angesetzt. Die Sache mit den Wanten ist schwieriger. Nicht, dass wir den Wantenmacher nicht finden, aber der Preis, den er uns nennt, liegt jenseits der 1.000 Euro. Das ist ein Drittel des Jahresbudgets, das jedem von uns auf der Reise zur Verfügung steht. Enttäuscht und frustriert fahren wir zum Boot zurück. Wenn wir soviel ausgeben, haben wir kaum noch finanziellen Spielraum. Ich schaue mir den Schaden noch einmal in Ruhe an und suche nach einer Alternative. Ein anderer Segler, er ist Bootsbauer, ermutigt mich dazu, ans Ende des Wants ein Auge zu spleißen und das fehlende Stück mit einem Stück Ankerkette zu überbrücken. Gesagt, getan, und so ist der Austausch erst einmal auf Fidschi vertagt, in der Hoffnung, dass wir uns die Reparatur dort leisten können.

Ganz in der Nähe unseres Ankerplatzes gibt es einen riesigen französischen Supermarkt, der alles bietet, was das Herz begehrt. Über eine Stunde laufen wir staunend wie kleine Kinder durch den Laden, in dem es so viele Sachen gibt, auf die wir schon seit Monaten Lust haben. Allerdings haben die Sachen auch hier wieder den bekannten

Haken namens Preis. Fast alle angebotenen Produkte kosten mindestens das Doppelte wie in Frankreich. So gönnen wir uns nur wenig Luxus, den wir dafür umso mehr genießen.

Von Tahiti nach Morea ist es nur ein Katzensprung und so fällt es uns leicht, den Trubel schnell wieder zu verlassen. Die Cook´s Bay, dieser Ankerplatz, von dem so viele Weltumsegler träumen, bleibt uns leider vorenthalten. Zu tief ist das Wasser und als ich zum dritten Mal den Anker aus über 25 Meter von Hand wieder herauf hole, habe ich keine Lust mehr. Wir haben knapp 50 Meter Kette an Bord, da sind 25 Meter deutlich zu tief. Am Eingang zur Cook´s Bay finden wir dann einen schönen Platz hinterm Riff. Vier Meter Tiefe, Sandgrund, glasklares Wasser und Palmen am Ufer, was wünscht man sich mehr?

Am nächsten Morgen packen wir unsere Fahrräder aus und machen die erste Radtour unserer Reise. Der Ausflug wird richtig schön und es ist toll, einfach mal da hin fahren zu können, wohin man möchte. Wir besuchen einen kleinen im Wald liegenden Wasserfall und fahren später an einen schönen Strand. Abends ärgere ich mich, die Räder nicht eher repariert zu haben.

Auch den schon so oft beschriebenen Aussichtspunkt Belvedere besuchen wir. Diesmal aber zu Fuß, da es ein ganzes Stück bergauf geht. Wir folgen der Straße, die zum Aussichtspunkt führt und es geht immer steiler bergan. Plötzlich hören wir Lärm und als wir uns umschauen, kommt ein Pulk Rennräder inklusive Begleitfahrzeuge auf uns zu. Die Sportler fahren in einer irren Geschwindigkeit den Berg hoch und nach nicht einmal einer Minute ist der Trubel schon wieder vorüber. Als wir ziemlich geschafft vom steilen Anstieg das Ende der Straße, den eigentlichen Aussichtspunkt, erreichen, herrscht hier ein ziemlicher Radau. Es ist das Ziel des Radrennens. Mir ist es ein Rätsel, wie man bei diesen Temperaturen diesen Berg mit dem Rad hochfahren kann. Um dem Treiben zu entgehen, folgen wir einem kleinen Pfad, der ein Stückchen weiter den Berg hinauf führt. Unter einem großen Baum hat man einen traumhaften Blick über die Insel und die beiden Buchten. Das Panorama von Morea hat wahrscheinlich schon unzählige Weltumsegler inspiriert und hier oben sitzend ist mir auch klar, warum. Beim Abstieg vom Belvedere durch tropischen Wald wandern wir an einem kleinen Flusslauf entlang, der immer wieder Tümpel bildet, die herrlich zum Baden einladen. Hier im Wald, wo der Passat nicht weht, ist es warm und schwül und überall wachsen tropische Blumen. Irgendwo auf der Strecke finden wir ein paar Passionsfrüchte, die wir zu einem herrlichen Obstsalat mit Papaya und Ananas verarbeiten wollen. Mit einem Cocktail in der Hand und einem frischen Obstsalat sitzen wir an diesem Abend im Cockpit der *Kiwitt* und beobachten, wie die Sonne im Meer versinkt.

Über Huahine erreichen wir das knapp 130 Seemeilen entfernt liegende Bora Bora, die Insel der Inseln. Es gibt nur wenige Inseln, die so oft auf Kalendern abgebildet sind und nur wenige sehen aus der Luft so atemberaubend aus. Bora Bora ist schon fast das Ideal einer Südseeinsel. In der Mitte ein hoher Berg, der ehemalige Vulkan, umrahmt von einer breiten Lagune, die rundherum von einem Riff eingeschlossen ist, auf dem sich unzählige Motus befinden. Die *Kiwitt* fährt leider ganz unromantisch unter Motor durch den sehr breiten und einfachen Pass, da kaum Wind ist. Unser Ziel ist die Nordostseite der Lagune. Dort soll es eine Stelle geben, an der man regelmäßig Mantarochen beobachten kann. Da weder Heike noch ich jemals einen Manta live gesehen haben, wollen wir uns diese Chance nicht ungenutzt lassen. Außerdem umrunden wir die Insel zu drei Vierteln und können so ihre Schönheit von allen Seiten genießen. So viele Blau-, Türkis- und Grüntöne habe ich noch nicht auf einmal gesehen. Der Anker fällt an diesem Abend in seichtes Wasser, das so grün ist, als sei der Boden extra eingefärbt worden.

Doch Bora Bora hat noch eine andere Seite: Hotelanlagen, die überall aus dem Boden sprießen. Bei unserer Fahrt durch die Lagune haben wir einige gesehen und die meisten von ihnen haben lange Steganlagen mit Bungalows, die über dem Wasser gebaut sind. Auch wenn All-Inclusive-Hotels nicht meinem Traumurlaub entsprechen, muss ich zugeben, dass sich die meisten gut in ihre Umgebung einfügen. Bausünden haben wir jedenfalls keine gesichtet. Trotzdem sind sie ein untrügliches Zeichen dafür, dass hier eine große Anzahl an Touristen unterwegs sein muss.

Am Tag darauf fahren wir frühmorgens mit dem Dingi zu der Stelle, wo die Mantarochen sein sollen. Bereits als ich über Bord springe, sehe ich den ersten. Mit seinen knapp drei Metern Spannweite gleitet er majestätisch an mir vorbei. Fantastisch, wie er auf seinen riesigen Schwingen durchs Wasser fliegt. Plötzlich taucht er in die Tiefe ab. Dort unten kann ich noch andere Mantas erkennen. Nach einer Weile kommt wieder einer an die Oberfläche und ein zweiter gesellt sich dazu. Sie gleiten hin und her und umkreisen sich. Das ganze mutet wie ein wunderschönes Unterwasserballett an. Fasziniert von dem Schauspiel treiben Heike und ich regungslos durchs Wasser. Ich kann mich überhaupt nicht satt sehen.

Einer der Punkte, die wir hier unbedingt sehen wollten, ist damit abgehakt. Ein anderes Ziel ist der Berg, von dem aus wir Bora Bora von oben genießen wollen. Charles Darwin soll sich dort seine Theorie zur Entstehung der Atolle überlegt haben, schreibt unser Reiseführer. Darüber hinaus steht dort, dass man einen überwältigenden Ausblick über die Lagune habe. Den wollen wir uns nicht entgehen lassen. Wir ankern in einer Bucht in der Nähe des Hauptortes Vaitape und machen uns auf den Weg. Von dort führt ein Weg den Berg hinauf. Er sieht nicht nur von weitem steil und zerklüftet aus. Unser Pfad ist so steil, dass an vielen Passagen Seile gespannt sind, damit man überhaupt vorankommt. 45 Grad Steigung ist auf dem Weg eher die Regel als die Ausnahme. Es ist warm und schwül und glücklicherweise thront über der Bergspitze eine Wolke, so dass uns ein wenig Schatten gegönnt ist. Die Ausblicke auf die Lagune werden immer beeindruckender und oben angekommen werden all meine Erwartungen übertroffen. Ich bin sprachlos angesichts dieses Panoramas. Man kann, bis auf einen kleinen Bereich, die gesamte Lagune in ihren traumhaften Farben sehen, als schwebe man über der Insel. Und obendrein sind wir auch noch ganz alleine. Außer dem Wind, der über die Bergspitze streift, hört man nichts. Das Treiben in der

Lagune kommt mir vor, als wenn es in einer anderen Welt wäre. Es sieht aus wie ein Spielzeugland. Die vielen Farben, die Inseln und Strände, wir kommen aus dem Staunen nicht heraus.

Die Theorie zur Entstehung der Atolle besagt, dass um einen Vulkan herum ein Riff entsteht. Wenn der Vulkan langsam im Meer versinkt, wächst das Riff nach oben und der Abstand zwischen Insel und Riff wird immer größer, bis die Insel ganz im Meer verschwunden ist. Hier lässt sich der Verlauf des Riffs toll mit dem Verlauf des halb versunkenen Vulkans vergleichen und sie ähneln sich. Ich weiß nicht, wie lange wir so staunend auf dem Berg verbringen, aber ich kann mich nur sehr schwer von diesem Anblick lösen, um den Abstieg in Angriff zu nehmen.

Unsere Zeit in Französisch-Polynesien geht ihrem Ende entgegen. Drei Monate haben wir hier verbracht. Viel zu wenig Zeit für solch ein tolles Ziel, aber wenn wir noch vor den ersten Wirbelstürmen in Neuseeland sein wollen, bleibt uns nichts anderes übrig als weiterzusegeln. Außerdem liegen noch ein paar Südseestaaten vor uns, die nicht weniger interessant sind. Wir verlegen die *Kiwitt* auf einen schöneren Ankerplatz mit klarem Wasser direkt neben dem Pass. Hier wollen wir sie auf die längere Überfahrt nach Samoa vorbereiten. Vor allen Dingen müssen wir das Unterwasserschiff putzen, das mal wieder ziemlich zugewachsen ist. Als die *Kiwitt* am nächsten Abend klar zur Abfahrt ist, werfe ich den Motor an und gehe zum Bug um den Anker hoch zu holen. Als ich ihn gerade an Deck habe, kommt die *Globitou* auf den Ankerplatz gefahren. Freudig begrüßen wir Ruedi und Jocelyne und verschieben kurzerhand den Start. Die beiden laden uns zum Abendessen ein und Ruedi holt uns ab, da unser Dingi ja schon weggepackt ist. Wir freuen uns alle vier riesig über das Wiedersehen und stellen fest, dass wir uns immer nur haarscharf verpasst haben. Heute haben wir es endlich geschafft, aber auch nur haarscharf. Der Abend wird lang und bei einem leckeren Essen und einigen Bier erfahren wir den neuesten Seglertratsch. Als wir spät zurück auf die *Kiwitt* kommen, gehen wir trotzdem noch Anker auf und fahren durch die gut befeuerte Einfahrt Richtung Samoa.

Die Tage auf See sind auch immer eine Erholung. Man hat Zeit die Eindrücke zu verarbeiten und das Erlebte noch einmal zu überdenken. Man hat Zeit zu träumen und die Seele baumeln zu lassen. Der Wind bläst schon seit Tagen kräftig und die *Kiwitt* macht gute Fahrt. Es gibt eigentlich nicht viel zu tun. Wenn alles gut geht, kommen wir morgen in Samoa an. Neun Tage ist es her, dass wir Bora Bora verlassen haben. Wir haben noch einen kleinen Schlenker nach Bellinghausen gemacht. Dieses kleine Atoll hat zwar laut Seekarten weder eine Einfahrt noch einen Ankerplatz, aber mein Entdeckertrieb war größer und ich wollte es selbst sehen. Der halbe Tag Umweg hat sich gelohnt. Auch wenn wir es nicht betreten konnten, ist dieses einsame Atoll schön und hat auf mich eine unheimliche Faszination ausgeübt. Wie alles, was unbewohnt und unentdeckt ist. Wer weiß, vielleicht komme ich ja eines Tages wieder und kann es doch noch erkunden.

Welle für Welle läuft unter der *Kiwitt* durch, Meile für Meile machen wir gut. Langsam zieht die Nacht herauf. Wenn alles gut geht, kommen bald die ersten Lichter von Samoa in Sicht und wir erreichen in den Morgenstunden den Hafen.

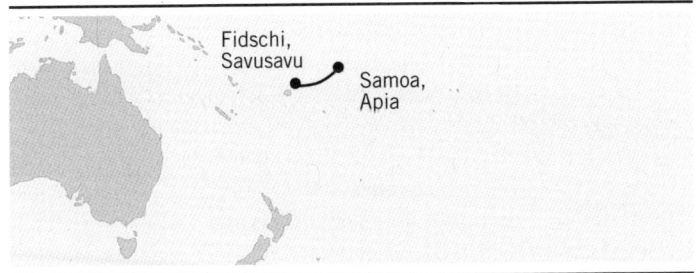

Fidschi,
Savusavu

Samoa,
Apia

Samoa

Wir haben es geschafft: Kap Horn liegt hinter uns. Wer uns jetzt in
rauer See am Ende der Welt sieht und sich fragt, wie wir so plötzlich dorthin gekommen sind, der ist auf dem Holzweg. Kap Horn:
So heißt, laut unserer Seekarte, das kleine Kap an der Einfahrt nach
Apia, der Hauptstadt von Western Samoa. Das Wasser ist ruhig und
die *Kiwitt* dümpelt vor Anker. Beim Einklarieren sind wir auf drei
befreundete Boote gestoßen, die alle heute Morgen angekommen
sind. Da segelt man über die größte Wasserfläche der Erde und
trotzdem trifft man dauernd alte Bekannte. Die Beamten sind sehr
freundlich und alles geht schnell über die Bühne. Apia selbst ist auf
den ersten Blick eine kleine Enttäuschung. Vielleicht hängt dieser
Eindruck aber auch mit unserer Müdigkeit nach der Überfahrt zusammen. Am nächsten Tag sieht die Welt nämlich schon ganz anders
aus. Die Töne einer Blaskapelle wecken uns. Ja, einer Blaskapelle!
Da Samoa einmal deutsche Kolonie war, gibt es ein paar kulturelle
Überbleibsel aus dieser Zeit. Und so kommt es, dass jeden Morgen
die Blaskapelle der Polizei mit schicken Uniformen, bestehend aus
Jacke und Wickelrock, am Hafen entlang Richtung Regierungsge-
bäude zieht. Ein ungewöhnlicher Anblick unter tropischer Sonne.

Wir haben Glück, denn bald ist Nationalfeiertag und wir sind genau in der Festwoche angekommen. Auf dem zentralen Veranstaltungsplatz ist die ganze Woche was los und so machen wir uns nach einem Frühstück schnell auf den Weg in die Stadt. Dort gibt es viele Stände, an denen man sich Kunsthandwerk anschauen kann. Dazu gehört auch, dass man live beobachten kann, wie ein Samoaner traditionell tätowiert wird. Ein Stock mit einem kammähnlichen Knochenstück am Ende, das viele kleine Zacken hat, wird immer wieder gezielt auf die Haut geschlagen. In die so entstehende Hautbeschädigung wird wiederholt Farbe eingewischt. Die Prozedur sieht schmerzhaft aus, aber der junge Mann beißt die Zähne zusammen. Überhaupt sieht man hier viele junge Leute, die diesen klassischen polynesischen Körperschmuck tragen.

Überall auf dem Festplatz riecht es gut, denn in den vielen kleinen Zelten wird traditionelles Essen zubereitet. Da das Programm auf der großen Bühne erst am Nachmittag beginnt, schlendern wir ein wenig durch die Stadt. Wir schauen uns ein paar Sehenswürdigkeiten an, die aber wenig überwältigend sind, und suchen dann die für uns interessanteste auf, den großen Obst- und Gemüsemarkt. Hier gibt es alles, was das Herz begehrt, und das Beste ist, man muss nur relativ wenige Taler der samoanischen Währung dafür hinlegen. Das ist eine richtige Wohltat nach den hohen Preisen in Französisch-Polynesien. Wir kaufen reichlich Tomaten, Bananen, Melonen und Gemüse. Natürlich darf auch ein Stopp im Supermarkt nicht fehlen. Die Auswahl ist jedoch deutlich kleiner als in Tahiti, aber, und darüber freuen wir uns riesig, es gibt dunkles Brot. Das ist das erste frische Vollkornbrot seit sehr langer Zeit. Eine der berühmten Kleinigkeiten, die man immer mehr zu schätzen weiß. Nachdem wir alles zurück auf die *Kiwitt* verfrachtet haben, ist es spät geworden und wir gehen zurück zum Festplatz. Der ist mittlerweile gut gefüllt. Das Programm ist zumindest teilweise auf Englisch und als wir ankommen, tritt gerade ein Komiker auf. Er steht in Wickelrock und mit freiem Oberkörper vor seinem Publikum. Das Ganze sieht ziemlich skurril aus. Nicht, weil er auch noch mit Blättern geschmückt ist, sondern weil er in diesem Outfit auf einem Akkordeon spielt. Das passt irgendwie nicht ins Südseebild. Um diese Kuriosität noch zu steigern, prangt über ihm eine große, rot-gelbe Werbung des Hauptsponsors, einer wohl auf der ganzen Welt bekannten Fastfood-Kette. Auch wenn ich nichts von dem Kauderwelsch verstehen kann, das offensichtlich sehr lustig ist, denn um uns herum wird viel gelacht, gibt er zumindest ein amüsantes Bild ab. Während wir auf die nächste Gruppe warten, kaufen wir ein paar selbst gemachte Chips, die von Frauen aus großen Taschen verkauft werden. Oder besser gesagt aus Wundertüten, denn, was man bekommt, ist ungewiss: Meine Chips sind aus Süßkartoffeln und Heikes aus Kochbananen. Nach der Vorstellung einer Tanzgruppe, gehen wir zurück zur *Kiwitt*.

Ein paar Tage später stehen wir an den Sliding Rocks. Das sind kleine Wasserfälle, die von einem natürlichen Pool zum nächsten fließen, und das Tolle ist, man kann sie als Rutschen benutzen. Bernhard, der vor 20 Jahren hier war, hat mir davon erzählt. Allerdings hat er auch nicht verschwiegen, dass er sich dabei ganz schön das Steißbein angeschlagen hat. Wir wollen es trotzdem versuchen. Ein dünner Film aus Algen verwandelt die Steine in Rutschbahnen. Nach ein paar Rutschpartien, bei denen ich offensichtlich Spaß hatte, will Heike es auch versuchen. Um das Ganze als Reiseerinnerung festzuhalten, positioniere ich mich mit der Kamera bewaffnet auf einem Felsen direkt am Wasser und als Heike mir entgegengeschossen kommt, schieße ich ein paar Fotos. Das Wasser in dem kleinen Pool schwappt hin und her und umspült meine Füße. Sofort werden die eingetrockneten Algen spiegelglatt und ich verliere den Halt. Rückwärts rutsche ich die nächste Rampe herunter und lande in einem weiteren Pool. Mir gelingt es gerade noch die Kamera am ausgestreckten Arm über Wasser zu halten. Prustend tauche ich wieder auf und das Herz schlägt mir bis zum Hals. Ein Adrenalinkick, auf den ich gerne verzichtet hätte. Mir wird ganz übel, denn wenn ein großer Fels im Weg gewesen wäre, hätte ich jetzt nicht nur ein paar blaue Flecken und aufgeschürfte Knie. Mein Steißbein meldet sich dann auch auf der harten Holzbank des Busses, der uns wieder zurückbringen soll, recht schnell zu Wort. Diese Busse, alte LKWs, die einen Holzaufbau bekommen und anschließend mit Blech verkleidet werden, sind übrigens ein Markenzeichen von Samoa. Und mit ihrer farbenfrohen Bemalung gehören sie einfach zum Stadtbild. Ihr Nachteil ist, dass sie meistens keine Fenster haben und ausschließlich Holzklasse anbieten, so dass sich clevere Fahrgäste ein eigenes Kissen mitbringen.

Aufgrund der Festwoche sind viele Gäste, auch von den Nachbarinseln, in Apia. Am Freitagabend sind die Straßen voller junger Leute in Feierlaune. Auch wir haben Lust, mal wieder so richtig auszugehen und nutzen die Gelegenheit. Vom Lighthouse, einer Bar direkt am Hafen, schallt abends die Musik zu uns herüber, so dass wir nicht lange suchen müssen. Die Stimmung ist großartig. Wir feiern die ganze Nacht und lernen eine Menge Leute kennen. Einheimische, aber auch Gäste von den Nachbarinseln, die zu Amerikanisch-Samoa, einem Außengebiet der Vereinigten Staaten, gehören.

Am nächsten Tag müssen alle Yachten den Ankerplatz verlassen, da eine große Ruderregatta veranstaltet wird. Seitdem wir hier sind, trainieren ständig Ruderer in ihren Booten im Hafen. Ruderboot hört sich vielleicht ein wenig klein an. Eigentlich sind es unheimlich lange Kanus, die von fast 50 Personen gerudert werden. Die einzelnen Mannschaften liefern sich einen harten Kampf und vom Ufer aus verfolgt eine große Menschenmenge das Schauspiel.

Natürlich stehen auch wieder Reparaturen an. Beispielsweise sind zwei der Relingfüße gebrochen und müssen geschweißt werden. Wir nehmen uns ein Taxi und erklären dem Fahrer unser Ziel. Er spricht nur sehr schlecht Englisch und schaut uns ein wenig verwirrt an, fährt aber dann doch zielstrebig los. Das Büro, vor dem er uns absetzt, sieht so gar nicht nach Schlosserei aus. Das bestätigt sich bei einer kurzen Nachfrage. Wir fahren weiter und unser Fahrer hält vor einem anderen Büro. Auch hier gibt es kein Schweißgerät. Das Spiel wiederholt sich noch einmal und wir sind schon fast davon überzeugt, dass er nur auf eine hohe Rechnung aus ist. Da er aber eigentlich ganz sympathisch wirkt, versuche ich es noch einmal und zeige ihm die gebrochenen Relingfüße. Jetzt leuchten seine Augen und er

Warum sind die Füße so blau? Blaufußtölpel auf den Galapagosinseln.

oben: *Nachdenklicher Seelöwe auf den Galapagosinseln.*

unten: *Die Aussicht genießen, Moorea/Französisch Polynesien.*

oben: Der Inbegriff der Südsee, Bora Bora/Französisch-Polynesien.

unten: Ein Arbeitstag am Ankerplatz.

oben: Ein bisschen Angst hatten die beiden schon, dass wir untergehen, Pentecost/Vanuatu.

unten: Das Cockpit der Kiwitt ist trotz strömenden Regens voller Kinder, Tikopia/Salomonen.

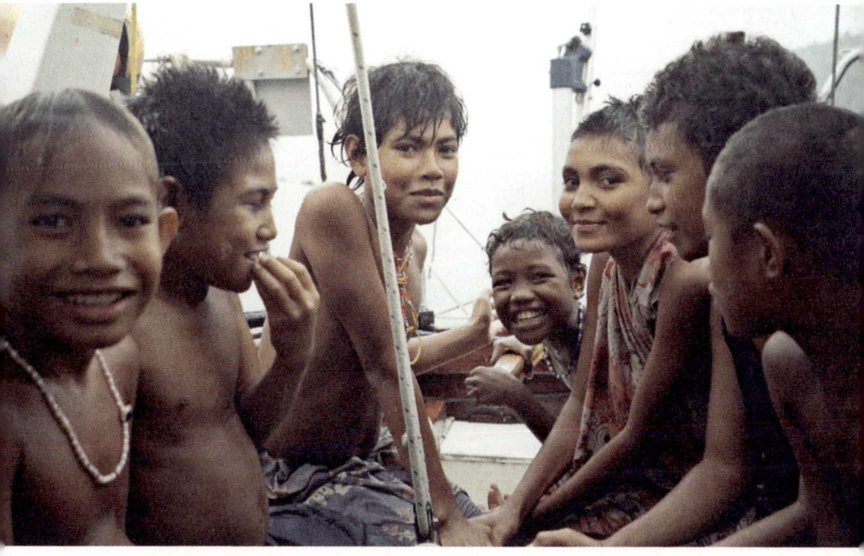

links: Der wird am Abend auf dem Feuer gegrillt.

oben: Agar-Agar Fischerin, Indonesien

unten: Markt, Ruteng/Indonesien

rechts: Und plötzlich klopft es am Heck, Fischer in Indonesien.

oben: Ein Traumstrand auf den Andaman-Inseln, Indien.

unten: Ob die Kuh heilig ist? Port Blair auf den Andaman-Inseln.

rechts: Ein einsamer Strand, ein Lagerfeuer und die Kiwitt im Hintergrund, North Button Island/Andaman-Inseln.

oben: Türkisblau, die Farbe begleitet uns auf der gesamten Reise, Uligamu/Malediven.

unten: Auch am schönsten Ankerplatz muss das Unterwasserschiff geputzt werden.

rechts: Vor der Überfahrt nach Afrika telefonieren wir noch einmal ausgiebig mit Zuhause, Uligamu/Malediven.

oben: Fischer auf den Malediven.

*unten: Eine Einladung zum Essen ist immer etwas Besonderes, Assab/
Eritrea.*

oben: Mit vollen Wasserkanistern geht es zurück zur Kiwitt, Suakin/Sudan.

unten: Meer und Wüste soweit das Auge reicht, Sudan.

oben: Badespaß in Ägypten.

unten: Die Fischer vom Nachbarboot zeigen uns stolz ihren Fang, Ägypten.

links: Ein wenig Sightseeing mit einer anderen Art von Schiff, Ägypten.

oben: Voidokilia, ein besonderer Ankerplatz, Peloponnes-Halbinsel/Griechenland.

unten: Nach über drei Jahren wieder zu Hause, Altrheinarm/Kleve.

gibt Gas. Nach fünf Minuten hält er vor einer kleinen Werkstatt. Hier kann man uns tatsächlich helfen. Auf dem Rückweg erklärt unser Fahrer mit Händen und Füßen, dass er statt „welding shop" „wedding shop" verstanden hätte. Und da wir ja dem Augenschein nach ein, zugegebenermaßen nicht besonders feierlich gekleidetes, Pärchen abgeben, wollte er uns eben zu einem Hochzeitsgeschäft fahren. Nach dieser Erklärung frage ich mich allerdings, was die Leute in den „wedding shops" gedacht haben, als ich mit meinen Schweißteilen dort aufgetaucht bin.

An einem entspannten Tag beschließen wir, eine Wanderung auf den Mount Vaea zum Grab von Robert Louis Stevenson zu machen. Der Tusitala, also Geschichtenerzähler, wie ihn die Einheimischen genannt haben, hat dort seine letzte Ruhestätte gefunden. Der Weg führt durch den dichten Wald steil bergan und obwohl die hohen Bäume Schatten spenden, kommt man bei den tropischen Temperaturen schnell ins Schwitzen. Es geht vorbei an bunten Blumen und Pflanzen, deren Blätter die Größe von Regenschirmen haben. Plötzlich entdecke ich auf dem Weg seltsame Nüsse. Die Schale ist von einem roten Geflecht umgeben und im Inneren spürt man einen losen Kern. Nach genauerer Untersuchung wird uns klar, was wir dort gefunden haben: Muskatnüsse. Wir sammeln sofort ein paar Hände voll ein und nehmen sie für unser Gewürzschapp mit. Fünf Minuten später stehen wir an der weiß gestrichenen Grabstätte des Tusitala. Bei dem tollen Ausblick auf seine persönliche „Schatzinsel" kann ich verstehen, dass es Stevensons Wunsch war, hier begraben zu werden. Der Blick reicht über Apia bis runter zur Bucht, in der unsere *Kiwitt* vor Anker liegt. Im Schatten eines großen Baumes genießen wir den leichten Wind, der eine willkommene Abkühlung bringt, und machen eine lange Pause.

Am folgenden Wochenende besuchen wir noch einmal das Lighthouse. Diesmal ist es weit weniger voll, da die meisten Gäste wieder abgereist sind. Wir lernen Iris und Paul kennen, die hier Urlaub machen. Eine Österreicherin und ein Engländer, die sich in Neuseeland niedergelassen haben. Die beiden sind mit dem Rucksack schon viel durch die Welt gereist und wir verstehen uns sofort prima. Sie sind von unserer Reise begeistert und fragen uns Löcher in den Bauch. Als wir ihnen erzählen, dass wir bald nach Savaii, der zweiten zu Samoa gehörenden Insel, weiterfahren wollen, reift schnell der Plan gemeinsam zu segeln. Unseren abenteuerlustigen neuen Freunden macht es auch nichts aus, dass wir über Nacht fahren wollen. Gesagt, getan, kurz vor der Dämmerung kommen Paul und Iris mit ihrem Gepäck an Bord und nach einem anständigen Abendessen geht es los. Vorbei am Kap Horn hinaus in die Nacht. Es weht nur ein leichter Wind und es ist kaum Seegang. Mit einem Bier sitzen wir im Cockpit und genießen die immer kleiner werdenden Lichter an Land. Leider wird Iris seekrank und wir verfrachten sie ins Bett. Auch Heike legt sich schlafen, da wir ja Wache gehen müssen. Paul erzählt mir von ihren Reisen und dass er an einer Schule in der Nähe von Auckland unterrichtet. Dort hat er viel mit Kindern aus Samoa zu tun, die ihm immer so sehr von ihrer Heimat vorschwärmen. So sind die beiden hier gelandet. Es ist gemütliches Segeln und als es hell wird, erreichen wir den Ankerplatz auf Savaii. Iris ist sichtlich erleichtert, als sie wieder einen Fuß an Land setzt. Die beiden mieten sich in einer kleinen Unterkunft direkt am Strand ein. Ein süßer auf Holzpfählen stehender Bungalow unter Palmen, zehn Meter vom Meer entfernt. Es ist wirklich paradiesisch und für uns ein guter Grund, mal wieder ein paar Tage Urlaub zu machen.

Zu viert unternehmen wir eine Inselexkursion, bei der wir den größten Wasserfall der Insel besuchen. Allerdings fällt in der Trockenzeit, also jetzt, nicht ein Tropfen Wasser. Der Pool, in den er eigentlich hineinstürzt, bietet aber die willkommene Abwechslung in Süßwasser zu baden. Paul hat eine Kitesurf-Ausrüstung dabei, kann aber genauso wenig surfen wie ich. Trotzdem haben wir einen Riesenspaß in der flachen Lagune und verbringen einen ganzen Tag damit. Direkt am Strand liegt hier übrigens der schönste Trans-Ocean-Stützpunkt, den wir bisher besucht haben. Ein deutsches Pärchen hat sich mit einer Tauchschule niedergelassen. Das traditionell gedeckte Häuschen steht direkt am Strand und sieht aus, als gehöre es einfach dorthin. Wobei traditionelle Häuser in Samoa eigentlich nur ein Dach haben, das auf Pfosten ruht. Wände haben diese Fale genannten Häuser nicht. So sieht man das ganze Leben, das sich unter ihrem Dach abspielt.

Ein paar Tage vor unserer Abreise kommt ein Vater mit seiner halben Familie zu uns rausgepaddelt und stellt uns neugierig Fragen. Das heißt, eigentlich lässt er seinen Sohn fragen, da er selbst kein Englisch spricht. Nach einer Weile lädt er uns zum Essen in sein Haus ein. An Land zeigen uns seine Kinder das Dorf und ihre Schule. Sie erzählen, dass der meiste Unterricht hier auf Englisch stattfindet. Anschließend geht es zu ihrem Haus, ein modernes Fale. Der vordere Teil ist traditionell offen gebaut, doch der hintere hat Wände. Zu unserer Überraschung sollen wir den Eintopf alleine essen. Er schmeckt eigentlich sehr gut, allerdings stören mich die vielen undefinierbaren Fleischbrocken, die teilweise sehr zäh sind. Netterweise entsorgt Heike dann auch noch ihre Fleischstücke auf meinem Teller, als hätte ich nicht schon genug davon. Nach dem Essen fahren wir gemeinsam auf die *Kiwitt* und verbringen dort einen fröhlichen Nachmittag und Abend. Unsere Besucher geben ein paar polynesische Lieder zum Besten, ehe sie sich gegen 22.30 Uhr verabschieden.

Ein Jahr hat 365 Tage, manche sogar einen mehr. Jeder hat sich sicherlich schon einmal gewünscht, einen besonders unangenehmen einfach zu überspringen. Unmöglich? Nicht auf unserer nächsten Überfahrt. Auf dem Weg nach Fidschi passieren wir die internationale Datumsgrenze. Da wir bei unserer Reise von Osten nach Westen durch die einzelnen Zeitzonen immer wieder eine Stunde gewonnen haben, müssen wir jetzt einen ganzen Tag abgeben. Rechts vom 180. Breitengrad ist der 03.10. und links schon der 04.10. Zu Zeiten astronomischer Navigation war das eine ganz heikle Angelegenheit, da es sehr wichtig ist, das genaue Datum zu kennen. Vor Fidschi gibt es viele Riffe und eine genaue, nach der Uhrzeit ermittelte, Position ist ein Muss für eine sichere Ansteuerung. Mit Hilfe des Satelliten ist es einfacher und so können wir uns einen Spaß daraus machen, zu überlegen, welchen Tag wir aus unserem Leben streichen. Den 03.10.2004 haben wir nie erlebt. Ansonsten verläuft die Fahrt ereignislos und das Timing passt ausnahmsweise mal perfekt, so dass wir in der Abenddämmerung nach sechs Tagen Fahrt und sieben Kalendertagen in Savusavu ankern.

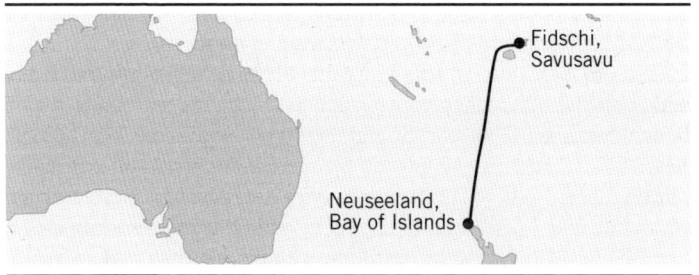

Fidschi

Wenn ich zu Hause anrufe, werde ich oft gefragt, ob wir das einzige Schiff am Ankerplatz sind. In Savusavu zähle ich alleine sechs deutsche Boote, soviel dazu. Das Einklarieren in Fidschi, das aus über 300 Inseln besteht, war ganz problemlos und abends sitzen wir im Yachtclub mit anderen Seglern zusammen und trinken ein Bier. Als ich erzähle, wo ich herkomme, lerne ich Franz und Elke kennen. Die beiden segeln mit ihrer *Jan Plezier* schon seit einigen Jahren um die Welt und wie es der Zufall so will, kommen sie aus dem Ort, an dem vor über einem Jahr meine Reise begonnen hat: Emmerich. Die Welt ist wirklich ein Dorf und ich freue mich, jemanden aus meiner Heimat zu treffen. Es wird ein gemütlicher Abend, an dem viel gelacht wird.

Savusavu ist ein kleiner Ort mit einem Markt hat, auf dem ein emsiges Treiben herrscht, für das hauptsächlich die hier lebenden Inder verantwortlich sind. Sie sind von den Engländern während der Kolonialzeit als Arbeitskräfte auf die Insel geholt worden und bilden heute einen Großteil der Bevölkerung. Für uns ist der Markt, wie immer nach einer Überfahrt, ein wahres Paradies. Frisches Obst und Gemüse sind ein echter Segen. Aber auf unserem Einkaufzettel steht noch etwas anderes. Kavawurzeln! Sie bilden die Grundzutat für Kava Kava, ein im ganzen polynesischen Raum weit verbreitetes leicht berauschendes Getränk. Auf den kleineren abgelegenen Inseln bringt man die Wurzeln als Gastgeschenk mit und erbittet sich damit beim Chief des Dorfes ein Aufenthaltsrecht.

Mit dem Geschenk an Bord fahren wir ein paar Tage später weiter. Unser nächstes Ziel ist allerdings erst einmal Suva, die Hauptstadt der Fidschis. Die Überfahrt dorthin verläuft leider nicht wie geplant. Wir wollen mit einem kleinen Zwischenstopp in der Dalice Bay auf Makogai zügig durchfahren, aber aufgrund des Wetters werden aus dem kurzen Stopp mehrere Tage. Während der Zwangspause lernen wir Jan und Francis kennen, die uns einen wertvollen Tipp geben können. Sie waren nämlich bereits in Neuseeland und haben direkt in Auckland an einer Mooringboje eines kleinen Yachtclubs gelegen und nur 50 Neuseeland-Dollar im Monat dafür bezahlt. Da wir uns schon eine Weile Gedanken darüber machen, wo wir die *Kiwitt* in Neuseeland am besten zurücklassen können, um uns die Insel anzuschauen, kommt diese Information natürlich wie gerufen. Nach drei Tagen Zwangspause können wir endlich nach Suva weiterfahren. Bei strömendem Regen passieren wir frühmorgens die Einfahrt und werfen unseren Anker ganz in der Nähe der *Globitou*. Ruedi kommt mit dem Dingi rüber und meint: „Es ist immer dasselbe, ihr kommt an und wir wollen fahren oder umgekehrt!" Ruedi und Jocelyne sind schon seit einer Woche in Suva und wollten heute weiterfahren. Aufgrund unserer Ankunft und des nicht wirklich schönen Wetters beschließen sie noch einen Tag zu bleiben. Wir freuen uns riesig und gehen gemeinsam in die Stadt, wo uns die beiden die schönsten Plätze zeigen.

Mal wieder demontiere ich das Oberwant, das ja immer noch auf seinen Austausch wartet. Leider erfahren wir beim Yachtausrüster, dass er keinen passenden Wantenspanner hat und auch nicht sagen kann, wann er wieder einen bekommt. Jetzt ist die große Frage, was wir machen sollen, denn auf dem Weg nach Neuseeland kann es ungemütlich werden. Nach einigem Hin und Her beschließen wir ein Auge aufpressen zu lassen. Das Want ist dann natürlich zu kurz, aber das fehlende Stück will ich mit Ankerkette ersetzen. Gesagt, getan und wenig später ist das neue alte Want wieder an seinem Platz. Zusammen mit der Ankerkette macht es einen soliden Eindruck.

Ich stehe am Bug und suche einen Weg durch das Labyrinth der türkisfarbenen Flecken. Wir fahren durch das Korallenmeer im Nordwesten Fidschis, das mit kleinen Riffen gespickt ist. Hier nur nach Seekarten oder GPS zu fahren, wäre Selbstmord. Viele der grünen Flecken stimmen nicht mit der Lage in unserer Karte überein und das Einzige, auf das man sich verlassen kann, sind die eigenen Augen. Wir brauchen den ganzen Tag bis wir die Insel erreichen, an der wir ankern wollen.

Auf dem Weg zu den nordwestlichen Inseln, den Yasawas, sind wir von Suva aus an der Südseite von Viti Levu entlanggefahren. Wobei es entlanggeflogen besser trifft, da wir unter Sturmfock wieder Leinen nachschleppen mussten, um nicht ins Surfen zu kommen. Diesmal aber bei strahlendem Sonnenschein und moderatem Seegang. Langsam tasten wir uns in eine Bucht hinein und suchen einen günstigen Ankerplatz. Die Bucht ist recht tief, so dass ich beim Ankern unsere 50-Meter-Kette mit 20 Metern Leine verlängere. Wir schnappen uns die Kavawurzeln und fahren an Land um den Chief des Dorfes aufzusuchen. Der nimmt unser Geschenk erfreut entgegen und gewährt uns das erhoffte Aufenthaltsrecht. Außerdem weist er seine Nichte an, uns den Ort zu zeigen. Malie ist 14 Jahre alt und spricht gut Englisch. Sie zeigt uns die Schule, die Kirche und die Plantagen, auf denen unter anderem Bananen und Maniok angepflanzt werden. Im Grunde ähneln sich die Dörfer alle ziemlich, aber man lernt immer wieder neue Menschen kennen und das macht es spannend. Malie ist ein aufgewecktes Mädchen und erzählt uns einiges über das Leben auf der Insel. Außerdem lädt sie uns für heute Abend zum Gottesdienst ein und so sitzen wir ein paar Stunden später ordentlich angezogen in der Kirche. Bänke und Stühle gibt es keine und alle nehmen auf Matten Platz. Als Gäste bekommen wir Ehrenplätze und zur Begrüßung richtet der Prediger ein paar Worte auf Englisch an uns und erklärt kurz den Ablauf der Messe. Der Rest der anderthalb Stunden dauernden Predigt findet in der Landessprache statt. Langweilig ist es trotzdem nicht. Mimik und Gestik des Predigers sind sehr aussagekräftig und lassen auf eine eher düstere Interpretation der Bibel schließen. Zum sonst fröhlichen Wesen der Polynesier passt der Gottesdienst überhaupt nicht und ich bin froh, als wir die Kirche wieder verlassen.

Am nächsten Morgen erwartet uns Malie schon, denn wir wollen einen Berg besteigen. Vorher will sie aber noch versuchen ein paar Handarbeiten zu verkaufen. Heute ist eine Gruppe Tagestouristen mit dem Boot ins Dorf gekommen. Malie verrät uns, dass viele der Handarbeiten, die sie verkaufen, vom Festland kommen und von ihnen auch nur eingekauft wurden. Das wissen die Touristen natürlich nicht, kaufen an diesem Tag aber leider trotzdem nichts.

Als wir den Berg hoch steigen, steht die Sonne schon hoch und brennt uns ganz schön auf den Buckel. Oben angekommen haben wir einen tollen Ausblick über die Bucht mit ihrem grün-blauen Wasser. Zur anderen Seite schlängelt sich der Weg wieder bergab zu einem Touristenresort, in dem einige Dorfbewohner arbeiten. Ganz schön lang und steil, um ihn jeden Tag zu gehen.

Zurück im Ort besuchen wir Malies Familie. Plötzlich strahlt uns ihre Mutter an und redet auf ihre Tochter ein. Diese druckst erst ein wenig herum, doch dann übersetzt sie alles. Ihre Mutter und zwei andere Frauen aus dem Dorf würden gerne in die benachbarte Bucht fahren und dort Seetang ernten. Aber ohne Boot kämen sie dort nicht hin. In zwei Tagen fährt Malies Vater zur Hauptinsel und dort würden sie es auf dem Markt verkaufen wollen. Da kommen wir wie gerufen und sagen nicht nein.

Am nächsten Tag ist das Cockpit der *Kiwitt* von drei stattlichen polynesischen Frauen und einem Mädchen besetzt und wir segeln die kurze Strecke in die Nachbarbucht. Malie, Heike und ich verbringen den Tag am Strand. Während die Frauen das Seegras ernten, sammeln wir ein paar Kokosnüsse und machen ein Lagerfeuer fürs Mittagessen. Das besteht hauptsächlich aus Brotfrucht, die im Feuer geröstet wird und einigen Schnecken und Muscheln, die die Frauen im Wasser gefunden haben. Brotfrucht ohne Beilage ist unheimlich trocken und sie bleibt mir fast im Hals stecken. Den Rest des Tages verbringen die Frauen dann wieder im Wasser und abends fahren wir mit einigen großen Säcken Seetang zurück zum Dorf. Als Dankeschön bekommen wir eine Brotfrucht und ein paar Früchte, über die wir uns sehr freuen. Außerdem schenken sie uns zwei Ketten. Ob diese wirklich selbst gemacht sind, fragen wir allerdings nicht. Wir verabschieden uns von allen, da wir morgen in aller Frühe mit Kurs auf das gut 1.000 Seemeilen entfernte Neuseeland aufbrechen werden.

Ich schaue aufs Meer hinaus, wieder umgibt mich eine endlose Wasserfläche. Es ist kaum Seegang und ein leichter Wind weht uns entgegen. Wir müssen Höhe schinden und haben heute nur 60 Meilen geschafft. Bis Neuseeland fehlt noch ein ganzes Stück. Ich beobachte die Sonne, die tief am Horizont steht und überlege, ob sich das Wetter heute Nacht wohl ändern wird. Auch ein Blick in Richtung Südosten, wo Neuseeland liegt, bringt keine Erkenntnis. Die Wettervorhersage, die wir mit unserem Weltempfänger bekommen haben, lässt jedenfalls nicht viel Gutes erahnen.

Einen guten Zeitpunkt für die Überfahrt zu erwischen, ist nicht ganz einfach. Im Südpazifik tobten sich die letzten Winterstürme aus, so dass wir gemeinsam mit einigen anderen Booten warten mussten. Gleichzeitig stieg aber auch das Risiko, in Fidschi auf einen Taifun zu treffen. Nachdem die *Jan Plezier* den Anfang gemacht hatte, sind wir ihr gefolgt. 14 bis 20 Tage, habe ich allen gesagt, die gefragt haben, wie lange wir brauchen. 14 Tage bräuchten wir, wenn der Wind optimal wäre und 19 Tage war Bernhard damals unterwegs. Bis jetzt liegen wir auf jeden Fall ganz gut im Rennen. Die Sonne hat gerade den Horizont berührt und strahlt alles leuchtend rot an. Die *Kiwitt* gleitet in die heraufziehende Nacht hinein und kann so eben noch den Kurs Neuseeland halten.

Große Wogen kommen heran gerollt und donnern immer wieder gegen den Rumpf. Jedes Mal hört es sich so an, als zerbräche dieser in 1.000 Stücke. Mittlerweile weiß ich aber, dass er es verträgt und lasse mich bei meiner Arbeit nicht stören. Ich sitze unter Deck und nähe das Großsegel. Immer wieder gurgelt das Wasser der Schaumkronen übers Deck. Seit gestern Abend geht das schon so, der Wind wurde immer stärker und kommt natürlich genau von vorne. Kreuzen

ging irgendwann nicht mehr und wir haben beigedreht. Karumm…
und wieder eine große Welle. Stich für Stich nähe ich das Achterliek
des Segels. Es ist genau an der Naht gerissen. Ansonsten können
wir gerade nur rumsitzen und abwarten. Man darf allerdings nicht
darüber nachdenken, wie viele Meilen uns der Wind jede Stunde in
die falsche Richtung schiebt. Stunde um Stunde kontrolliere ich den
Kompass, um festzustellen, ob sich die Windrichtung bessert: erfolglos. Bedrückt setze ich mich eine Weile ins Cockpit und beobachte
das vom Sturm aufgewühlte Meer. Es bietet mir ein atemberauben-
des Schauspiel. Die Wellen sind lang und gleichmäßig und nicht so
steil wie in der Karibik. Das verträgt die *Kiwitt* wesentlich besser.
Allerdings kann ich nicht mehr barfuß vor die Tür gehen, es wird
merklich kälter im Süden. Trotz der Kälte kann ich mich nur schwer
von diesem Anblick losreißen.

Später versuche ich es noch einmal und wir setzen die Segel. Der
Kurs, den wir anliegen können, führt nach Australien oder alternativ
in die Arktis. Die würde mich zwar auch reizen, aber nur auf einem
Schiff mit Heizung. Wir drehen also wieder bei und bereiten das
Abendessen vor. Das heißt, eigentlich improvisieren wir es. Da man
nach Neuseeland nichts Frisches einführen darf, haben wir in Fidschi nur sparsam eingekauft. Das wäre auch eigentlich gar kein Problem, wenn sich unsere großen Vorräte an Konserven und trockenen
Lebensmitteln nicht mittlerweile stark reduziert hätten. Irgendwie
haben wir das übersehen. Verhungern müssen wir nicht, Kartoffelpüree ist noch reichlich da. Auch Tomaten in Dosen haben wir für
zwei Überfahrten. Aber die Nudeln sind alle, sämtliches Frische ist
verbraucht und die letzte Handvoll Reis wollen wir uns noch aufhe-
ben, da wir nicht wissen, wie lange wir noch unterwegs sein werden.
Wenn nichts anderes mehr geht, könnten wir nach Tonga abdrehen,
das wären sechs oder sieben Tage. Nachdem wir jetzt aber schon 14
Tage Richtung Neuseeland segeln, wollen wir daran überhaupt nicht
denken. Etwas lustlos mische ich das Kartoffelpüree mit einer der
letzten Dosen Erbsen. Das passiert uns nicht noch einmal.

Ich brüte über der Karte und ziehe wieder einen großen Kreis um
unsere Position. Heute erreicht er Neuseeland. Der Kreis ist unsere
Reichweite unter Motor und mit unserem gesamten Dieselvorrat

würden wir es gerade schaffen. Angesichts der Wellen bin ich mir aber nicht sicher, ob wir die drei Knoten schaffen, die ich geschätzt habe. Andererseits sollte sich das Meer in der Abdeckung der Nordinsel etwas beruhigen und dann müssten wir besser vorankommen. Wir sind jetzt seit 17 Tagen unterwegs und haben keine Lust mehr. Das ständige Beidrehen ist zermürbend. Wir beschließen es zu versuchen und Heike startet den Motor. Auf dem richtigen Kurs machen wir dann laut GPS 2,5 bis 3 Knoten. Das reicht nicht und ich setze mehr Segel. Jetzt steigt die Geschwindigkeit auf knapp drei Knoten. Stunde um Stunde verstreicht so und ich halte unseren Dieselvorrat genau im Auge.

Es ist ruhig, der Motor ist aus. Fast zwei Tage hat uns das Wummern ununterbrochen begleitet, aber jetzt kommt der Wind wieder aus einer günstigen Richtung. Das Meer ist ruhiger und im fahlen Mondlicht voraus erkenne ich Neuseeland.

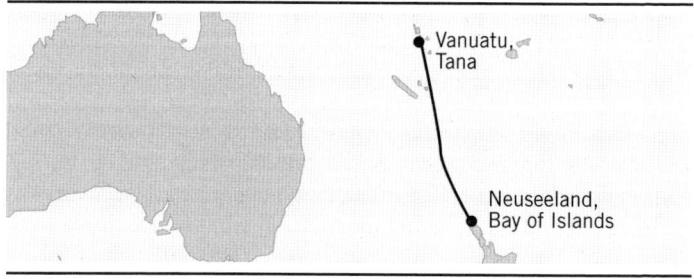

Neuseeland

Aotearoa, das Land der langen weißen Wolke, wie die Maoris Neuseeland nennen, empfängt uns friedlich. Von einem leichten Wind getrieben segelt die *Kiwitt* noch in der Nacht in die Bay of Islands. Als wir schon ein ganzes Stück in die Bucht hineingefahren sind, riecht es plötzlich nicht mehr nach Seeluft und Salz. Was ich da allerdings rieche, überrascht mich schon ein wenig. Irgendwo an Land muss eine Schaffarm sein und um sicher zu gehen, dass ich mir das nicht nur einbilde, wecke ich Heike, die den Geruch auch wahrnimmt. Na gut, warum soll das Land der Schafzüchter nicht auch nach Schaf riechen?

Langsam fängt es an zu dämmern und als wir am Zollanleger in Opua festmachen, ist es schon hell. Kurz nach uns legt Peter, den wir von Fidschi kennen, seine *Dakota* an und begrüßt uns mit den Worten: „Ihr seid schon überall vermisst worden!" Alle, die nach uns abgefahren waren, sind schon lange hier und haben sich Sorgen gemacht. Es war sogar schon jemand bei der Küstenwache und hat erklärt, dass ein kleines Schiff mit roten Streifen überfällig sei. Da haben wir wohl fast eine Suchaktion ausgelöst. Aber wir haben ja immer gesagt, dass wir 14 bis 20 Tage brauchen und heute ist der 20. Tag. Es ist so, dass eigentlich alle anderen ein Funkgerät haben und sich ständig absprechen. So weiß jeder, wo jeder ist. Ohne diese Kommunikationsmöglichkeit fallen wir natürlich etwas aus dem Rahmen. Nach einem Frühstück, das im Wesentlichen aus Kartoffelbrei besteht, kommen die Beamten und begrüßen uns mit den Worten: „Willkommen in Neuseeland, dem Land mit vier Millionen Einwohnern und 40 Millionen Schafen." Meine Nase gibt ihnen Recht!

Das Einklarieren verläuft reibungslos und außer ein paar Knoblauchschalen und einem leeren Eierkarton gibt es nichts mehr an Bord, das die Beamten einsammeln können. Im Anschluss fahren wir auf den Ankerplatz und freuen uns darüber, alle unsere Freunde wiederzusehen. Dass wir Vermissten überschwänglich in Empfang genommen werden, muss ich wohl nicht erwähnen.

Wir verbringen sechs Monate in Neuseeland und die Zeit vergeht wie im Flug. Es gibt viel zu sehen, viel zu machen und noch mehr zu erleben. Genug, um Bücher darüber zu schreiben. Wir bleiben nicht in Opua, sondern fahren nach Auckland weiter. Dank des Tipps von Jan und Francis finden wir hier eine günstige Mooring. Im Endeffekt ist sie sogar noch viel günstiger als erwartet, denn wir brauchen nichts zu bezahlen. Die Leute hier sind alle sehr nett und wir gewinnen viele neue Freunde. Heiligabend kaufen wir uns ein Auto und fahren damit spontan zur Weihnachtsfeier des Trans-Ocean-Stützpunktes in Whangarei. Nein, nur dafür hätte eine solche Anschaffung von umgerechnet 700 Euro wohl in keinem Verhältnis gestanden. Aber wir wollen ja etwas von Neuseeland sehen und haben uns überlegt, dass dies der günstigste Weg ist, die Inseln zu bereisen. Unser neues Fortbewegungsmittel soll uns zwölf Wochen über Nord- und Südinsel kutschieren. Um die laufenden Kosten für das Auto und das Benzin zu senken, suchen wir verschiedene Mitfahrer, die uns jeweils einige Wochen begleiten. Wir zelten fast immer kostenlos und haben viele schöne Momente. Im Schnee besteigen wir den höchsten Berg der Nordinsel und bei tollem Wetter wandern wir in den Südalpen.

Zurück in Auckland verkaufen wir unser Landreisemobil wieder mit 200 Euro Verlust. Alles in allem hat diese Anschaffung kein allzu großes Loch in die Bordkasse gerissen, zumal wir bei dem bisher zurückgelegten Abschnitt unserer Reise sparsamer waren, als wir es ursprünglich geplant hatten. Aber jetzt wartet jede Menge Arbeit auf uns. Wir holen die *Kiwitt* aufs Trockene und sieben Wochen lang wird gewerkelt, repariert, geschraubt, geschliffen und gestrichen. Endlich werden die Wanten zu einem vernünftigen Preis ersetzt und es findet sich jemand, der den alten Autopiloten gegen ein Trinkgeld reparieren kann. Mir fällt oft Bernhards Satz ein, ein Boot mache so viel Arbeit wie ein Auto und ein Haus zusammen. Auch wenn ich bisher weder ein Auto (bis auf die letzten zwölf Wochen) noch ein Haus besessen habe, würde ich das sofort unterschreiben. Kurz bevor die *Kiwitt* wieder ins Wasser darf, tätigen wir noch eine größere Anschaffung. Durch einen glücklichen Zufall können wir eine bessere gebrauchte Windfahnensteuerung kaufen. 700 Neuseeland-Dollar sind für uns zwar ein ganzer Batzen Geld, aber für eine Anlage mit Servoruder ein wahres Schnäppchen und den beiden Autopiloten traue ich mittlerweile nur noch bedingt.

Auch Iris und Paul, die in der Nähe von Auckland leben, treffen wir wieder. Nach unserer gemeinsamen kleinen Überfahrt in Samoa haben sie sich mittlerweile ein Boot gekauft, trotz Iris nicht ganz glücklicher erster Segelerfahrung. Es ist klein und man kann es trailern, aber es ist groß genug, um ein paar Tage darauf zu wohnen. Für den Anfang gar nicht schlecht und wer weiß, vielleicht haben wir sie ja mit dem Segelvirus infiziert. Überhaupt gibt es hier viele Menschen, die schon einmal nach Fidschi oder Tonga gesegelt sind. Wenn man sich mal zwei oder drei Monate freinehmen kann, ist es von Neuseeland aus eigentlich nur ein Katzensprung.

Irgendwann ist es dann soweit, die *Kiwitt* liegt wieder an einer Mooringboje und es wird Zeit uns zu verabschieden. Gemeinsam feiern wir noch einmal im Hafen bei Bier und Kuchen unsere beiden Geburtstage. Bei diesem Abschied fließen auch ein paar Tränen. Ich habe mich im Ausland noch nie so zu Hause gefühlt wie hier, immerhin war es ja auch unser längster Aufenthalt an einem Ort.

Wir sind auf dem Weg nach Norden. Norden. Ab jetzt geht unser Kurs immer in diese Richtung. Neuseeland ist der südlichste Punkt der Reise, um die halbe Welt sind wir nach Süden gesegelt und jetzt geht es um die andere Hälfte wieder zurück Richtung Norden. Der Wind ist konstant und die *Kiwitt* fährt fröhlich durchs Wasser. Die neue Windfahnensteuerung geht zuverlässig Ruder. Nach so vielen Monaten Pause in Auckland hat man das Gefühl, dass unsere *Kiwitt* es gar nicht erwarten kann den nächsten Ozean zu überqueren. Vorher fahren wir jedoch noch einmal in die Bay of Islands. Hier haben wir einklariert und hier wollen wir ausklarieren. Viele unserer Freunde, die wir im Pazifik immer wieder getroffen haben, sind dort. Allerdings werden wir die meisten nicht mehr wiedersehen, da viele mehr Zeit haben und noch einmal zurück nach Tonga oder Fidschi segeln, um dann noch eine Saison in Neuseeland oder Australien zu verbringen. Segler bewegen sich im Takt der Jahreszeiten. Man muss zu bestimmten Zeiten an bestimmten Orten sein, um die Monate mit den Stürmen zu meiden. Dadurch trifft man sich auch auf Tausenden von Meilen und manchmal über einen ganzen Ozean immer wieder. Da wir aber nur drei Jahre geplant haben, ist es für uns mal wieder an der Zeit, weiter zu fahren und den Absprung zum nächsten Ozean zu schaffen.

Wir haben auf dem Weg von Auckland in die Bay of Islands ein paar Tage in Whangarei gestoppt und schon dort einige wiedergesehen. Franz und Elke hatten noch eine große Geburtstagsüberraschung für uns. Franz hat mich überredet, unseren alten Außenborder in die Werkstatt zu bringen und dort gegen einen neuen „einzutauschen". Den haben die beiden uns kräftig bezuschusst. Der alte war wirklich hinüber, er sprang nur noch schlecht an, die Schraube war durch ein Stück Blech ersetzt und während der langen Pause in Auckland war der Vergaser undicht geworden. Und da es für ihn ja nirgendwo Ersatzteile gibt, war das der einzig richtige Schritt, den wir – dank der beiden Niederrheiner – machen konnten. Der neue ist genauso klein, aber er wird weltweit vertrieben. Ohne Außenborder wären wir mit unserem kleinen Gummiboot echt aufgeschmissen und wer weiß, wie lange ich den alten noch hätte flicken können.

Es ist Mitte Mai und der Winter steht vor der Tür. Die ersten Nächte mit Frost haben wir bereits hinter uns und der Morgennebel wird immer dichter. Noch liegen wir vor Opua vor Anker, aber die

Wettervorhersagen sind gut und wir wollen heute aufbrechen. Vanuatu ist unser nächstes Ziel. Also verabschieden wir uns bei allen und suchen die Behörden auf. Abends ist alles erledigt und um 21.00 Uhr gehen wir Anker auf und verlassen die Bucht. Auf See empfängt uns ein leichter Wind, der uns die Küste hoch bläst. Zu unserem nächsten Ziel sind es knapp 1.000 Seemeilen Richtung Norden. Die Nacht ist ruhig und am nächsten Morgen passieren wir die Nordspitze Neuseelands. Der weite Pazifik liegt vor uns.

Wer jetzt annimmt, dass es die ganze Überfahrt ruhig bleibt, der hat unsere anderen Überfahrten wohl nicht mehr im Gedächtnis. Nach der Hälfte der Strecke nimmt der Wind zu und wir sausen unter Sturmfock und dreifach gerefftem Groß dahin. Ich sitze im Cockpit und bin mal wieder fasziniert vom Spiel der Elemente. Es ist atemberaubend, wie unser kleines Schiff durchs Wasser pflügt. Welle für Welle, Stunde für Stunde und Tag für Tag. Zum Glück kommt der Wind diesmal wenigstens so, dass wir unseren nördlichen Kurs halten können.

Am 12. Tag auf See passieren wir Hunter Island, eine kleine felsige Insel, die nur von Möwen bewohnt wird. Leider kann man hier nicht anlegen, aber trotzdem ist dieses kleine Stückchen Land mitten im Pazifik faszinierend. Jetzt sind es noch 240 Meilen bis Tana, der Insel, auf der wir einklarieren wollen.

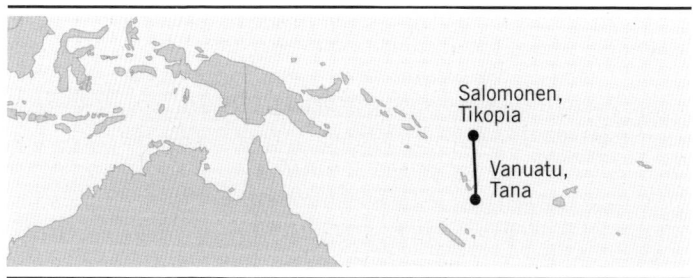

Salomonen,
Tikopia

Vanuatu,
Tana

Vanuatu

Eine Gruppe junger Männer, die mit Blättern und Blumen geschmückt sind, kommt zurück ins Dorf und setzt sich unter einen
Sonnenschutz aus Palmblättern. Sie haben ein paar Wochen im Wald
verbracht und sind dadurch vom Kind zum Mann geworden, erklärt
man mir. Ich sitze auf einem festlich geschmückten Dorfplatz. Ihnen
gegenüber stehen Frauen, die Geschenke dabei haben. Auch Heike
ist unter ihnen. Jetzt werden ein paar Lieder gesungen und anschließend gehen alle nacheinander an den jungen Männern und ihren
Müttern vorbei und schütteln ihre Hände. Die Geschenke werden in
die Mitte des Platzes gelegt, wo bereits ein Berg mit Taro und Bananen sowie ein lebendiges Schwein warten. Die Füße des Tieres sind
an eine Stange gebunden, damit man es tragen kann. Laut quiekend
macht es seinem Unmut darüber Luft.

Nachdem die Zeremonie beendet ist, wird der für die Südsee so typische Erdofen geöffnet. Die Speisen werden durch Steine, die zuvor
im Feuer erwärmt wurden, gegart. Das umgebende Erdreich und
die Abdeckung aus Blättern und Erde sorgen dafür, dass nicht zu
viel Wärme entweicht. Anschließend wird der Ofen geöffnet und der

Inhalt auf ein paar Tischen auf dem Dorfplatz ausgebreitet und als besondere Gäste dürfen wir uns mit als erste bedienen. Skeptisch nehme ich mir ein Stück vom Schwein und dazu ein bisschen Taro und etwas Gemüse. Ich setze mich mit dem Bananenblatt als Teller zurück auf die Matten am Boden und probiere. Das Fleisch ist butterweich und schmeckt einfach köstlich.

Mit uns zu Besuch auf dem Fest ist eine Schweizer Familie, die mit drei kleinen Kindern auf ihrer *Muscat* zurück nach Hause segelt. Die Menschen hier in den Dörfern sind eigentlich etwas schüchtern, aber mit den Kindern werden alle Hürden im Sturm genommen. Für Kinder haben alle ein Lächeln übrig und diese Sympathie schwappt schnell auf die Erwachsenen über. Wenn man einmal die erste Hürde genommen hat, sind die Dorfbewohner sehr offen und man kann sich gut unterhalten. Das einzige Hindernis für mich ist allerdings, dass in manchen Dörfern nur Französisch gesprochen wird. Dieser Umstand rührt daher, dass Vanuatu früher von Franzosen und Engländern gemeinschaftlich verwaltet wurde. So hat das eine Dorf eine französische Schule und das nächste eine englische. Dieser Ort spricht glücklicherweise Englisch.

Nach dem Essen wird getanzt und die Stimmung wird immer ausgelassener. Als eine Musikanlage hervorgekramt wird, ändert sich das Programm von traditioneller Musik zu modernen Rhythmen. Die Zeit bleibt eben auch hier nicht stehen und das ist gut so, schließlich will kein Mensch in einem Museum leben. Es ist schön zu sehen, wie Jung und Alt zur flotten Musik tanzen.

Abends sind Andi, von der *Muscat*, und ich zum Kava trinken eingeladen. Das ist nicht das erste Mal, dass ich dieses Getränk probiere, doch die Wirkung bleibt aus. Es ist ein wichtiger Teil der polynesischen und melanesischen Kultur und hat eine berauschende Wirkung. Auch wenn ich nichts spüre, ist es interessant, bei der Zubereitung zuzusehen, und mit ein paar neuen Eindrücken gehe ich zum Boot zurück.

Wir verbringen einige schöne Tage auf dieser grünen Insel und machen Ausflüge zu benachbarten Dörfern. Einer der Höhepunkte ist aber die Besteigung des Yasur. Der Yasur ist wohl der am einfachsten zugängliche aktive Vulkan der Erde. Er ist keine 400 Meter hoch und im Regelfall ist seine Aktivität gerade so, dass man vom Kraterrand aus ein beeindruckendes Schauspiel genießen kann. So verweilen wir dort, bis es ganz dunkel ist, und sich das Feuerwerk aus glühendem Gestein in seiner ganzen Pracht entfalten kann. Es ist schon beängstigend dieser Naturgewalt so nahe zu sein, aber ich kann mich überhaupt nicht satt sehen. Trotzdem müssen wir irgendwann den Weg zur *Kiwitt* antreten und am nächsten Morgen geht die Fahrt nach Port Vila weiter, der Hauptstadt Vanuatus.

Das Glas, das vor mir steht, enthält eine milchig schlierige Flüssigkeit. Heike und ich sitzen im Cockpit und halten Krisenrat. Was hier wie umgekippte Milch aussieht, ist das Öl aus unserem Saildrive, das eigentlich goldgelb sein sollte. Wir haben Wasser im Öl und das ist ein echtes Problem. Nach einigem Hin und Her beschließe ich zu Franz zu fahren. Franz, den wir vor ein paar Tagen kennengelernt haben, lebt schon seit Jahren in Vanuatu und kennt vielleicht einen guten Mechaniker.

Eine Stunde später sitze ich, das Glas mit dem schlierigen Öl in der Hand, bei Axel. Axel, ein Engländer, der vor 20 Jahren nach Vanuatu kam, ist Mechaniker und hat sich einen ansehnlichen Betrieb aufgebaut. Er ist ein Mechaniker wie aus dem Bilderbuch, ein wenig derb, aber sehr hilfsbereit. Das Öl muss auf jeden Fall gewechselt werden, bestätigt er mir, und mit Sicherheit ist der Wellendichtring kaputt. Einen passenden hier zu bekommen, dürfte allerdings schwer werden. Da Axel aber mit fehlenden Ersatzteilen viel Erfahrung hat, rät er mir, den Saildrive erst einmal auseinander zu nehmen, vielleicht findet sich ja eine Lösung.

Natürlich kann man den Saildrive nur von außen zerlegen. Das heißt, das Schiff muss aus dem Wasser. Port Vila hat eine kleine Yachtwerft und genau die ist daher unser nächstes Ziel. Wenig hoffnungsvoll erfragen wir den Preis fürs Kranen. Ein ganzes Monatsbudget würde dafür draufgehen. Das schmerzt. Deprimiert, aber ohne eine wirkliche Alternative fahren wir zurück. Nach einigem Grübeln fällt mir ein, dass Bernhard mit der *Kiwitt* schon einmal trockengefallen ist, aber ob das mit den geringen Gezeiten hier auch funktioniert? Mit wenig Hoffnung werfe ich einen Blick in den Tidenkalender und muss feststellen, dass der Gezeitenhub gerade seinen Höhepunkt hat. 1,5 Meter für die nächsten drei Tage. Die *Kiwitt* hat, voll beladen wie sie ist, knapp 1,3 Meter Tiefgang und der Saildrive liegt noch etwas höher. Das reicht!

Ich steuere das Boot seitlich an den kleinen Steinkai der Tankstelle heran. Es ist 4.30 Uhr und stockdunkel, als ich die *Kiwitt* bei Hochwasser vertäue. Die Mastspitze ziehe ich mit einem Festmacher ein wenig zum Land hin, damit sich die *Kiwitt* gegen die Mole lehnt. Langsam beobachte ich, wie das Wasser abläuft und bereits eine Stunde später stehen wir auf Grund. Jetzt geht das lange Warten los. Zentimeter für Zentimeter gibt das Wasser den Rumpf frei. Irgendwann ist es soweit: Ich kann das Öl ablassen und beginnen den Saildrive auseinander zu bauen. Auch nach 20 Jahren lassen sich noch alle Schrauben problemlos lösen und nach einer halben Stunde habe ich die Propellerwelle samt Lager und Dichtung in der Hand. Das offene Loch dichte ich mit einem Brett und einem Stück Isomatte provisorisch ab. Jetzt kann das Wasser wieder steigen. Der Wellendichtring ist von einer Seepocke auf der Welle zerfetzt. Bei genauerem Hinsehen stelle ich fest, dass statt einem doppelseitigen Wellendichtring zwei einseitige verbaut sind. Das erhöht die Chance, ein Ersatzteil zu bekommen, von null auf sagen wir mal 20 Prozent. Wenig später stehe ich in einem Laden und zu meinem Erstaunen gibt es einen Ring. Es ist zwar nur einer da, aber der Verkäufer beteuert mir, dass gerade jemand eine Lieferung am Flughafen abholt, in der auch ein neuer Wellendichtring dieser Größe sein soll. Den vorrätigen kaufe ich natürlich sofort, notfalls würde der erst einmal reichen. Skeptisch, ob das mit der Lieferung auch wirklich klappt, suche ich weiter und klappere erfolglos ein Dutzend Geschäfte ab. Abends ist die Lieferung tatsächlich da und wir nehmen den zweiten Ring in Empfang. Für umgerechnet 15 Euro haben wir unsere Ersatzteile. Um kurz vor zwölf ist wieder Niedrigwasser und am nächsten Morgen liegt die *Kiwitt* nach einem kurzen Tankstopp wieder vor Anker. Bei dieser Reparatur hat mal alles auf Anhieb geklappt! Wir füllen unsere Vorräte ein wenig auf und fahren ein paar Tage später weiter nach Épi, der nächsten Insel.

Wir liegen vor Anker in der Lamen Bay auf Épi. Um uns herum ein paar andere Boote und alle Menschen starren gebannt aufs Wasser. Irgendwo muss er doch sein. Das geht jetzt schon ein paar Tage so: Alle halten Ausschau nach dem Dugong. Die Bucht ist schön und an Land haben wir nette Menschen kennen gelernt, aber der Hauptgrund, warum wir gerade diese Bucht angesteuert haben, ist er. Immer und immer wieder gibt es falschen Alarm. Der Dugong ist ein Säugetier und muss daher ab und zu zum Atmen auftauchen, doch wenn man so aufs Wasser starrt, spielen einem die Augen irgendwann einen Streich. Der erste springt ins Dingi und braust zu der Stelle, an der er ihn vermutet. Alle andern glauben natürlich, er habe etwas entdeckt und fahren hinterher. Irgendwann haben wir Glück und als ich vom Dingi ins Wasser steige, entdecke ich nur zwei Meter unter mir das große Tier. Wie ein Rasenmäher pflügt es durch die Seegraswiese und hinterlässt einen 50 Zentimeter breiten abgemähten Streifen. Ganz ruhig und bedächtig bewegt sich der gut drei Meter lange Dugong voran und sieht aus, als stamme es aus einer anderen Welt. Ich kann ganz nah heran tauchen, halte aber von der mächtigen Schwanzflosse einen gebührenden Abstand. Gegen diesen fast 500 Kilo schweren Koloss komme ich mir doch sehr zerbrechlich vor. Neugierig beäugt er mich kurz, stuft mich aber offensichtlich als nicht gefährlich ein und grast seelenruhig weiter. Mit diesem tollen Erlebnis im Gepäck können wir beruhigt weiterfahren. Im Laufe der Reise haben wir uns mehr und mehr zu begeisterten Schnorchlern entwickelt. Die Unterwasserwelt ist einfach zu schön, um sie auszulassen. Heikes anfängliche Angst vor Haien ist einem gehörigen Respekt gewichen, so dass sie auch bei normal großen Exemplaren im Wasser bleibt. Es gibt einfach so viele schöne Dinge zu sehen und ein unbestrittener Höhepunkt ist der Dugong hier in der Lamen Bay.

Wir haben uns endlich entschieden. Seit ein paar Wochen machen wir uns schon Gedanken über die Reiseplanung. Es stehen zwei mögliche Hauptrouten zur Auswahl. Entweder ums Kap der guten Hoffnung oder durchs Rote Meer. Ich wollte immer ums Kap fahren, aber diese Strecke ist fast 5.000 Seemeilen länger und das bedeutet mindestens 50 Tage mehr zu segeln. 50 Tage, die wir nicht an Land verbringen, an denen wir keine neuen Erfahrungen machen und Menschen kennenlernen können. Demgegenüber steht der

Gegenwind im Roten Meer und vor allem die Gefahr Piraten zu begegnen. Wir haben lange überlegt und uns informiert. Letztlich haben wir uns schweren Herzens gegen Südafrika entschieden. Vielleicht fiel mir die Entscheidung auch nur so schwer, weil der Plan, ums Kap zu segeln, für mich von Anfang an feststand. Immer, wenn ich von der Reise geträumt habe, habe ich mich auch in Südafrika gesehen. Die Länder, die auf unserer neuen Reiseroute liegen und für die wir jetzt deutlich mehr Zeit haben, sind allerdings genauso verlockend. Länder wie Indonesien, Malaysia und Indien. Aber das Wichtigste ist, dass wir jetzt nicht schnell Richtung Australien weitersegeln müssen, damit wir den richtigen Zeitpunkt erwischen, um über die südliche Route den Indischen Ozean zu queren. Das wäre ein zu abrupter Abschied von der Südsee geworden, besonders, da uns Vanuatu gerade so gut gefällt. Wir sind zufrieden mit der Entscheidung und können jetzt auch noch die Salomonen besuchen, die etwas abseits von der Route der meisten Segler liegen.

Pentecost, die Insel der Turmspringer. Vor mir steht solch ein Turm. Aus Ästen und Stämmen zusammengebunden, ragt er hoch in den Himmel. Von mehreren Plattformen aus können sich die Wagemutigen, nur mit einer Liane am Fuß gesichert, in die Tiefe stürzen. Der Ursprung des Bungeespringens. Die Zeit der Sprünge ist dieses Jahr allerdings schon vorbei. Nur wenige Wochen im Jahr sind die Lianen so elastisch, dass sie das Gewicht auffangen können. Der Turm ist trotzdem beeindruckend filigran gebaut, ein Kunstwerk für sich. Vielleicht schaffe ich es ja noch einmal, zur richtigen Zeit herzukommen und mir das Ritual anzuschauen.

Die Kirche ist zu Ende, vor mir steht die Braut in einem weißen Brautkleid und neben ihr der Bräutigam in einem etwas verknitterten Anzug. Wie diese Hochzeitsutensilien ihren Weg in dieses kleine Dorf gefunden haben, weiß ich nicht, jedenfalls werden sie offensichtlich bei jeder Hochzeit hervorgeholt. Irgendwie sehen die beiden ein bisschen fehl am Platz aus. Das frisch verheiratete Pärchen schneidet den Hochzeitskuchen an, bevor es von allen beglückwünscht wird. Kurz nach unserer Ankunft haben wir Maurice kennen gelernt, der uns wenig später zu dieser Hochzeit eingeladen hat. Die Vorbereitungen für das Fest laufen schon seit ein paar Tagen.

Als wir gestern Abend zum Dingi zurückkamen, waren Maurice und ein paar Freunde damit beschäftigt, ein Rind für das Festmahl zu schlachten. Sie boten uns ein Stück Fleisch an und wir sagten nicht nein. Wann bekommt man schon so frisches Fleisch von freilaufenden Rindern? Maurice schnitt uns beide Filetstücke heraus. Als wir nicht alles annehmen wollten, erklärte er uns, dass für die Hochzeit genug da sei, da sie bereits drei andere Rinder geschlachtet hätten. Also ließen wir uns überzeugen und kamen in den Genuss Rinderfilet zu essen, bis wir nicht mehr konnten. Den Rest haben wir eingekocht, eigentlich eine Schande. Nach der Kirche geht die Hochzeit auf dem Dorfplatz weiter. Es werden Ansprachen gehalten, was Lustiges aufgeführt und viel geklatscht. Geschenke werden verteilt und der Mann bezahlt den Brautpreis an die Familie der Frau. Dieser besteht in der Regel aus einigen Schweinen und Bergen von Tarowurzeln. Auch wenn ich nicht viel verstehe, ist die Ähnlichkeit zu einer Hochzeit bei uns verblüffend, sieht man einmal von den Schweinen und den Tarowurzeln ab. Beim Essen wird mir klar, warum Maurice gestern die Filets so bereitwillig abgegeben hat. Aus großen Töpfen wird Eintopf ausgeschenkt, der zwar hervorragend schmeckt, aber ein Filet braucht man dafür wirklich nicht unbedingt. Berge von Essen werden aufgefahren und die Leute essen und essen und essen. Eigentlich auch wie zu Hause. Es ist ein schönes und fröhliches Fest, die Stimmung ist ausgelassen und wir genießen es dabei zu sein. Neben der Zeremonie für die jungen Männer ist es bereits der zweite ganz besondere Anlass, an dem wir in Vanuatu teilhaben dürfen.

Abends kommen Maurice, seine Frau Jefflyn und sein Bruder Georg noch mit aufs Schiff. Sie haben großes Interesse an unserer kleinen Welt und wir erklären ihnen alles bis ins Detail. Georg bereitet es ein Riesenvergnügen, unser Dingi um die *Kiwitt* herum zu rudern. Es ist eben etwas ganz anderes als ein Auslegerkanu. Jefflyn erzählt uns, dass sie für die Aufklärung in den Dörfern der Umgebung zuständig sei. Ihre Hauptaufgabe bestehe darin, über Krankheiten und Verhütung aufzuklären und das Bewusstsein für eine Familienplanung zu wecken. Auch die Bevölkerung von Vanuatu wächst zu schnell und die natürlichen Ressourcen werden immer stärker ausgebeutet. Zum Abschied lädt Maurice uns für den nächsten Morgen zum Frühstück ein und will uns die Wassertarogärten des Dorfes zeigen.

Vor mir erstreckt sich, mitten im Wald, ein Gebiet, das terrassenförmig angelegt ist. Es erinnert an Reisterrassen, allerdings wird hier Taro angebaut. Mühsam haben die Bauern den Fluss mit einem großen Steindamm aufgestaut, um das Wasser in ihre Gärten zu leiten. Es ist ein toller Anblick. Über die Dämme der einzelnen Terrassen wandern wir zu Maurices Feld, das allerdings nicht unter Wasser steht. Wir machen uns auf die Suche nach der Ursache und entdecken, dass einige Meter weiter der Damm gebrochen ist. Da Wasser nun einmal bequem ist, fließt es in die Terrasse darunter. Sofort macht Maurice sich ans Werk und rammt Äste in die einen Meter lange Lücke. Ich helfe ihm und mit Reisig und Blättern schließen wir das Loch provisorisch. Wir häufen Schlamm und Erde an, bis der Damm wieder seine alte Form hat. Der Wasserstand steigt langsam, geschafft! Taro haben wir schon oft gesehen, aber dass er auf so beeindruckende Art und Weise angebaut wird, ist für uns neu und Maurice erklärt, dass Wassertaro eine Besonderheit der Insel ist. Mit Taucherbrille bewaffnet fängt er anschließend im Fluss einige Krebse für unser Mittagessen. Heike freut sich schon riesig darauf; ich hingegen mit meiner Abneigung gegenüber Meeresfrüchten schaue da etwas düsterer drein. Die Suppe, die wir bekommen, ist lecker und die Krebse, die darin schwimmen, manövriere ich geschickt auf Heikes Teller. Da es nicht leicht war zu erklären, dass ich sie nicht mag, ist dies der einfachere Weg. Nach dem Essen verabschieden wir uns von unseren Freunden, da unsere Reise heute Abend weitergeht.

Die Tage verstreichen und Insel für Insel hangeln wir uns durch Vanuatu. In Luganville, einer größeren Stadt, bunkern wir noch einmal Trinkwasser und Gas. Auf Gaua wandern wir zum Kratersee und der Chief des Dorfes, der groß gewachsen ist, freut sich, mit mir ein paar passende T-Shirts gegen Gemüse tauschen zu können. Wir wettern einen Sturm vor Anker ab und ich verbringe bange Stunden im Cockpit, aber der Anker hält. In einem kleinen Dorf führen uns ein paar Frauen Wassermusik vor. Bis zu den Hüften im Wasser stehend schlagen sie so ins Wasser, dass dumpfe Töne in verschiedenen Tonlagen entstehen, die sich zu einer Melodie vereinen. Das Ganze ist ein interessantes Schauspiel und hört sich gut an, ist aber für die Musikerinnen ziemlich anstrengend. Die Zeit verstreicht schnell und nach rund sieben Wochen müssen wir das Land wieder verlassen.

Die *Kiwitt* stampft durch die Wellen, die sie immer wieder erzittern lassen. Diesmal gestaltet sich das Segeln nicht angenehm. Unser Ziel ist Tikopia und ist eigentlich nur 120 Seemeilen entfernt. Allerdings liegt die Insel rund 90 Seemeilen östlicher als der Ausklarierungshafen in Vanuatu und es ist das erste Mal auf dieser Reise, dass wir ein größeres Stück Richtung Osten segeln. Aufgrund des Passats fahren wir die ganze Zeit hoch am Wind und der Bug hebt und senkt sich. Vanuatu liegt hinter uns und war vielleicht das schönste Ziel der bisherigen Reise. Ich habe nirgendwo sonst so viele freundliche und nette Menschen getroffen, die einen so zufriedenen Eindruck gemacht haben. Von einem grünen Paradies zu sprechen, wäre aus unserer Sicht, die wir jederzeit weiterfahren können, wohl sehr naheliegend und dennoch etwas engstirnig. Viele der Menschen, die wir getroffen haben, sind noch nie weiter als bis zur Nachbarinsel gereist. Das ist die andere Seite des Paradieses.

Ich bin gespannt, was uns in Tikopia erwartet. Zusammen mit der Nachbarinsel Anuta sind sie die einzigen polynesischen Inseln der Salomonen und auch die einzigen, die noch von Chiefs regiert werden.

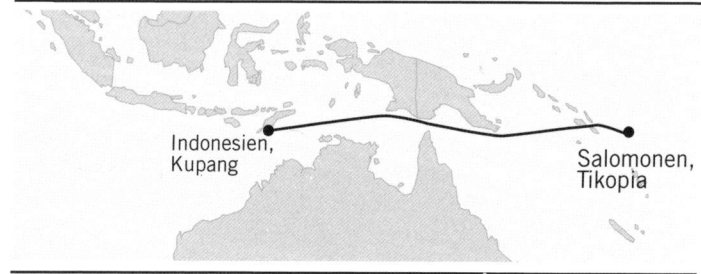

Indonesien,
Kupang

Salomonen,
Tikopia

Salomonen

Es wird gekreischt und gelacht, in unserem Cockpit drängt sich eine
Schar Kinder. Noch bevor wir an Land fahren konnten, waren sie
hier. Einige sind mit einem Kanu zu uns gerudert, andere geschwommen. Wenn die Kinder, die noch am Strand stehen, auch noch alle
kämen, würde die *Kiwitt* sinken. Wir verständigen uns mit Händen
und Füßen und irgendwann gelingt es uns, ihnen klar zu machen,
dass wir jetzt gerne an Land fahren würden. Die Versammlung löst
sich auf und wir steigen ins Dingi. An Land werden wir sofort wieder
umringt und unter viel Gelächter bringen sie uns zum Chief. Kurz
darauf erfahren wir von Ariki Tafua, dass er der Chief Nummer zwei
ist. Insgesamt gibt es vier auf der Insel. Jedenfalls glauben wir, das
verstanden zu haben. Er ist ein fröhlicher Mensch, der uns einiges
über die Insel erzählt. Ich zeige ihm das Buch „Segeln über dem
Vulkan" von Klaus Hympendahl. Das Buch an sich interessiert ihn
wenig, da es auf Deutsch ist, aber die Fotos von Tikopia begeistern
ihn dafür umso mehr und ich schenke es ihm. Mit vielen Kindern im
Schlepptau gehen wir zurück an den Strand. Auf dem Weg zu unserem Dingi fängt uns allerdings Collin ab und ehe wir uns versehen,
sitzen wir bei ihm und seiner Familie zu Hause und erzählen von

unserer Reise. Unser neuer Freund bietet uns an, uns am nächsten
Tag über die Insel zu führen. So ein Angebot schlagen wir ganz sicher
nicht aus.

Unser Ankerplatz ist ziemlich ungeschützt und daher verbringen
wir eine ungemütliche Nacht. Mehrfach muss ich die Ankerkette
ein Stück einholen, da sie an irgendeinem Korallenblock scheuert.
Über den Berg kommen zudem heftige Fallböen und um das Bild
abzurunden, regnet es schon seit einer ganzen Weile in Strömen. Das
hindert die Kinder allerdings nicht daran, zu ihrem neuen Lieblings-
ort zu schwimmen. KiTa *Kiwitt* klingt ja auch gar nicht schlecht.
Plötzlich steigt ein Erwachsener ins Cockpit und stellt sich als Hanray vor. Er hat zwei riesengroße Stauden Bananen dabei, die er uns
schenken will. Das ist viel mehr, als wir essen können und wir überzeugen ihn, eine wieder mitzunehmen. Nach einer Weile fragt er uns
etwas verlegen, ob wir seinen 12-Volt-Akku aufladen könnten, damit
er sein kleines Radio benutzen kann. Diesen Wunsch erfüllen wir
ihm gerne. Irgendwann hört der Regen auf, wir lösen die Gruppe
wieder auf und fahren an Land. Da es schon spät ist, verschieben
wir den Ausflug mit Collin um einen Tag und besuchen noch einmal
Ariki Tafua. Der Chief empfängt uns und bietet uns etwas zu essen
an. Es gibt Fisch und Taro. Selbstgefangener Fisch steht hier häufig
auf dem Speiseplan, jeden Morgen beobachten wir, wie die Männer
mit ihren kleinen Kanus zum Fischen aufs Meer hinausfahren. Nach
dem Essen bittet er mich, nach seinem Licht zu schauen. Mithilfe
einer Solarzelle und einer Batterie betreibt er eine kleine Lampe. Die
Kontakte der Batterie sind ziemlich korrodiert und ich verspreche
ihm, mich morgen darum zu kümmern.

Am nächsten Tag hat Collin etwas zu erledigen. Seine Zeitplanung ist
durch den Regen durcheinander gekommen. So zeigt uns sein Sohn
die Insel. Er erklärt uns, dass es zwei Wege auf die andere Seite gibt.
Der eine führt westlich um den Berg herum – die Ostseite ist durch
eine Steilküste geprägt und nicht passierbar – und der andere führt
über den Berg. Wir wollen eine Runde laufen und beginnen mit dem
steilen Weg über den Berg. Oben angekommen haben wir einen tollen Blick auf den See. Wir erfahren, dass es eigentlich ein Süßwassersee ist, er aber seit Taifun Zoe bei Hochwasser eine Verbindung

zum Meer hat und mit Salzwasser durchspült wird. Zoe hat die Insel vor ein paar Jahren heimgesucht und tagelang wusste niemand, was mit den Menschen hier passiert ist. Erst nach Tagen traf Hilfe ein und die Insulaner waren so lange auf sich alleine gestellt. Sie konnten sich glücklicherweise alle in Sicherheit bringen, doch auf der Südseite der Insel sind die Spuren des Taifuns noch immer deutlich zu erkennen. Viele Palmen sind abgeknickt und alles sieht noch ein wenig verwüstet aus.

Über den flachen westlichen Teil der Insel, der vor allen Dingen zum Anbau von Obst und Gemüse genutzt wird, wandern wir zurück.

Später schauen wir noch einmal beim Chief vorbei und, wie konnte es auch anders sein, wir bekommen etwas zu essen. Anschließend reinige ich die Pole der Batterie und fette sie ein. Das Licht funktioniert wieder, allerdings scheint mir die Batterie etwas altersschwach. Ariki Tafua ist trotzdem zufrieden. Wir erklären ihm, dass wir morgen weiterfahren würden, da wir uns ein wenig Sorgen machten, weil wir ohne Einklarierung streng genommen illegal hier seien. Eigentlich ist es eine Schande, so schnell wieder abzureisen, aber was sollen wir machen? Er schenkt uns jeweils eine kleine Kette mit einem symbolischen Angelhaken und weist uns zum Abschied darauf hin, diese bei der Einklarierung nicht zu tragen, da die Beamten sonst sofort wüssten, dass wir hier waren. Auch bei Hanray bekommen wir noch etwas zu essen, als wir ihm seinen Akku zurückbringen. Auch hier gibt es Fisch und Taro. Wenn das auf den anderen Inseln so weitergeht, verlassen wir die Salomonen als Kugeln. Wir unterhalten uns noch lange und ich kaufe ihm ein Paddel ab. Es ist nichts Besonderes, nicht schön geschnitzt und schon mit einigen Macken. Aber es ist ein richtiges Paddel, das tatsächlich benutzt wurde und nicht irgendein Touristensouvenir. Als wir zur *Kiwitt* zurückfahren, ist es schon spät in der Nacht und wir verschieben die Vorbereitungen für die Abfahrt auf den nächsten Morgen.

Die Überfahrt nach Graciosa Bay, dem Einklarierungshafen, ist kurz, aber ruppig. Dort angekommen, steht so viel Schwell in der tiefen Bucht, dass wir nicht an den Pier gehen können. Ich setze Heike nur ab und fahre wieder in die Bucht hinaus, während sie sich auf den

Weg zu den Behörden macht. Diesmal nicht mit Kindern, sondern mit Beamten im Schlepptau kommt sie zurück und alle wollen an Bord. Also nehme ich die ganze Brigade fliegend am Kai auf und wir klarieren kreuzend in der Bucht ein. Alles verläuft ohne Probleme und niemand entdeckt, dass wir bereits in Tikopia waren. Von Graciosa Bay aus fahren wir zügig weiter in die Inselwelt der Salomonen.

Mit ein paar Stopps segeln wir nach Malaita und ankern gegen Abend in der Ara Ara Lagune. Es ist der erste ruhige Ankerplatz seit Wochen und das Wasser ist nachts so glatt, dass sich die Sterne darin spiegeln. Doch trotz der erholsamen Nacht geht es mir am Morgen nicht gut, ich habe fast 40 Grad Fieber und alle Glieder schmerzen. Mir fallen sofort zwei potenzielle Ursachen ein. Entweder ist der Insektenstich an meinem Fuß Schuld, der sich ziemlich entzündet hat, oder ich habe Malaria. Herausfinden kann ich das im Moment nicht, denn weit und breit gibt es keinen Arzt. Mir bleibt nichts anderes übrig, als ein Antibiotikum zu nehmen und zu hoffen, dass es anschlägt. Den Tag verbringe ich liegend unter Deck, während die *Kiwitt* von Kanus umringt wird. Durch alle Fenster und Luken schauen Kinder herein, aber die vielen neugierigen Gesichter können mich heute nicht wirklich ablenken und ich komme mir ein wenig vor wie im Zoo.

Am nächsten Morgen geht es mir deutlich besser und wir gehen an Land. Die Kinder, die uns gestern belagert haben, zeigen uns das Dorf und führen uns ein wenig über die Insel. Ich packe die langen dünnen Luftballons aus, die wir mal irgendwo gekauft haben und bastle Tiere daraus. Okay, ehrlich gesagt kann ich nur einen Dackel, aber die Kinder sind hellauf begeistert und alle wollen einen haben. Nach über 20 Ballons geht mir die Puste aus. Zurück im Ort läuft uns Akosia über den Weg. Er freut sich, dass Fremde im Ort sind und erzählt uns ein wenig über seine Heimat. Außerdem interessiert er sich sehr für unsere Reise, so dass wir ihn kurzerhand auf die *Kiwitt* einladen, um sie sich anzuschauen. Akosia ist der Prediger des Dorfes und er lädt uns für den nächsten Sonntag in die Kirche ein.

Zum zweiten Mal auf dieser Reise gehen wir zum Gottesdienst und der Unterschied zur Messe in Fidschi könnte größer überhaupt nicht sein. Auch hier dauert die Predigt anderthalb Stunden, aber es werden viele fröhliche Lieder gesungen. Die kleine, mit Palmwedeln gedeckte Kirche ist üppig mit frischen Blumen geschmückt und alle Menschen lachen und strahlen.

Mittags kommen Akosia und seine Frau Anna zu uns. Wir haben in unserem Backtopf einen Marmorkuchen gebacken und er schmeckt den beiden so gut, dass wir ihnen das Rezept und einen großen Beutel mit Backpulver schenken. Anna erzählt uns, dass auf der andern Seite der Bucht ein Flusslauf sei, in dem man waschen könne. Da ich meinen Schlafsack wegen des Fiebers ziemlich durchgeschwitzt habe, wollen wir die Gelegenheit nutzen und am nächsten Tag unsere Wäsche dort wieder zum Strahlen bringen. Waschen ist sowieso ein leidiges Thema. Hin und wieder versuchen wir an Bord von Hand zu waschen, aber das ist meist mehr ein Auffrischen und keine echte Wäsche. Wann immer möglich, nutzen wir eine Waschmaschine, aber die gibt es meist nur in großen Städten oder besseren Marinas. Ab und an kommen auch Frauen und fragen, ob sie sich etwas dazuverdienen können. Das würde ich gerne öfter nutzen, denn die Frauen bekommen es meist hin, dass die Wäsche anschließend auch wirklich sauber ist. Da Waschen aber richtig aufwendig ist und viel Zeit kostet, ist diese Dienstleistung im Vergleich zum Waschsalon nicht ganz preiswert und belastet unsere kleine Bordkasse ziemlich. Wir hatten schon länger keine Waschmaschine zur Verfügung und so kommt uns der Flusslauf gerade recht.

Nicht lange und wir müssen uns verabschieden. Ankommen und abfahren, Leute kennen lernen und verabschieden, das ist der ewige Trott dieser Reise. Es gab so viele schöne Orte, an denen ich gerne länger verweilt hätte. Doch Geld und Zeit sind nun einmal begrenzt. Andererseits ist es ja auch schön und gehört zum Reisen dazu, sich auf Neues zu freuen. Jedenfalls rede ich mir das in den Momenten des Abschieds gerne ein.

Als wir einige Tage später Honiara, die Hauptstadt der Salomonen ansteuern, sehen wir ein fremdes Segel. Das erste Segelschiff seit über drei Wochen. Als es näher kommt, können wir erkennen, dass es gar nicht so fremd ist. Es gehört zur *Muscat* und da wir ihre Crew schon eine Weile nicht mehr gesehen haben, ist unsere Freude besonders groß. An Land treffen wir ein weiteres bekanntes Gesicht: Jim, den wir aus Vanuatu kennen. Er sieht gar nicht gut aus. Sein Malariatest war positiv und nun nimmt er Medikamente und wartet auf Besserung. Angesichts meines Fieberschubs vor ein paar Tagen beschließe ich mich auch testen zu lassen. Das Ergebnis bekomme ich bereits kurze Zeit später und ich habe mehr Glück als Jim. Während bei mir keine Erreger nachgewiesen werden, ist sein Fieber am nächsten Tag so hoch, dass er ins Krankenhaus muss. Ob er sich da allerdings besser erholt? Das Krankenhaus entspricht nicht unbedingt dem, was wir uns darunter vorstellen und auch nicht dem paradiesischen Klinik-unter-Palmen-Bild aus dem Fernsehen. Es ist überfüllt mit Malariapatienten, doch Moskitonetze zum Schutz der Patienten, die aus anderen Gründen hier sind, sucht man vergebens. Auch der Lautstärkepegel trägt nicht unbedingt zur Erholung bei, denn einzelne Zimmer gibt es nicht und die Besuchszeiten sind quasi rund um die Uhr. Ein weiterer großer Unterschied ist, dass die Patienten ausschließlich von ihren Familien verpflegt werden. Das ist für Einhandsegler Jim natürlich ein Problem. Oder auch nicht, denn kurzerhand organisieren die paar Boote im Hafen einen Verpflegungsplan. Jeden Tag ist eine andere Yacht an der Reihe und sorgt für das leibliche Wohl unseres Segelfreundes. Keiner fragt, ob er ihn kennt oder nicht, es halten einfach alle zusammen. Nach ein paar Tagen ist er aus dem Gröbsten raus und auf dem Wege der Besserung.

Ich beobachte wehmütig die Insel, die Backbord an mir vorüberzieht. Nur eine halbe Seemeile entfernt! Die Insel gehört zu Australien und obwohl sie zum Greifen nah ist, werden wir sie nicht ansteuern. Wir haben keine Zeit, das Land der Kängurus und Koalas zu besuchen und wollen uns die Gebühren für die Einreise sparen. Eineinhalb Wochen ist es schon her, dass wir die Salomonen verlassen haben und mit dem Passieren dieser Insel liegt die Torres-Straße hinter uns. Dieses großflächige Riffgebiet versperrt die Durchfahrt zwischen Australien und Neuguinea. Wir haben eine Nacht geschützt hinter einem Riff geankert, da wir sie nur bei Tag befahren können. Jetzt ist es geschafft und vor uns liegen weitere 1.000 Seemeilen bis Kupang, dem Einklarierungshafen in Indonesien. Die Torres-Straße ist für uns – wie der Panamakanal auch – ein Tor in einen anderen Abschnitt der Reise. Auf nach Asien! Auch wenn sich in der Südsee vieles wiederholt hat, der Abschied fiel mir zum Schluss sehr schwer. Doch ich höre auf meine eigenen tröstenden Worte und freue mich einfach auf das Neue. Ein neues Land und eine neue Kultur. Dass wir Australien im wahrsten Sinne des Wortes links liegen lassen, tut mir nicht weh. Es ist sowieso so groß, dass wir in ein paar Tagen mit dem Boot dort nur einen winzigen Ausschnitt hätten sehen können. Eine Unterbrechung der langen Überfahrt wäre natürlich schön gewesen, aber man muss sich entscheiden.

Die Arafura See empfängt uns mit schwachen Winden und das wird sich die nächsten Tage auch nicht ändern. Nein, ruhig darf man sich das nicht vorstellen, der Motor ist alles andere als leise. Streckenweise ist wirklich bleierne Flaute und jetzt zeigt die Windsteuerung, dass sie einen Haken hat. Ohne Wind kann sie keinen Kurs mehr halten und da die Autopiloten beide wieder defekt sind, müssen wir Ruder gehen. Irgendwann kehrt Ruhe ein, denn der Tank ist leer und wir lassen uns treiben. Macht die Flaute eine ihrer wenigen Pausen, segeln wir ein Stück. Dann lassen wir uns wieder treiben. 50 Liter Diesel haben wir noch im Kanister, aber Kupang ist noch zu weit entfernt. Also spielen wir das Spiel weiter: segeln und treiben lassen, segeln und treiben lassen…

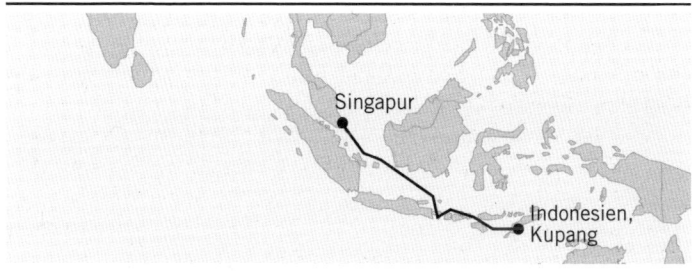

Singapur

Indonesien,
Kupang

Indonesien

Neeet neeet, hupen die Motorroller. Es ist laut und hektisch. Um uns herum tobt das Leben. Was für ein Kulturschock. Nach so vielen Monaten auf kleinen Südseeinseln stehen wir nun in der Stadt Kupang, in der 300.000 Menschen leben und geschäftiges Treiben herrscht. Ich habe mich richtig auf diese Abwechslung gefreut, aber jetzt brauche ich eine Weile, um mich an den Trubel zu gewöhnen. Das Einklarieren nach Indonesien ging im Grunde ohne Probleme vonstatten. Eigentlich ist es recht kompliziert, aber wir haben zum ersten Mal einen Agenten beauftragt. Er bekommt für seine Arbeit 50 US-Dollar, darin sind allerdings alle Kosten enthalten. Der Hauptgrund dafür, dass wir es nicht selber gemacht haben, ist, dass er uns ein Zweimonatsvisum besorgen konnte. Das normale Touristenvisum gilt nur für einen Monat und das ist für die lange Strecke durch Indonesien ein wenig zu knapp.

Beim Schlendern durch die Stadt werden uns oft neugierige Blicke zugeworfen. Das liegt sicherlich daran, dass sich seit den Bombenanschlägen in Bali nur noch wenige Touristen hierher verirren, oder vielleicht auch an meiner Körpergröße. Der durchschnittliche Indonesier ist mehr als einen Kopf kleiner. Noch exotischer wirke ich zusammen mit einem Ojek-Fahrer. Das ist ein Motorradtaxi und als Sozius mache ich mich natürlich besonders gut. Allerdings haben die Jungs Übung darin, große und sperrige Dinge zu transportieren. Für Waschmaschinen und ähnliche Gegenstände brauchen sie keinen Kombi oder Anhänger. Das Motorrad scheint hier neben Kleinbussen das Haupttransportmittel zu sein.

Wir haben gerade an einem Straßenstand ein Mie Goreng gegessen. Die gebratenen Nudeln mit Gemüse haben hervorragend geschmeckt und 5.000 Rupiah gekostet. Das hört sich viel an, aber wir haben vorhin am Geldautomaten zwei Millionen gezogen. 45 Cent für ein Mittagessen sind sogar für unser kleines Budget vertretbar. Worüber wir uns aber am meisten freuen, ist der Markt. Erstens ist er riesig, er ist bunt und es herrscht ein geschäftiges Treiben. An jeder Ecke kann man andere Gerüche wahrnehmen und er ist einfach toll anzuschauen. Zweitens gibt es eine Riesenauswahl an Gemüse und Früchten in allen Variationen. Teils kennen wir sie schon, aber vieles, das hier angeboten wird, ist neu für uns. Drittens sind die Preise, ähnlich wie bei den Nudeln, einfach konkurrenzlos günstig. Dass man uns trotzdem noch übers Ohr haut, ahnen wir. Macht aber nichts, denn wir sind einfach froh, mal nach Herzenslust einkaufen zu können, ohne streng auf unser Budget achten zu müssen.

Hier gibt es so viel zu sehen und zu erleben, dass die Zeit wie im Flug verstreicht und nach zehn Tagen in Kupang müssen wir aufbrechen. Die Stadt hat uns, wenngleich sie nicht besonders sehenswert ist, gut gefallen, was sicher auch daran lag, dass wir einige nette Menschen kennengelernt haben. Wir würden gerne noch eine Weile bleiben, allerdings ist Indonesien groß und zwei Monate sind schnell vorbei. Über Sawu und Ende fahren wir weiter nach Rinja. Dort will ich mir einen Kindheitstraum erfüllen und Komodowarane bestaunen. Aufgrund der Strömung schaffen wir es aber nicht bis zum Ziel und ankern beim letzten Licht in der kleinen Bucht eines Fischerorts.

Bei Tageslicht beschließen wir vor der Weiterfahrt den Ort zu erkunden. Ich blase das Dingi auf und wir paddeln an Land. Sofort werden wir von Einwohnern umringt. Die Neugierde ist groß. Besuch ist hier wohl eine wirkliche Seltenheit. Auf unsere Fragen bekommen wir allerdings keine Antworten, niemand spricht Englisch. Trotzdem entwickelt sich so etwas wie eine kleine Unterhaltung. Unsere Hände und Füße haben sich während der Reise ja quasi zu regelrechten Quasselstrippen entwickelt. Hinzu kommen ein paar Brocken Indonesisch, die wir gelernt haben, Hilfe aus unserem indonesischen Wörterbuch und einzelne Wörter Englisch, die die Dorfbewohner können. Ja, das klingt durchaus interessant. Das Hauptthema ist offenbar meine Größe, denn nach und nach stellt man sich zum Vergleich neben mich. Ein Spiel, bei dem meine 202 Zentimeter unschlagbar sind. Schnell haben sich 30 bis 40 Leute zu einer fröhlichen Gesellschaft angesammelt. Wir erfahren, dass der Ort Warloka heißt, hier keine Straße hinführt und es keine Post gibt, bei der wir unsere geschriebenen Karten abgeben können. Nach einer Weile führt man uns zur Schule, wo man einen Lehrer aus dem Unterricht holt. Dieser spricht gerade so viel Englisch, dass er uns ein bisschen mehr über den Ort erzählen kann und uns das bestätigt, was wir glauben, bei der Unterhaltung vorhin verstanden zu haben. Er fragt uns, ob wir auf den Berg wollen, da man von dort oben einen tollen Blick über die Bucht und die vorgelagerten Inseln habe. Da wir für einen solchen Geheimtipp immer dankbar sind, sagen wir nicht nein, und es dauert nicht lange, da sind drei junge Männer gefunden, die uns den Weg zeigen wollen. Es geht steil bergan und obwohl es noch deutlich vor 12 Uhr ist, ist es bereits eine schweißtreibende Tätigkeit. Da fragt man sich, warum man sich immer wieder auf solche Exkursionen einlässt. Oben angekommen, werden wir dafür mit einem sehr schönen Ausblick belohnt, der sich von denen, die wir im Pazifik gewohnt waren, deutlich unterscheidet. Das Meer leuchtet in gewohntem Tiefblau, das in Inselnähe langsam ins Türkis übergeht. Aber die verstreuten Inseln sind nicht satt und grün wie im Pazifik, sondern überwiegend braungrau und nur stellenweise grün. Wir genießen den Ausblick und unterhalten uns in gewohnter Manier mit unseren Begleitern, denn auch von ihnen spricht keiner Englisch.

Gegen Mittag nimmt der Wind plötzlich zu und steht in der Bucht. Wir müssen zurück zur *Kiwitt* und so erklären unsere Hände und Füße, dass wir weiterfahren müssen, da der Ankergrund schlecht ist. Die Leute verabschieden uns genauso fröhlich wie sie uns empfangen haben.

Der Anker ist tatsächlich schon ein Stückchen gerutscht und schweren Herzens verlassen wir die kleine Bucht. Die zehn Seemeilen nach Rinja sind schnell gesegelt und der Ankerplatz dort ist wesentlich besser. Noch von Bord aus entdecke ich den ersten Drachen an Land, der faul in der Abendsonne liegt. Die Komodowarane sind die größten noch lebenden Echsen und können bis zu drei Meter lang werden. Wenn man bedenkt, dass sie auch gerne mal einen Wasserbüffel auf ihren Speiseplan setzen, wird schnell klar, dass das hier kein Streichelzoo ist.

Wir fahren zum kleinen Steg rüber und laufen ein paar hundert Meter zur Ranger-Station. Auf dem Weg entdecken wir noch ein paar mehr der großen Warane. Ein bisschen mulmig ist uns dabei schon und die Ranger bestätigen, dass man umsichtig sein sollte. Der Komodowaran ist zwar eigentlich nicht aggressiv, doch ob er gute Laune hat, sollte man nicht aus der Nähe herausfinden wollen.

Am nächsten Morgen machen wir einen Rundgang mit einem Ranger und erfahren einiges über das Leben der Warane. Als kleine Echsen leben sie vornehmlich auf den Bäumen und schützen sich so auch vor ihren älteren Artgenossen, die zwar Kannibalen, aber schlechte Kletterer sind. Als ausgewachsene Tiere haben sie keine richtigen Feinde mehr, sieht man einmal vom Menschen ab.

Es hat auf Rinja schon lange Zeit nicht mehr geregnet und das fehlende Wasser ist bereits ein Problem für die Tiere. Die Warane sind nur indirekt betroffen, aber ihre Beutetiere leiden unter der Trockenheit. Nach unserem Ausflug am Vortag, glauben wir das nur zu gerne, denn alle Inseln, die wir gesehen haben, sahen sehr trocken aus. Später an der Ranger-Station bekommen wir noch die Gelegenheit, einen Waran aus allernächster Nähe zu beobachten. Zusammen mit unserem Führer stehen wir auf einem Podest und eines der Urzeittiere umkreist uns züngelnd. 100 Prozent sicher scheint mir unser Standort nicht, denn die 50 cm Höhe würde das Tier bestimmt schaffen. Aber unser Ranger hält es mit seinem langen Stock immer wieder davon ab, sich zu uns zu gesellen. Fasziniert beobachte ich diese träge daher schreitende Kreatur mit dem riesigen Maul im Wissen, dass sie richtig schnell werden kann, wenn es darauf ankommt. Ein solcher

Waran ist ein richtiges Kraftpaket, was man ihm bei jeder Bewegung seines massigen Körpers ansieht und ich möchte wirklich nicht in seiner Nähe sein, wenn er mal schlechte Laune oder Heißhunger hat. Abends auf der *Kiwitt* lassen wir das Erlebte in Ruhe Revue passieren und ich bin stolz, diesen Ort, der mich schon seit meiner Kindheit fasziniert hat, mit eigenen Augen gesehen zu haben.

Mit einem kurzen Zwischenstopp in Bima – den wir vor allen Dingen einlegen, da es um diese Jahreszeit kaum Wind gibt und wir daher Diesel brauchen – fahren wir weiter in den Nordwesten von Lombok. Hier treffen wir die ersten Segler seit Kupang. Um uns Lombok ein wenig näher anzuschauen, mieten wir für anderthalb Tage ein Motorrad. Oder besser gesagt, eine Mischung aus Mofa und Roller, die dafür aber auch nur 50.000 Rupiah, knapp 4,50 Euro kostet. Die Insel ist traumhaft schön und deutlich grüner als die weiter östlich gelegenen Inseln. Wir wollen hoch in die Berge und der Weg führt uns über eine schmale kurvenreiche Straße mit Schlaglöchern so groß wie Wäschekörbe. Da sollte man vorsichtshalber alle Pfützen umfahren, denn es könnte auch mal sein, dass das gesamte Vorderrad darin verschwindet.

Die Menschen auf Lombok leben überwiegend von der Landwirtschaft, insbesondere vom Reisanbau. Wenn man einmal sieht, wie aufwendig der Anbau ist, wundert man sich, dass Reis nicht mit Gold aufgewogen wird. Es ist viel Handarbeit und die Felder werden meist noch mit Hilfe von Wasserbüffeln umgepflügt. Jeder Halm wird einzeln von Hand gesetzt und beim Ernten geht die Arbeit weiter. Wie viele Stunden in der Produktion eines Kilos Reis stecken, will man sich gar nicht vorstellen.

Bei unseren Erkundungen besuchen wir den Tempelberg Pengsong. Schon beim Aufstieg kommen uns die ersten Affen entgegen, für die er berühmt ist. Oben angekommen, können wir sie nicht mehr zählen. Dummerweise haben wir ein paar Einkäufe dabei und das bekommen sie schnell spitz. Sie sind völlig aus dem Häuschen, werden dabei richtig aggressiv und versuchen den Rucksack an sich zu reißen. Ruck zuck sind wir um ein paar Paprika und eine Gurke ärmer. Wir müssen unsere Taschen richtig verteidigen, woraufhin die Affen ihre Zähne fletschen. Die Schönheit des Tempels und der Ausblick, weswegen wir eigentlich gekommen sind, gehen dabei ein wenig unter.

Unser letzter Stopp in Indonesien ist Bali. Auch hier mieten wir ein Motorrad, diesmal allerdings direkt für eine ganze Woche. Wir wollen die Insel erkunden und das erste Mal auf dieser Reise, wenn man einmal von Neuseeland absieht, außerhalb übernachten. Bali ist anders als andere indonesische Inseln und der Hauptgrund dafür ist nicht, dass sie touristisch stärker erschlossen ist. Die Insel ist seit Jahrhunderten vom Hinduismus geprägt und das spiegelt sich im Alltag der Menschen wieder. Fast an jeder Ecke findet sich ein kleiner Opferschrein und im Grunde hat jedes Haus seinen eigenen kleinen Tempel. Bali wird nicht umsonst Insel der tausend Tempel genannt und es vergeht kaum ein Tag, an dem nicht irgendwo ein Tempelfest stattfindet oder irgendeine Zeremonie abgehalten wird. Überall am Straßenrand oder auch mitten auf dem Weg stehen Opfergaben. Oft sind es kleine, aus Palmwedel geflochtene Schälchen, in denen etwas Reis, ein bisschen Obst und ein paar Blumen liegen.

Bei einer unserer Entdeckungstouren kommen wir zufällig durch ein kleines Dorf, das festlich geschmückt ist. Wir folgen der Musik bis zu einem Tempel. Nicht sicher, ob wir ihn betreten dürfen, stehen wir ein wenig ratlos herum. Sofort kommt jemand auf uns zu und fragt, ob wir uns das Fest anschauen wollen. Als wir den Vorhof betreten, verschlägt es mir den Atem. Alles ist bunt geschmückt und die Leute sind farbenfroh und festlich angezogen. Einige tragen Kostüme, die Drachen oder Löwen darstellen. Ein junger Mann in unserem Alter führt uns herum und erzählt, dass es ein ganz besonderes Fest ist, das nur alle 30 Jahre stattfindet. Heute ist der letzte Tag und ein Gott, der für die Feierlichkeiten zu Besuch gekommen ist, zieht heute wieder in seinen Heimattempel zurück. Das ganze Dorf ist auf den Beinen und es formiert sich langsam ein langer Zug, der den Gott zu seinem Tempel begleitet. Die Prozession wird von Musik und Gongschlägen untermalt und einige Teilnehmer tragen bunte Schirme. Es ist ein feierlicher Anblick und ich versuche, die ganze Stimmung in mich aufzunehmen. Ich komme mir vor wie inmitten eines Dokumentarfilms, doch leider löst sich das Fest irgendwann auf und wir fahren um eine tolle Erfahrung reicher weiter. Ein großer Teil dieses schönen und unerwarteten Erlebnisses war sicher auch die Ehrlichkeit, mit der wir als wildfremde Menschen empfangen wurden.

Die Nacht verbringen wir in einer Unterkunft auf einem kleinen Hügel. Unser Zimmer hat zwei Highlights: einen traumhaften Ausblick über die wunderschönen Reisterrassen von Tirtagangga, den wir von einer kleinen Veranda aus genießen können, und ein Badezimmer. Ja, das sind wir tatsächlich nicht mehr gewohnt. Doch dieses Badezimmer ist wirklich ein ganz besonderes. Ein Drittel des Raumes ist mit bunten Blumen bepflanzt, die zum halb offenen Dach herauswachsen und den Raum in eine kleine tropische Oase verwandeln, in der wir nach Herzenslust duschen können. Süßwasser ist immer wieder ein Highlight, da unsere Haut ja ansonsten nur noch an Salzwasserduschen gewöhnt ist.

Am nächsten Morgen schauen wir uns in aller Frühe den hiesigen Wassertempel an. Noch sind keine Besucher hier, abgesehen von ein paar Dorfbewohnern, die ihn für ihr morgendliches Bad nutzen. Es ist wirklich idyllisch und wir genießen die Ruhe und schlendern durch die schöne Anlage.

Unsere Zeit auf Bali geht zu Ende. Wir haben noch einen mehrtägigen Ausflug über die Insel gemacht und dieses tropische Paradies mit seinem ganz eigenen Flair genossen. Aus der geplanten Woche sind schon zwei geworden und jetzt ist unser Visum endgültig abgelaufen. Verlängern ist nicht möglich und so müssen wir abreisen. Schnell stocken wir unsere Vorräte auf und bunkern Diesel und Wasser. Wasser zu bunkern ist allerdings nicht ganz so einfach, denn wir müssen es uns in Zehn-Liter-Gefäßen von einer Fabrik bringen lassen, da das Leitungswasser ungenießbar ist. Das Unterwasserschiff will natürlich auch wieder mal geputzt werden, ebenso wie tausend Kleinigkeiten erledigt werden wollen. Auf der Überfahrt nach Malaysia liegen noch so viele schöne indonesische Inseln auf unserem Weg, aber ohne Visum müssen wir an ihnen vorbeisegeln.

Da ich mit viel Flaute rechne, machen wir uns mit einem weiteren Extrakanister Diesel auf den Weg. Der Wind bläst kräftig und als wir durch die Meerenge zwischen Bali und Lombok fahren, machen wir aufgrund des Gezeitenstroms bis zu zehn Knoten. Abends ist der Wind plötzlich weg und wir starten den Motor, um ein Stück von der Insel und aus dem Einflussbereich der Gezeitenströmung wegzukommen. Nach ein paar Minuten meldet sich der Alarm. Unser Motor ist überhitzt. Sofort schalte ich ihn ab und kontrolliere erst einmal, ob das Seeventil offen ist. Es ist offen, daran liegt es also nicht. Nur was ist es dann? Es dauert nicht lange, da fällt es mir wie Schuppen von den Augen. Beim Putzen des Unterwasserschiffs habe ich in letzter Zeit immer einen kleinen Fisch beobachtet, der sich in der Kühlwasseransaugleitung versteckt hat, wenn ich in seine Nähe gekommen bin. Der muss jetzt von der Kühlwasserpumpe angesaugt worden sein und irgendwo das System verstopfen. Da die *Kiwitt* keinen Kühlwasserfilter hat, kommt eigentlich nur der Einlass der Pumpe in Frage. Also packe ich mal wieder das Werkzeug aus und demontiere den Schlauch. Tatsächlich steckt unser kleiner Begleiter wie ein Pfropfen im Wassereinlass und sieht gar nicht gut aus. Eigentlich ist das untertrieben, denn er rührt sich nicht mehr. Zehn Minuten später ist wieder alles montiert und unser kleiner Motor verrichtet wieder zuverlässig seinen Dienst. Sollte sich dort noch einmal ein Fisch häuslich einrichten, werde ich ihn auf jeden Fall vorher verscheuchen. Die nächsten Tage vergehen mit leichten und wechselnden Winden, aber wir können die meiste Zeit segeln.

Es ist mitten in der Nacht und ich beobachte mal wieder einen Lichtschein am Horizont. Wir haben diese Lichter jetzt schon öfter gesehen und ich weiß nicht, wozu sie gehören. Dieses liegt genau auf unserem Kurs und ich überlege, ob ich ihn ändern soll. Irgendwie unheimlich. Wir befinden uns mitten auf dem Wasser und es sieht so aus, als liege eine große Stadt hell erleuchtet gerade hinterm Horizont. Natürlich haben wir auch schon hell erleuchtete Schiffe gesehen, aber noch nie so viele und vor allen Dingen haben die sich bewegt. Immer wieder richte ich das Fernglas auf den hellen Schein, der langsam näher kommt. Wieder überlege ich den Kurs zu ändern, entschließe mich aber dazu weiterzufahren. Langsam kann ich erste Konturen erkennen. Als sie immer deutlicher werden, sehe ich ein hölzernes Fischerboot. Es ist ungefähr 14 Meter lang und mit riesigen Lampen bestückt, die ins Wasser leuchten. Wahrscheinlich versuchen die Fischer so Fische anzulocken und als wir das Boot passieren, winken sie fröhlich. Damit wäre das Geheimnis der Lichtschimmer am Horizont gelüftet.

Mühsam quält sich die *Kiwitt* Richtung Norden, es ist nicht mehr weit, aber wir haben den Wind gegen uns. Als ich das Vorsegel dichter hole, passiert es: Das Achterliek reißt ein. Wir bergen das Segel und ich beginne es von Hand zu nähen. Mittlerweile habe ich Übung. Es ist nicht die erste Reparatur, seitdem der Wind gedreht hat, und mit Sicherheit auch nicht die letzte. Meine Finger haben schon dicke Schwielen. Gestern habe ich die Fock nach einer Reparatur wieder hochgezogen und sie ist sofort an einer anderen Stelle gerissen. Nähen, nähen, nähen. So kann das nicht weitergehen. Wir müssen die maroden Segel ersetzen. 20 Jahre und zwei Reisen bis Neuseeland sind einfach zu viel. Wieder ein Punkt auf unserer Liste und einer, der unser Budget kräftig belastet. Stich für Stich nähe ich weiter.

Wir kreuzen sechs lange Tage und alle meine Finger sind zerstochen, als Malaysia endlich in Sicht kommt. Es hätte noch länger gedauert, wenn wir nicht unseren gesamten Dieselvorrat verfahren hätten. Geschafft und müde steuern wir nach 18 Tagen Überfahrt eine Marina im Süden von Malaysia an. Die erste, in der wir festmachen, seitdem wir vor zwei Jahren auf den Kanarischen Inseln waren.

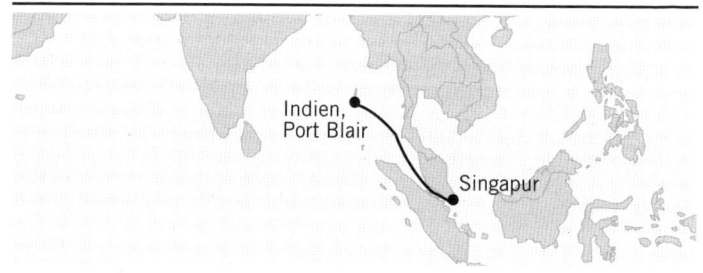

Malaysia und Thailand

Nach unserer Ankunft in Malaysia genießen wir ein paar Tage den Luxus der Marina und unternehmen einen zweitägigen Ausflug nach Singapur. Die Stadt ist das krasse Gegenteil zu dem, was wir in den letzten Monaten gesehen haben. Moderne Gebäude, Hochhäuser, Einkaufszentren und alles, was eine Großstadt sonst zu bieten hat. Hinzu kommt, dass alles aufgeräumt und ordentlich ist und man mehr den Eindruck hat, in einer europäischen Großstadt zu sein. Die Stadt wirkt auf mich unnatürlich, fast schon unheimlich. Erst im chinesischen Viertel weicht dieser Eindruck ein wenig, denn hier ist es zumindest ein bisschen chaotisch und für mein europäisches Gefühl asiatischer. In den großen Einkaufszentren schwindet dieses Gefühl jedoch schnell und man fühlt sich in den heimatlichen Weihnachtstrubel versetzt: Tannenbäume, Weihnachtskugeln, Rentiere, Weihnachtsmänner – der Dekoration fehlt es an nichts. Die Weihnachtsstimmung macht mich ein wenig melancholisch, denn in ein paar Wochen werde ich mein drittes Weihnachtsfest fernab der Heimat feiern. Sobald man aus dem klimatisierten Inneren der Gebäude tritt, verlässt man die Welt der Weihnachtsmänner und Rentiere wieder und mit ihr auch ein wenig die Gedanken an das bevorstehende Fest. Statt Geschenken stehen auf unserer Einkaufsliste auch eigentlich neue Segel ganz weit oben, doch einen Segelmacher suchen wir leider vergebens.

Eine Woche erholen wir uns von der Überfahrt aus Bali und dann geht es zügig weiter, in kleinen Etappen die Malakkastraße hoch. Quälend langsam kommen wir unter Motor voran, denn wir haben den Wind genau von vorne. Die Insel voraus, an der wir ankern wollen, will einfach nicht näher kommen. Ich gehe davon aus, dass die Gezeitenströmung schuld ist. Wir sind in der Malakkastraße auf dem Weg Richtung Norden. Es ist angeblich Piratengebiet, aber soweit ich weiß, gab es bisher noch keine Überfälle auf Yachten. Trotzdem wollen wir uns hier nicht unnötig lange aufhalten und hoffen, dass der Strom endlich kentert. Als er das tut, ist es fast dunkel und ungläubig starre ich auf das GPS. Jetzt fahren wir rückwärts. Offensichtlich hatten wir bisher die Strömung mit uns, aber wieso sind wir dann nicht vorangekommen? Plötzlich geht mir ein Licht auf. Heute Mittag stotterte plötzlich der Motor und ich konnte das Ruckeln nicht zuordnen. Jetzt lege ich den Rückwärtsgang ein und die ganze *Kiwitt* erzittert. Wir haben irgendetwas in der Schraube! Da es jetzt fast dunkel ist, bleibt uns nichts anderes übrig, als die ganze Nacht zu kreuzen. Am Morgen steige ich in das trübe Wasser, die Sichtweite ist nur wenige Zentimeter, der Seegang aber glücklicherweise moderat. Widerwillig tauche ich ab und taste mich zur Schraube vor. Ein großes Stück Plane hat sich um die Schraube gewickelt. Ich tauche auf und lasse mir von Heike ein Messer geben. Jetzt geht es wieder abwärts und ich versuche die Plane loszuschneiden, was unter einem schwankenden Schiff nicht so einfach ist. Ich brauche sechs Anläufe, bis ich es geschafft habe und es kostet mich jedes Mal Überwindung, in die trübe Brühe abzutauchen. Danach geht es aber wieder vorwärts! Am späten Nachmittag ankern wir endlich vor der Insel. Einsam ist sie nicht. Offensichtlich wird sie als Naherholungsgebiet genutzt; überall wird gecampt. Wir wandern ein wenig über die kleine Insel und gehen früh schlafen, um am nächsten Morgen zeitig aufzubrechen.

Das nächste Ziel ist Port Klang, von wo aus wir uns Kuala Lumpur ansehen wollen. Allerdings haben wir vorher noch eine Plastiktüte in der Schraube. Nicht zu glauben, da fährt man ohne Probleme um die halbe Welt und dann passiert es innerhalb einer Woche zweimal. Das spricht wohl nicht unbedingt für den Umweltschutz hier.

Eine Stunde fährt man mit dem Zug von Port Klang nach Kuala Lumpur und als wir aussteigen, stehen wir mitten in einer Großstadt. Wir wollen drei Tage bleiben und haben neben Sightseeing wieder einmal einiges vor. Unser erster Weg führt uns zur indischen Botschaft, da wir auf unserer weiteren Reise Indien besuchen wollen und vorab ein Visum beantragen müssen. Es ist das erste Land, in dem das nötig ist. Leider ist die Adresse, die man uns in der Touristeninformation gegeben hat, falsch. Ohne eine bessere Alternative fangen wir an uns durchzufragen und werden in alle Himmelsrichtungen geschickt. Irgendwann geraten wir an einen indischen Wasserverkäufer, der sich seiner Sache sicher ist. Eigentlich naheliegend, dass er als Inder weiß, wo die Botschaft ist. Als wir sie endlich gefunden haben, hat die Visumstelle natürlich schon geschlossen. So kann man einen Tag in Kuala Lumpur auch verbringen. Ob wir bei der Suche nach einer Unterkunft mehr Glück haben? Die preisgünstigste Möglichkeit ist ein Sechsbettzimmer ohne Fenster. Was soll's, mehr als ein paar Stunden schlafen wollen wir hier ja nicht. Der nächste Punkt auf unserer Liste ist der Segelmacher, doch dabei ist das Glück immer noch nicht auf unserer Seite.

Kuala Lumpur gefällt mir besser als Singapur. Dort war alles so modern, aufgeräumt und ordentlich. Hier ist zwar auch alles modern, aber mit dem Flair einer asiatischen Großstadt. Eine der größten Attraktionen sind natürlich die Petronas Twin Tower. Da wir auch gerne auf die Skybridge zwischen den Türmen möchten, stehen wir früh am nächsten Morgen in der Schlange, um zwei der begehrten kostenlosen Karten zu ergattern. Die Karten sind für nachmittags und so machen wir uns wieder auf den Weg zur indischen Botschaft. Diesmal haben wir mehr Glück. Allerdings erklärt man uns, dass es drei bis vier Tage dauert, bis wir das Visum haben. Heike ist am Boden zerstört. Sie will Weihnachten nicht im dreckigen Hafen von Port Klang verbringen und heute ist schon der 20. Dezember. Als sie sich ein wenig beruhigt hat, fahren wir zurück in die Stadt und genießen den Ausblick von der Skybridge. Die Türme sind mit Abstand das höchste Gebäude und schon von der Brücke aus, die nur auf halber Höhe ist, sieht Kuala Lumpur wie ein Spielzeugland aus. Da wir auf das Visum warten müssen, fahren wir noch einmal zurück zur *Kiwitt*. Im Hafen bekommen wir den entscheidenden Tipp von einem anderen Boot: In Phuket, Thailand, gibt es einen großen Segelmacher, bei dem wir auf jeden Fall neue Segel bekommen.

Am 23. Dezember um 16.00 Uhr halte ich unser Visum in den Händen und mache mich sofort auf den Weg zur *Kiwitt*. Heike hat schon alles seeklar gemacht und mit der untergehenden Sonne laufen wir aus, um den Heiligen Abend doch noch an einem schöneren Ort zu verbringen.

Die Nachtfahrt gelingt und wir sitzen am 24. Dezember in Teluk Nipah auf Pangkor am Strand. Weihnachten unter Palmen – mal wieder. Der kleine Ort ist auf Touristen ausgelegt, macht aber einen gemütlichen Eindruck. Abends wollen wir essen gehen und schlendern durch die Straßen. Wir landen in einem typischen, kleinen, malayischen Restaurant. Alles sieht ein bisschen provisorisch aus, aber das Essen ist köstlich und uns geht es richtig gut. Der einzige Wermutstropfen an diesem Abend ist, dass wir mehr oder weniger alleine sind. Nicht, dass hier nichts los wäre, im Gegenteil, aber wir kennen niemanden. Unser erster Heiligabend, den wir alleine verbringen und so bummeln wir noch ein wenig durch den Ort, essen ein Eis und setzen uns an den Strand. Wir haben bei unserer Ankunft in Malaysia eine Prepaidkarte für unser Handy gekauft, mit der man für ein paar Cent nach Deutschland telefonieren kann. Daher steht den ausführlichen weihnachtlichen Telefonaten mit der Familie nichts mehr im Wege. Dass wir dabei gemütlich am Strand sitzen, macht die Sache schon fast skurril. Als wir nach vielen Weihnachtsgrüßen zur *Kiwitt* zurück fahren, ist es bereits dunkel. Noch müde von der Nachtfahrt gehen wir früh schlafen.

Weiter geht's die Küste hinauf und mit einem kurzen Stopp in Georgetown fahren wir nach Langkawi. Von der Überfahrt gibt es eigentlich nichts Aufregendes zu berichten, wenn da nicht die vielen Fischer wären. Das Problem ist nicht, dass sie da sind, sondern, dass sie gerne mal die Positionslichter falsch herum führen, wie wir bei einem „Beinahe-Zusammenstoß" feststellen mussten. „Weltumsegleryacht am zweiten Weihnachtstag in der Malakkastraße gesunken!" Mit dieser Schlagzeile wollen wir unseren Traum nicht beenden. Okay, so viel größer als die *Kiwitt* war das Fischerboot nicht, aber es hätte ganz schön gerumst. Neben den falsch beleuchteten Schiffen gibt es dann noch kleinere, die überhaupt keine Lichter führen, und so hört man immer mal wieder einen Motor aufheulen, wenn ein Boot flüchtet.

In Langkawi gibt es wieder einen Trans-Ocean-Stützpunkt, an dem Post auf uns wartet. Meine Eltern haben mir ein Weihnachtspaket mit Spekulatius und Marzipan geschickt. Ich freue mich riesig darüber, auch wenn es nicht ganz zum tropischen Klima passt. Es sieht so aus, als würden wir auch Silvester alleine feiern, doch dann lernen wir am 31.12. nachmittags Magret und Helen kennen, die auf einem anderen Boot zu Gast sind. Magret kommt aus den Niederlanden, Helen ist Engländerin. Die beiden sind mit dem Rucksack in Asien unterwegs und gemeinsam haben wir einen lustigen Neujahrsabend. Spontan sein, ist ein wichtiger Punkt der Reise. Wenn man nicht alles plant, ergeben sich oftmals einfach schöne Gelegenheiten. Um 24.00 Uhr sitzen wir mit vielen Einheimischen auf der Kaimauer und wollen uns ein Feuerwerk anschauen. Blöd, dass es ausgerechnet in diesem Jahr nicht stattfindet. Das hindert uns jedoch nicht daran, fröhlich ins neue Jahr zu starten.

Am nächsten Morgen klarieren wir aus, um nach Thailand weiterzufahren. Bis zur nächsten Insel ist es nur ein Katzensprung von wenigen Meilen, doch unser Ziel ist ein Stück weiter und nach einer Nachtfahrt ankern wir in einer kleinen von Felsen umgebenen Bucht von Kao Muk. Ganz in der Nähe soll ein besonders schönes Hong sein. Ein Hong ist eine kleine abgeschlossene Bucht und dieses hier ist nur durch eine Höhle zu erreichen. Man muss also schwimmen oder das Schlauchboot nehmen. Wir sind gespannt. Mit dem Dingi fahren wir ein Stück die Steilküste entlang. Die Stelle mit dem Eingang ist leicht zu finden, denn dort liegen bereits zwei Ausflugsboote. Eine Gruppe Touristen schwimmt gerade hinein. Ich schalte den Motor ab und wir paddeln hinterher. Der Tunnel führt um ein paar Ecken und ist so lang, dass zwischendurch überhaupt kein Licht mehr hinein dringt. Vorsichtig paddeln wir weiter und halten mit unserer kleinen Taschenlampe Ausschau nach Schwimmern. Es geht um eine kleine Biegung und dann strahlt uns die Sonne wieder entgegen. Als sich meine Augen an das grelle Licht gewöhnt haben, befinde ich mich in einer traumhaften Bucht. Ein kreisrunder Kessel mit rund hundert Metern Durchmesser und rundherum ragen die Wände kathedralengleich in den Himmel. Zu einer Hälfte besteht die Fläche aus einer glasklaren türkisfarbenen Lagune und zur anderen Hälfte aus Dschungel mit farbenfrohen tropischen Blumen. Dazwischen ein strahlendweißer Sandstrand. Ein kleines Paradies am Ende des Tunnels, das man nur schwer beschreiben kann. Der einzige Haken ist, dass außer uns auch etwa hundert Touristen dieses Naturhighlight bestaunen möchten. Faul liegen wir am Strand und genießen die unwirkliche Szenerie. Mittlerweile sind wir alleine. Die Ausflugsboote sind weg. Es ist wunderschön und ich habe selten einen solch magischen Ort erlebt. Wir vergessen völlig die Zeit und machen uns erst spät auf den Rückweg. Als wir in die Höhle einfahren wollen, wissen wir plötzlich, warum die Gruppen schon vor einiger Zeit aufgebrochen sind. Aufgrund der Gezeiten ist das Wasser gestiegen und bis zur Decke sind nur noch 40 Zentimeter Luft. Weiter innen wird es wieder höher und so schieben wir uns flach auf dem Rücken liegend durch die Engstelle. Alles klappt, doch viel später hätten wir den einzigen Weg nach draußen nicht mehr passieren können. Dramatisch wäre das nicht gewesen; es gibt schlimmere Orte, um ein paar Stunden festzusitzen.

In Phuket finden wir endlich einen Segelmacher. Und was für einen! Hier werden Segel am laufenden Band produziert und in einer Woche soll der neue Satz für die *Kiwitt* fertig sein. Endlich! Um uns die Zeit bis dahin zu vertreiben, segeln wir ein wenig durch die Chalong Bay. Im Norden der Bucht stehen überall halbrunde Felsen im Wasser, die aussehen wie Zuckerhüte. Ankerplätze gibt es hier wie Sand am Meer. Wir verbringen ein paar Tage in Ko Phi Phi Don, einer kleinen Backpackerinsel, und genießen es, seit langem abends mal wieder weggehen zu können. Ein paar Tage Urlaub, die sehr viel Spaß machen.

Die Chalong Bay ist touristisch recht gut erschlossen, doch sie hat auch andere Seiten. Und diese wollen wir natürlich entdecken. So steuern wir die Bucht eines kleinen, auf Stelzen gebauten Fischerorts an, den nur wenige Touristen besuchen. Gleich zu Beginn unserer Erkundungstour lernen wir Dang kennen, die uns kurzerhand auf ein paar Trinkkokosnüsse zu sich nach Hause einlädt. Wir unterhalten uns nett, als ein paar Freunde vorbeikommen und uns fragen, ob wir Lust hätten, mit ihnen heute Abend das muslimische Neujahrsfest zu feiern. Klar haben wir Lust und abends fahren wir alle mit Motorrädern zu einem kleinen Restaurant. Neben einem leckeren Essen erleben wir einen tollen unterhaltsamen Abend abseits der Touristenströme.

Unsere Segel sind fertig und getestet. Alles ist gut, doch trotzdem haben wir sie erst einmal wieder unter Deck verstaut. Viele Meilen Passatsegeln auf dem indischen Ozean warten auf uns und würden durch das Scheuern und Reiben die neuen Segel unnötig in Mitleidenschaft ziehen. Dafür reichen die alten noch. Wir haben ausklariert und uns auf den kurzen Weg zu unserem nächsten Ziel gemacht: die Andamanen, eine nahegelegene Inselgruppe. Wir wollen sie auch ohne besondere Genehmigung ansteuern. Den speziellen Stempel im Pass, der eigentlich verlangt wird, haben wir in der indischen Botschaft natürlich nicht bekommen. Die Behörden in Port Blair, der Hauptstadt der Andamanen und der Einklarierungshafen, sollen das jedoch angeblich nicht so eng sehen. Morgen wissen wir mehr, wenn uns der beständige Wind heute Nacht nicht verlässt. Die Nacht zieht herauf und bei sternenklarem Himmel und einer leichten Brise segelt die *Kiwitt* dahin.

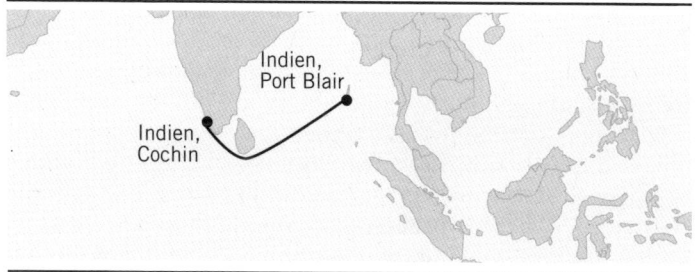

Indien

Ich habe das Gefühl, in die Zeiten Gandhis versetzt zu sein. Oder stehe ich etwa auf einem Filmset? Am Anleger liegt eine uralte Fähre und davor herrscht geschäftiges Treiben. Die Frauen tragen lange farbenfrohe Saris und die Männer Hemden mit Anzughosen. Überall fahren und stehen Autorikschas und Taxis, die aussehen, als seien sie aus dem Geburtsjahr meiner Großeltern. Es würde mich nicht im Geringsten wundern, wenn mich gleich ein Kameramann anschnauzt, weil ich ihm ins Bild gelaufen bin. Aber keine Kamera und keine Schauspieler weit und breit. Ich bin völlig überwältigt und es dauert eine ganze Zeit, bis wir uns orientiert haben. Irgendwann nehmen wir uns eine historisch wirkende Autorikscha und lassen uns zur Bank fahren, da wir keinen Pfennig Geld in der Tasche haben. Dummerweise funktioniert der Geldautomat nicht und so geht's zum nächsten. Auch der ist defekt oder leer. Uns bleibt nichts anderes übrig, als den Fahrer zu bitten weiter zu fahren. Langsam werden wir ein bisschen nervös, da wir die Fahrt nicht bezahlen können, wenn wir alle Banken erfolglos abgeklappert haben. Doch wir haben Glück und zum Schluss bekommt der Fahrer ein anständiges Trinkgeld. Der Eindruck der Stadt ist ähnlich wie der des Hafens. Sie gleicht einer Kulisse für die Verfilmung von Gandhis Leben. Mit Ausnahme einiger moderner Autos ist in Port Blair alles startklar für die nächste Szene.

Wer in Deutschland über zu viel Bürokratie meckert, den schicke man hier zu den Behörden. Anderthalb Tage dauerte die Einklarierung und erst danach durften wir heute Morgen endlich an Land. Nach dem Ausflug zur Bank steht jetzt nur noch ein Besuch beim Hafenkapitän an, der zum Glück freundlich und hilfsbereit ist. Laut Vorschrift muss man die genaue Route angeben, die man durch die Andamanen nehmen will. Außerdem ist es Vorschrift, sich jeden Abend per Funk in Port Blair zu melden. Da wir aber kein Funkgerät an Bord haben, vereinbaren wir, dass wir, wann immer möglich, anrufen. Einige Gebiete der Andamanen sind für Besucher ganz gesperrt, da hier noch einige wenige eingeborene Stämme ohne oder mit sehr wenig Kontakt zur Außenwelt leben. Auf einer kleinen Insel lebt sogar noch ein Stamm, der bisher so gut wie jeden Kontakt erfolgreich verhindert hat. Das Betreten dieser Insel ist mittlerweile untersagt und dieses Verbot schützt nicht nur die Einheimischen, denn diese scheuen sich nicht davor, von Pfeil und Bogen Gebrauch zu machen. Man erzählt uns, dass noch vor Kurzem zwei indische Fischer den Besuch mit ihrem Leben bezahlt hätten. Diese Informationen fließen in unsere Routenplanung mit ein, die wir nun lieber noch einmal etwas überarbeiten. Natürlich würden sich ein paar echte Pfeile gut in meiner Andenkensammlung machen, aber das Risiko, dass auf uns geschossen wird, gehen wir dann doch nicht ein. Nicht alle Stämme sind so rigoros bei der Verteidigung ihres Territoriums, aber Schutzbereiche werden ja nicht umsonst eingerichtet.

Wir motoren durch einen schmalen Sund, der zwischen den Hauptinseln verläuft. Die Küste ist gesäumt von Mangroven und weite Teile der Strecke sind Schutzgebiete sowohl für die Natur als auch für die noch verbleibenden Ureinwohner. Viel zu sehen und zu entdecken gibt es nicht und gegen Abend ankern wir in der Nähe eines kleinen Fähranlegers. Durch das Schutzgebiet führt eine Straße, die den Sund an zwei Stellen kreuzt. Heike hat zwei Stiche am Arm, die sich nach dem Verlassen von Port Blair entzündet haben, und so beschließen wir, am nächsten Tag einen Arzt aufzusuchen. Deshalb fahren wir am nächsten Morgen an Land und fragen uns in der kleinen Siedlung am Anleger durch. Die einzige ärztliche Versorgung bietet das Inselkrankenhaus, das einige Kilometer entfernt liegt. Da es keine Busverbindung gibt und gerade auch keine Autorikscha zu sehen ist, trampen wir los. In der kleinen Krankenstation werden wir von einem Arzt empfangen, der sich sichtlich über seine ausländische Patientin freut. Wahrscheinlich verirren sich hier so gut wie nie Touristen hin. Nach einer kurzen Untersuchung sind wir erleichtert. Alles ist in Ordnung und die Stiche sind nur zwei entzündete Sandfliegenbisse. Der Arzt gibt uns Salbe und Verbandsmaterial mit und zu unserer Überraschung müssen wir dafür keinen Pfennig bezahlen. Die Straße vor der Krankenstation ist sehr wenig befahren und so warten wir eine Weile, bis ein Fahrzeug anhält. Es ist ein großer alter Kipplaster und das Führerhaus ist mit drei Personen voll besetzt. Kurzerhand wird der Jüngste auf die Ladefläche geschickt und Heike darf im Führerhaus Platz nehmen. Mir bleibt nichts anderes übrig, als auch auf die Ladefläche zu klettern und dort auf einem Berg aus Kokosnüssen die Fahrt anzutreten. Leider spricht mein Weggefährte kein Englisch und so wird es eine schweigsame, aber abenteuerliche Rückfahrt, bei der ich immer wieder den Kopf einziehe, um nicht von den Bäumen am Straßenrand von meinem schwankenden Hochsitz gefegt zu werden.

Wir durchfahren den Sund in zwei weiteren Tagesetappen und halten anschießend auf einer vorgelagerten Insel. Als wir durch das relativ große Dorf schlendern, werden wir von einer Horde Kindern begleitet. Schnell kommen wir mit einigen Einheimischen ins Gespräch. Leider gibt es Tage, an denen mir solche Gespräche einfach zu viel werden, da sie oft nach dem gleichen Muster ablaufen. Heute ist so ein Tag. Auch wenn es mir wirklich leid tut, da die Dorfbewohner sehr nett sind und wirklich Interesse an uns haben, sehne ich mich nach etwas Ruhe. Daher segeln wir nach einem kurzen Aufenthalt weiter nach North Batten Island. Bei der Ansteuerung fangen wir tatsächlich noch einen Fisch, den wir abends am Strand der einsamen Insel am Lagerfeuer braten. Wir bleiben einige Tage und genießen die Ruhe. Solche Aufenthalte sind auch nach so vielen einsamen Inseln noch immer wie Urlaub. Die Insel hat einen wunderschönen weißen Sandstrand und das blaue Wasser lädt zum Baden ein. Genau das machen wir. Baden, schnorcheln, am Strand liegen und ein bisschen die Insel entdecken. Ich kann stundenlang am Strand sitzen und auf das leuchtend blaue Meer hinausschauen. Abends machen wir Lagerfeuer und spannen einfach mal aus. Das hört sich vielleicht komisch an, aber es ist eine Abwechslung zum Alltag der Reise und somit etwas Besonderes.

Ich höre ein mahlendes Geräusch, das ich nicht zuordnen kann und schaue in alle Richtungen. Um mich herum und unter mir ist nichts zu sehen. Alles scheint ruhig. Vorsichtig schlage ich mit den Flossen und schnorchele ein wenig weiter. Das Riff ist nicht sehr schön, aber es gibt jede Menge Fische, die in traumhaften Farben leuchten. Da war es wieder. Es hört sich an, als zermahle jemand Steine. Was ist das? Auch Heike weiß keinen Rat. Als wir um einen Korallenblock herumschwimmen, entdecken wir einen riesigen Papageienfisch. Er ist gut eineinhalb Meter lang und für das geheimnisvolle Geräusch verantwortlich. Er beißt immer wieder Stücke von den Korallen ab und zerkaut sie langsam. Scheu scheint er nicht zu sein, was bei seiner Größe wenig verwundert. Wir haben offensichtlich mehr Respekt vor ihm als er vor uns. Nachdem er uns eine Weile beäugt hat, verschwindet er langsam im tiefen Blau und lässt uns mit den kleineren Fischen zurück.

Grüner Wald, ein langer weißer Sandstrand und Arbeitselefanten, die darüber ziehen. So stellt man sich einen indischen Traumstrand vor und genau vor solch einem Strand ankern wir gerade. Es soll einer der schönsten Asiens sein und ich würde sofort dafür unterschreiben. Es gibt nur wenige Touristen, der Strand ist kilometerlang und jeden Morgen ziehen große Elefanten mit langen weißen Stoßzähnen auf ihrem Weg zur Arbeit in den Wald entlang. Was wünscht man sich mehr? Einen Haken gibt es natürlich, so kleinlich müssen wir sein. Es steht ein langer Schwell in der Bucht. An Bord geht es noch, aber mit dem Dingi anlanden, ohne ein Vollbad zu nehmen, ist fast unmöglich. Man kann halt nicht alles haben und so fahren wir in Bademontur an den Strand und ziehen uns erst dort richtig an. Hier liegen auch ein paar der wenigen Yachten, die wir in den Andamanen getroffen haben und wir nutzen die Gelegenheit zum Büchertausch. Bücher zu tauschen ist eine beliebte Beschäftigung unter Seglern, alle haben nur begrenzten Stauraum, aber genug Zeit zum Lesen.

Aus der Tauschaktion entwickelt sich ein gemütlicher Abend und wir fahren erst spät mit neuem Lesestoff nach Hause auf die *Kiwitt*.

Zurück in Port Blair bereiten wir uns auf die lange Überfahrt zum indischen Festland vor. Unter anderem bestellen wir zusammen mit einem anderen Schiff 500 Liter Wasser. Beim Auffüllen der Tanks gibt es plötzlich einen Knall und Wasser strömt in die *Kiwitt*. Zuerst befürchte ich, dass der Wassertank geplatzt ist, aber es läuft immer mehr in die Bilge. Mir schwant Übles und die Geschmacksprobe bestätigt es: Salzwasser! Sofort schließe ich die Seeventile und kann damit den Wassereinbruch stoppen. Nach dem Ausschöpfen geht die Fehlersuche los. Ich stelle fest, dass einer der flexiblen Wassertanks verrutscht ist und beim Auffüllen eine Ecke der Fußpumpe abgebrochen hat. Wir haben zwei Fußpumpen in der Pantry. Eine fördert Süßwasser aus dem Tank zum Hahn, die andere Meerwasser. Durch die Meerwasserpumpe sparen wir eine Menge Süßwasser. Die Meerwasserpumpe ist jetzt kaputt und ich baue sie aus. Mit einem Lötkolben und etwas Geduld schweiße ich das herausgebrochene Kunststoffstück wieder zusammen und hoffe, dass ich das Leck so auf Dauer schließen kann.

Heike besucht noch den Zahnarzt, da sie seit einer Weile Probleme mit einem Backenzahn hat. Die Neuigkeiten, die sie mitbringt, sind nicht sehr gut. Laut Arzt muss der Zahn unbedingt behandelt werden, hier in Port Blair kann das jedoch niemand machen. In Cochin, unserem nächsten Ziel auf dem indischen Festland, wäre das allerdings kein Problem. Heike ist sauer, da sie schon in Malaysia beim Zahnarzt war. Der hatte den Zahn geröntgt und gemeint, es wäre alles in Ordnung. Anhand der Röntgenbilder aus Malaysia ist der hiesige Zahnarzt jedoch anderer Meinung. Mit einem schlechten Bauchgefühl verschieben wir also die Behandlung und erledigen die restlichen Einkäufe für die Überfahrt. Das Ausklarieren geht zum Glück etwas schneller als das Einklarieren.

Die Überfahrt nach Cochin ist eine angenehme Passage. Wir machen regelmäßig 120 Seemeilen und erst als wir die Südspitze Indiens erreichen, lässt der Wind nach. Langsam nähern wir uns unserem Ziel und die Umrisse der Stadt werden immer deutlicher.

Abfahren und Ankommen. Wieder und wieder. Das ist das große Thema der Reise. Man verlässt einen Ort und fährt zum nächsten in endloser Folge. Das ist Fluch und Segen zugleich. Einerseits wird es nie langweilig, andererseits wünscht man sich manchmal auch mehr Konstanz und würde gerne länger bleiben. Leider sind drei Jahre dafür etwas zu knapp. Gegen Mittag ankern wir nach elf Tagen auf See im Hafen von Cochin. Hier geht das Einklarieren wesentlich schneller. Ein fröhlicher älterer Beamter kommt zu uns an Bord. Er spricht zwar kaum Englisch, erledigt aber alles zügig und mit einem Lächeln im Gesicht. Anschließend dürfen wir an Land und müssen beim Hafenkapitän eine Ankergebühr bezahlen. Zum Zoll geht´s natürlich auch noch. Als sich dort die Bürotür öffnet, betreten wir die nächste Filmkulisse: ein großer Raum, schwere alte Holzschreibtische, auf denen Schreibmaschinen stehen, an den Wänden lange Regale, deren Bretter sich von den abgelegten Akten nur so biegen, und unter der Decke drehen sich langsam riesige Ventilatoren. Ein Computer würde dieses Bild nur stören. Trotzdem ist alles schnell erledigt. Wir dürfen uns frei bewegen und fahren weiter auf den eigentlichen Ankerplatz vor Ernakulam, der großen Nachbarstadt von Cochin. Die Stadt ist modern und hektisch, es gibt jede Menge Verkehr auf den Straßen. Es bedarf schon einer Portion Mut diese zu überqueren und vor den großen Bussen nimmt man sich besser in Acht. Wir wollen nur eine Woche bleiben, uns die Altstadt anschauen und ein paar Dinge erledigen. Ganz oben auf der Liste steht Heikes Zahnarztbesuch.

Heike sitzt deprimiert vor mir und wir beraten, was sie machen soll. Eine Wurzelbehandlung an zwei Backenzähnen lautet die niederschmetternde Diagnose. Zu der Abneigung, diese Prozedur in Indien machen zu lassen, kommt noch die Behandlungsdauer von drei Wochen. Die Zahnärztin ist sehr nett, allerdings der Meinung, dass Heike nicht bis Deutschland, also noch ein halbes Jahr, warten sollte. Die Praxis macht einen sehr guten Eindruck, so dass eigentlich nichts gegen die Behandlung spricht. Trotzdem kann ich verstehen, dass Heike ein ungutes Gefühl hat. Dazu kommt noch die Angst, dass wir es nicht rechtzeitig zum Wintersemester zurück schaffen, denn sie möchte gerne nahtlos wieder zurück ins Studium. Doch es hilft alles nichts, die Zähne müssen gemacht werden und so entscheidet sie sich am nächsten Tag dafür. Die Kosten sind überschaubar, inklusive Keramikkronen 3.500 Rupien, knapp 70 Euro je Zahn. Über dieses Schnäppchen kann sich Heike gerade allerdings nur bedingt freuen.

Alles verläuft gut und während der Behandlungspausen machen wir ein paar Ausflüge. Der längste führt uns für drei Tage in die Nilgiri Berge. Hier gibt es die einzige dampfbetriebene Zahnradbahn Indiens. Sie fährt hoch hinauf in Teeanbaugebiete. Die über 300 Kilometer bis zur Talstation legen wir mit dem Zug zurück und die ganze Fahrt kostet für uns beide knapp über vier Euro. Die Nilgiri Mountain Railway, das Ziel unseres Ausflugs, ist seit ein paar Jahren ein Welterbe der UNESCO. Sie verkehrt nur einmal am Tag und wir stehen früh morgens bereit, um einen der begehrten Plätze am Fenster zu ergattern. Das einfache Ticket kostet knapp 25 Cent, für die erste Klasse keine zwei Euro. Leider ist die aber schon ausverkauft und so quetsche ich mich zusammen mit zwei Indern auf eine Bank, die für zwei Personen schon fast zu schmal ist. Das alte Dampfross zieht den Zug hinauf in die Berge. Es wird saftig grün und wir passieren große Teeplantagen. Die Landschaft ist toll und überall gibt es etwas zu sehen. Außerdem genießen wir es, einfach mal ein Stück vom Meer weg zu sein. Berge sind eine echte Abwechslung. Die Fahrt dauert fast sechs Stunden und in Coonoor suchen wir uns eine Übernachtungsmöglichkeit. Es ist merklich kälter, kein Wunder, wir befinden uns auf fast 2.000 Metern Höhe und so müssen wir uns abends warm anziehen, als wir durch die Stadt bummeln. Wir essen lecker, kaufen ein paar Kleinigkeiten und schlendern über den Markt, auf dem, auch zu so später Stunde, noch ein geschäftiges Treiben herrscht. Am nächsten Morgen schaue ich mir noch das Betriebswerk der Zahnradbahn an. Man kann einfach so hineinlaufen und wird dabei auch noch freundlich begrüßt. Ich sehe, wie die Arbeiter an den alten Dampflokomotiven rumschrauben, und einer erklärt mir, was sie gerade tun. Ich könnte mich hier Stunden lang aufhalten, da ich mich für jede Art von Technik begeistere. Heike findet das leider weniger spannend und so machen wir uns auf den Rückweg. Diesmal fahren wir mit dem Bus in nur zwei Stunden zur Talstation und machen uns von dort aus mit dem Zug zurück auf den Weg nach Cochin. Der nächste Zahnarzttermin steht an.

Abends spürt man auf dem Ankerplatz kaum einen Windhauch und es ist drückend heiß. Alle Luken sind mit Mückengittern abgedeckt, sonst ist man am nächsten Morgen völlig zerstochen. Ein wenig wünsche ich mich in die Berge zurück, wo die Nacht zwar kalt, aber deutlich angenehmer war. Heikes Wurzelbehandlung ist fast abgeschlossen und sie ist mit dem Ergebnis sehr zufrieden. Da die Behandlung laut Aussage der Ärztin aber nicht ganz einfach war, soll sie in den nächsten Monaten sehr genau darauf achten, ob sich etwas verändert, und im Zweifelsfall lieber zum Arzt gehen. Obwohl sie weiß, dass wir lange auf See sein werden, hat sie keine großen Bedenken und so können wir uns beruhigt auf die Abreise vorbereiteten. Der große Markt mit seinen günstigen Preisen lädt dazu ein, nach Herzenslust einzukaufen, und genau das tun wir auch. Bananen, Melonen, Tomaten, Kohl, Reis, Zucker und, und, und, wandern in die Vorratsfächer der *Kiwitt*. Außerdem brauchen wir mal wieder ein Ersatzteil. Der Keilriemen der Lichtmaschine lässt sich nicht mehr richtig spannen und ich möchte einen kürzeren haben. Mit dem Original in der Hand machen wir uns auf den Weg und durchforsten den Markt. Nach einigem Fragen finden wir die richtige Stelle und biegen in eine Gasse, deren kleine Buden rechts und links des Weges vor Riemen überquellen. Es gibt auf dem Markt überall Bereiche, die auf bestimmte Dinge spezialisiert sind, und der Bereich hier hat sich eben auf Keilriemen spezialisiert. Der passende Riemen ist schnell gefunden und ich kann den Keilriemen der Lichtmaschine jetzt endlich wieder richtig spannen.

Seit einer Woche versuchen wir auch schon in verschiedenen Supermärkten einige Paletten H-Sahne zu bekommen, aber die Päckchen sind immer sehr knapp am Mindesthaltbarkeitsdatum. Da wir ja keinen Kühlschrank haben, wertet die H-Sahne unseren Speiseplan deutlich auf, doch sie sollte schon noch eine Weile haltbar sein. Jetzt hat mir ein Verkäufer aus einem der Supermärkte die Adresse vom Großhändler gegeben und ich fahre mit einer Autorikscha durch die halbe Stadt dorthin. Als der Fahrer hält, bin ich ein wenig erstaunt, denn ich stehe nicht wie erwartet vor einer großen Lagerhalle, sondern vor einem Privathaus. Ich frage trotzdem nach und tatsächlich ist es der Großhändler. Ich erkläre ihm mein Problem und wir machen uns auf die Suche nach ein paar Paletten, die noch lange haltbar sind. Erst sieht es gar nicht gut aus, sie scheinen alle aus der gleichen Charge zu kommen wie die Päckchen im Supermarkt. Zum Schluss finden wir in einer Ecke aber doch noch andere und ich fahre zufrieden und mit knapp 50 Päckchen Sahne zur *Kiwitt* zurück.

Nachdem die *Kiwitt* mit Sahne und jeder Menge frischem Obst und Gemüse ausgestattet und Heikes letzte Behandlung positiv abgeschlossen ist, sind wir startklar. Jetzt muss nur noch ausklariert werden. Nur noch! Dummerweise hat heute Morgen ein Kreuzfahrtschiff Cochin angelaufen und so sitze ich vier Stunden bei der Einwanderungsbehörde, da der befugte Beamte auf dem Schiff ist. Irgendwann kommt jemand auf die Idee, mit unseren Pässen zum Schiff zu fahren und sie dort stempeln zu lassen. Endlich! Ziemlich verspätet gehen wir im Dunkeln Anker auf und fahren an den großen chinesischen Fischernetzen vorbei, heraus aus der Bucht von Cochin und hinein in den weiten indischen Ozean.

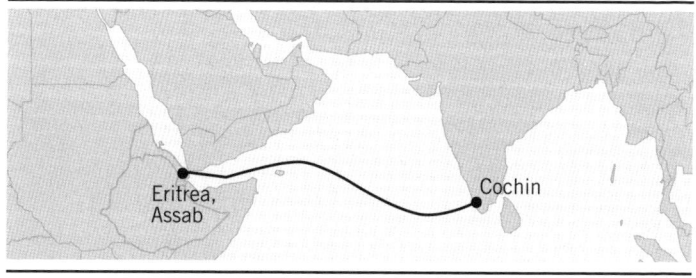

Der Indische Ozean

Der Wind bläst konstant. Trotzdem kommen wir nur schlecht voran. Nach drei Wochen im brackigen Wasser von Cochin hat sich am Unterwasserschiff der *Kiwitt* unser persönliches kleines Riff prächtig entwickelt und hemmt jetzt unser Vorwärtskommen. Da das Wasser dort im Hafen nicht im Geringsten zum Baden einlud, musste eine andere Lösung her, denn so können wir nicht über den Indischen Ozean fahren. Die Lösung lautet Uligamu, das ist das nördlichste Atoll der Malediven und Einklarierungshafen. Nun steuern wir also die Malediven an, das Traumziel so vieler Sonnenhungriger, nur um unser Unterwasserschiff zu putzen. Das ist doch mal ein anderer Grund! Am frühen Vormittag des nächsten Tages ankert die *Kiwitt* nach knapp drei Tagen Fahrt im flachen Wasser der Lagune, die so türkisgrün leuchtet, dass man geblendet wird. Wir schnappen uns Flossen, Brille und Schnorchel und machen uns mit Schrubbern bewaffnet daran, das kleine Riff zu entfernen. Nach einer Weile kommt ein Boot zu uns herausgefahren. An Bord sind die Beamten von Zoll, Einwanderungsbehörde und Quarantäne. Die drei jungen Männer haben sichtlich gute Laune und schnell sind alle Formalitäten erledigt. Auch wenn wir nicht lange bleiben wollen, dürfen wir uns jetzt auf der kleinen Insel frei bewegen. Natürlich nutzen wir die Gelegenheit, die letzte Palmeninsel unserer Reise zu besuchen. Uligamu hat einen wunderschönen weißen Sandstrand, hinter dem ein kleiner Ort unter Palmen liegt. Die Insel ist so winzig, dass man in 20 Minuten von einem Ende zum anderen laufen kann. Das Dorf ist gar nicht so klein und die Einheimischen, die wir treffen, sind alle unheimlich freundlich. Wir schauen uns ein wenig um und verbringen einen schönen Abend an Land. In einer Telefonzelle stehend, über mir eine Palme, unter mir der weiche Sand mit Blick aufs türkisfarbene Wasser der Lagune, lasse ich mich von meiner Mutter zurückrufen. Sie freut sich riesig über unser Lebenszeichen, da sie dachte, sie höre nichts mehr von uns, bis wir Afrika erreicht haben. Ich bitte sie, die Windrichtung im Internet nachzuschauen und mir durchzugeben. Allerdings habe ich nicht bedacht, dass es schwierig ist, am Telefon zu erklären, wie man eine Windkarte richtig liest. Nach einer Dreiviertelstunde mit viel hin und her habe ich ein halbwegs genaues Bild der aktuellen Situation. Jedenfalls glaube ich das. Die gemeldeten Winde sind schwach, aber es sieht nach einem guten Zeitpunkt zum Starten aus. Meine Mutter hätte in diesen 45 Minuten vermutlich lieber über andere Dinge gesprochen, aber ich denke, dass mindert ihre Freude über unser Telefonat nur ein ganz klein wenig.

In den nächsten Tagen putzen wir unser Unterwasserschiff weiter und verbringen einige gemütliche Stunden am Strand und im Dorf. Es ist wirklich angenehm, denn wir haben bis auf das Unterwasserschiff keine Verpflichtungen, haben wir in Cochin doch schon alles erledigt. Wir genießen es einfach noch einmal so richtig auf einer Tropeninsel zu sein, bevor wir ins Rote Meer und damit in einen eher trockenen Teil Afrikas aufbrechen. Nach drei Tagen ist das Unterwasserschiff blitzblank und wir finden beim besten Willen keine Ausrede mehr noch länger zu bleiben. Mit ein wenig frischem Obst und Gemüse im Gepäck stechen wir in See. Schnell bleibt die kleine Insel im Kielwasser der *Kiwitt* zurück und uns umgibt nur noch das tiefe Blau des Ozeans. Das leuchtende Türkis der Lagune ist nur noch eine Erinnerung, die einem gar nicht mehr wirklich vorkommt.

Wir sitzen schweigend auf dem Vorschiff und schauen hinaus auf das glatte Wasser. Es ist nicht einmal gekräuselt und die *Kiwitt* gleitet kaum wahrnehmbar mit einem Knoten dahin. Der Wind reicht gerade eben, um die Segel zu füllen. Wir sind auf einem der drei großen Ozeane und man spürt keinerlei Schiffsbewegungen. Ich beobachte, wie sich die Sonne immer weiter dem dunkelrot leuchtenden Horizont nähert, und trinke einen Schluck Wein. Wie lange ist es her, dass wir Uligamu verlassen haben? Zwei oder drei Wochen? Die Tage sind einer wie der andere. Mal hängen die Segel schlaff herunter, mal reicht der Wind gerade soeben aus. Wir haben seit der Abfahrt selten ein Etmal über 50 Seemeilen geschafft. Nicht viel, aber so entspannt, dass ich nicht böse bin. Ich nehme noch einen Schluck und schaue ins Wasser. Dort schwimmt ein Fischschwarm, den ich im schwachen Licht gerade noch erkennen kann. Seit Tagen begleiten sie uns schon, unermüdlich schlagen sie mit ihren Schwanzflossen und schwimmen neben uns her. Es ist faszinierend, dass sie das Tag und Nacht durchhalten. Vorgestern hat sich auch noch eine große Gruppe Delphine dazugesellt. Abwechselnd haben wir uns mit der Taucherbrille an die Badeleiter ins Wasser gehängt und die fantastischen Schwimmer beobachtet. Die neugierigen Tiere kamen ganz nah heran und zeigten sich in voller Größe. Einige waren deutlich länger als ich. Das waren tolle Momente. Jetzt verschwindet die Sonne hinterm Horizont und der Himmel leuchtet zum Finale in allen Rottönen, die Richtung Osten langsam in blau bis schwarz übergehen. Nach ein paar Minuten ist das Spektakel vorüber und es wird zügig dunkel. Heike geht schlafen und ich übernehme die erste Wache.

Mit dem Glas Rotwein in der Hand bleibe ich noch auf dem Vorschiff. Das ist der letzte große Ozean, den wir auf dieser Reise überqueren. Zehntausende gesegelter Meilen liegen in unserem Kielwasser. Lang ist es her, dass wir von Aigues-Mortes in Südfrankreich aus in See gestochen und in kleinen Hüpfern die Küste entlang gefahren sind. Wir standen am Anfang der Reise und als wir drei – damals war Malte noch mit an Bord – Port-Vendres mit Ziel Mallorca verließen, kamen wir uns vor wie große Abenteurer. Ganze 260 Meilen lagen vor uns, 260 Meilen offenes Meer. Drei Tage dauerte die Überfahrt, wir hatten wenig Wind, ähnlich wie jetzt, und wir motorten immer wieder. Trotzdem fühlten wir uns wie Kolumbus, als der Anker in der Bucht von Palma fiel. Ich merke, dass ich langsam schläfrig werde und stelle den kleinen Küchenwecker. Damals lag noch die ganze Welt vor uns und jetzt liegt der größte Teil schon hinter uns. Traurig macht mich der Gedanke nicht. Ich habe so viel gesehen und erlebt, jetzt freue ich mich auch wieder auf zu Hause. Alle Verwandten und Freunde wiedersehen, Weihnachten mit Tannenbaum statt Palmen und einfach mal nicht unterwegs sein. Nein, zum Hals heraus hängt mir die Reise nicht und es macht mir noch immer Spaß, aber ich bin ja nicht losgefahren, weil es mir zu Hause nicht gefallen hat. Es ist ein schönes Gefühl, sich auf zu Hause zu freuen, und wir haben wir ja auch noch ein ganzes Stück vor uns. Piep piep, piep piep, der Quälgeist meldet sich und erinnert mich daran, dass ich der Wachposten bin. Weit und breit kein Schiff zu sehen, aber der Wind hat ganz leicht zugenommen und wir machen etwas mehr Fahrt. Ich gehe ins Cockpit und verstelle die Windfahne ein bisschen, damit wir den richtigen Kurs steuern. Ich schaue aufs Wasser hinaus. Es ist immer noch so glatt, dass sich die Sterne darin spiegeln. Stunde für Stunde sitze ich so da, genieße den lauen Wind und hänge meinen Gedanken nach, nur vom Piepen des Weckers unterbrochen, bis Heike mich ablöst.

Im Golf von Aden ist der Wind deutlich stärker und das Meer ist nicht mehr so glatt. Wir sind nicht böse darüber, denn so durchqueren wir das vor uns liegende Gebiet schneller. Der Golf ist einer der Flecken, die für Piraterie berüchtigt sind und es ist schon öfter zu Yachtüberfällen gekommen. Zum Glück sieht man der *Kiwitt* an, dass hier nichts zu holen ist, aber ein mulmiges Gefühl bleibt.

Nach zwei Tagen haben wir den Bereich, in dem es bisher die meisten Überfälle gab, gerade hinter uns gebracht, da höre ich in der Ferne ein Schnellboot. Es fährt genau auf uns zu und sofort durchfährt mich ein Schrecken! Ohne etwas tun zu können, beobachte ich, wie es näher kommt. Heike sitzt unter Deck und weiß ebenfalls nicht, was sie tun soll. Ist es das jetzt? Werden wir ausgeraubt? Viel gibt es bei uns wirklich nicht zu holen. Zwei alte GPS-Geräte sind neben 200 US-Dollar vielleicht noch die beste Beute. Das Boot kommt näher und näher und saust schließlich mit 100 Meter Abstand an uns vorbei. Die Araber im Cockpit winken uns fröhlich zu und auf der *Kiwitt* hört man zwei große Steine von zwei aufgeregt pochenden Herzen fallen. Wir haben das kritische Gebiet hinter uns, das ist ein

schönes Geschenk. Es ist mein 25. Geburtstag und mein erster auf
See. Die einzige, die mich beglückwünschen kann, ist Heike. Auch
das ist Premiere. Wir können niemanden anrufen und auch keine
E-Mails schreiben. Ich bekomme einen leckeren Kuchen und wir
genießen einfach den Tag. Ab jetzt sollte die Piratengefahr wieder
geringer sein. Am nächsten Tag, dem 2. Mai, wiederholt sich das
Spielchen, doch diesmal bin ich der Gratulant und Heike das Ge-
burtstagskind. Natürlich bekommt auch sie einen Kuchen und ein
bisschen festliche Stimmung, die auch bei einem einsamen Geburtstag auf See nicht fehlen darf.

Zwei Tage später passieren wir Bab al-Mandab, das Tor der Tränen.
Grund zu weinen haben wir allerdings nicht, denn der Wind ist uns
gnädig und schiebt uns durch diese so gefürchtete Passage, die nur
allzu oft mit starkem Gegenwind aufwartet. Nach 30 Tagen auf dem
Wasser fällt unser Anker im Hafen von Assab in Eritrea.

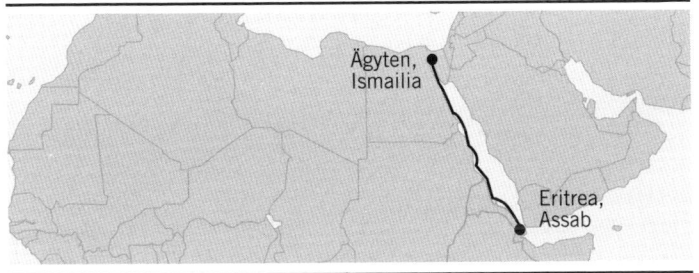

Map labels: Ägyten, Ismailia — Eritrea, Assab

Das Rote Meer

Ein mit Maschinengewehr bewaffneter Soldat der eritreischen Armee erklärt uns am Hafeneingang, dass der Beamte der Einwanderungsbehörde heute schon weg ist und wir den Hafen nicht verlassen dürfen. Etwas enttäuscht, da wir uns nach der langen Überfahrt auf den Landgang gefreut haben, fahren wir zurück zur *Kiwitt* und verbringen den Abend an Bord. Am nächsten Morgen versuchen wir unser Glück erneut und bekommen nach einer Weile Landpässe für zwei Tage, länger dürfen wir ohne Visum auf gar keinen Fall bleiben. Da das Visum ziemlich teuer ist und wir nach dem langen Stopp in Indien nicht mehr so viel Zeit haben – Heike möchte ihr Studium im nächsten Semester fortsetzen – geben wir uns damit zufrieden. Unser erster Weg führt zur Bank und da wir bereits im Vorfeld wussten, dass es hier keine Geldautomaten gibt, haben wir Euro und US-Dollar im Gepäck. Die Bank von Assab ist ein besonderer Ort. Nicht etwa, weil es keinen Computer gibt, das war angesichts des fehlenden Geldautomaten fast zu erwarten, sondern aufgrund der vielen Kinder. Nein, sie arbeiten nicht in der Bank, sondern ihre Mütter. Auf einer Decke liegen Babys und überall in dem großen Raum spielen Kinder und rennen durch die Gegend. Auch ohne Computer bekommen wir unser Geld, wie aktuell der Wechselkurs ist, weiß wohl niemand.

Assab macht einen traurigen Eindruck, die langen Jahre des Bürgerkriegs haben die Stadt gezeichnet. Halb zerstörte Häuser und Wände, in denen die Einschusslöcher noch zu sehen sind, sind keine Seltenheit. In einem kleinen Straßencafé spricht uns ein Mann an und lädt uns auf einen Tee ein. Es stellt sich heraus, dass er einige Jahre in München gearbeitet hat und daher sehr gut Deutsch spricht. Leider muss er recht schnell zu einem Termin aufbrechen, doch es dauert nicht lange und wir werden erneut angesprochen. Touristen sind hier offensichtlich äußerst selten. Bereket ist der Geschichtslehrer der Schule in Assab. In dem kleinen Laden, vor dem er sitzt, arbeitet seine Schwester. Da gerade Mittag ist, laden uns die beiden zu sich nach Hause zum Essen ein.

Wir sitzen auf dem Boden, auf einem Teller in der Mitte liegen große dünne Fladen und dazu gibt es einen Eintopf aus Fleisch, wahrscheinlich Ziege, und Tomaten. Gegessen wird mit der Hand und alle bedienen sich vom großen Teller. Beim ersten Bissen bin ich aufgrund meiner Fleischerfahrung in Samoa etwas skeptisch. Grundlos, die vermeintliche Ziege schmeckt hervorragend und ich genieße das besondere Essen in vollen Zügen. Als alle satt sind, dürfen wir an einer traditionellen Kaffeezeremonie teilhaben. Der Kaffee wird frisch geröstet und sehr stark mit viel Zucker aus winzigen Tassen getrunken. Drei Runden hintereinander geht das so und obwohl wir beide keinen Kaffee mögen, kann man den süßen Schluck gut trinken. Später können wir uns im Laden von unseren Eltern zurückrufen lassen, nachdem wir ihnen vom Postamt aus – dem einzigen Ort, an dem Anrufe ins Ausland möglich sind – die Telefonnummer durchgegeben haben. Zu Hause sind alle erleichtert, als sie nach der 30-tägigen Überfahrt endlich wieder von uns hören.

Während Heike sich ums Wasser kümmert, besorge ich am nächsten Tag Diesel. Das ist nicht ganz so einfach wie gedacht. Einer der Soldaten am Hafeneingang erklärt mir, dass ich erst zur Stadtverwaltung muss, um mir eine Genehmigung zu holen, damit ich Diesel bekomme. Also mache ich mich mit meinen drei 20- und 30-Literkanistern auf den Weg zur Stadtverwaltung. Dort bekomme ich eine schriftliche Genehmigung, dass ich 80 Liter Diesel kaufen darf. An der Tankstelle bekomme ich dann exakt die eingetragene Menge und keinen Tropfen mehr. Anschließend geht es mit den großen Kanistern und dem Sammeltaxi zurück zum Hafen, wo Heike bereits mit ein paar Kanistern Wasser auf mich wartet. Wir verstauen alles auf der *Kiwitt* und besuchen zum Abschluss noch einmal Bereket und seine Schwester. Die zwei Tage sind schon um und morgen müssen wir weiterfahren.

Die Küste, an der wir entlang segeln, ist trocken und steinig. Es gibt nur wenige Sträucher und außer ein paar Kamelen ist kein Lebewesen zu sehen. Unser nächstes Ziel ist das 250 Seemeilen entfernte Massawa, der Haupthafen von Eritrea. Auch hier haben wir wieder nur zwei Tage. Für alles, was darüber hinausgeht, muss ein Visum beantragt werden. Da uns die Zeit langsam davonläuft, wollen wir unsere Reisekasse damit nicht unnötig belasten.

Die Kriegsspuren sind auch hier allgegenwärtig und es herrscht eine bedrückende Atmosphäre. Wieder treffen wir jemanden, der gut Deutsch spricht und uns ein wenig durch den Ort führt. Unter anderem zeigt er uns, wo wir Trinkwasser bekommen können, das in speziellen Geschäften verkauft wird, in denen man seine Kanister füllen lässt. Da die Tanks der *Kiwitt* ziemlich leer sind, ziehe ich am nächsten Tag los, um sie wieder zu füllen. Das Ganze verläuft allerdings nicht nach Plan, denn der Tankwagen ist kaputt und der kleine Laden wurde nicht beliefert. Also mache ich mich auf die Suche nach einer anderen Wasserquelle. Der Ladenbesitzer gibt mir glücklicherweise einen Tipp und so nehme ich mir ein Taxi. Die Fahrt führt aus der Altstadt Massawas, die auf zwei kleinen Inseln liegt und durch einen Damm mit dem Festland verbunden ist, in die Neustadt. Hier bekomme ich Wasser und, nachdem ich mich vergewissert habe wie lange der Laden auf hat, fahre ich mit der ersten Ladung wieder zurück zur *Kiwitt* und entleere das lebenswichtige Nass in unsere Tanks. Die sind allerdings noch weit davon entfernt voll zu sein und ich mache mich wieder auf den Weg. Was soll ich sagen, trotz Nachfragen und obwohl ich eigentlich rechtzeitig zurück bin, hat der Laden zu. Es ist schon später Nachmittag und wir müssen morgen das Land verlassen. Die Soldaten am Hafeneingang sahen nicht danach aus, als ließen sie uns ohne Passierschein noch einmal Wasser kaufen. Nach viel Fragerei, fährt mich mein findiger Taxifahrer spät abends zur Wasserfabrik. Es ist zwar schon alles dunkel und die Verwaltung ist verlassen, aber er lässt sich nicht beirren und klopft an einer Hintertür. Nach einer Weile öffnet ein Arbeiter und nach einer kurzen Diskussion, die ich nicht verstehe, werden meine Kanister doch noch gefüllt. Zurück am Hafen bekommt mein hilfsbereiter Taxifahrer ein ordentliches Trinkgeld und fährt sichtlich zufrieden davon. Das Wasserholen ist somit zur Tagesaufgabe geworden, aber ohne ausreichenden Wasservorrat könnten wir nicht weiterfahren. Ich wäre gerne länger in Eritrea geblieben. In den vier kurzen Tagen haben wir so viele freundliche Bekanntschaften gemacht, dass man die Menschen gerne näher kennen gelernt hätte. Dass sie uns trotz der angespannten Lage und ihrer schwierigen Lebensumstände mit so viel Herzlichkeit begegnen, ist eine schöne Erfahrung. Doch unsere Genehmigung läuft ab und das Wetter rät uns zu starten. Das Rote Meer ist für seine Gegenwinde berüchtigt und solange der Wind günstig ist oder Flaute herrscht, sollten wir weiterfahren.

Als wir am nächsten Morgen ausklarieren, kommt ein Beamter an Bord. Angesichts der Größe unserer *Kiwitt*, macht er sich aber gar nicht die Mühe, nach illegalen Auswanderern zu suchen und nach einer halben Stunde segeln wir aus dem Hafen. Wir lassen Eritrea hinter uns und folgen der Küste Richtung Sudan.

Die 250 Seemeilen nach Suakin entlang der immer trockener werdenden Küste verlaufen ereignislos. Wir motoren viel und haben nur in den späten Nachmittagsstunden schwache thermische Winde. Beim Versuch in Suakin selbst einzuklarieren, erklärt man uns, dass wir einen Agenten brauchen. Das hatten wir, aufgrund von Berichten anderer Segler, schon befürchtet, aber die Einklarierung dauert, trotz Agent, anderthalb Tage. Als Hauat, unser Vermittler, uns unsere Landpässe überreicht, dürfen wir endlich von Bord. Er ist sehr nett. Ein wenig zerstreut ist er zwar, aber das macht ihn noch sympathischer. Durch ihn lernen wir Stadt und Leute näher kennen. Noch am ersten Tag besuchen wir seinen Bruder, bei dem wir wieder Kaffee bekommen, der in ähnlicher Weise zubereitet wird wie in Eritrea. Nach dem erneuten Koffeinschock ist es bereits spät geworden und Hauat begleitet uns zurück zum Hafen. Wir verabreden noch, dass er uns Diesel besorgt.

Am frühen Morgen steht er mit einem ganzen Fass am Strand. Etwas unvorbereitet fahre ich mit all unseren Kanistern zu ihm rüber. 150 Liter Diesel müssen auf die *Kiwitt* verfrachtet werden. Damit wir alles verstauen können, muss mir Hauat vorläufig mit einigen Kanistern aushelfen und wir müssen in den nächsten Tagen welche besorgen, damit wir sie ihm zurückgeben können. Unser Dieselvorrat ist jetzt jedenfalls deutlich aufgestockt, was angesichts des wenigen Windes bisher nicht schaden kann. Die *Kiwitt* verbraucht mit anderthalb Litern je Stunde nicht viel, rechnet man das aber bei vier bis fünf Knoten Marschfahrt auf die zurückgelegten Meilen um, ist sie der reinste Spritvernichter.

Port Sudan ist ungefähr 60 Kilometer von Suakin entfernt und nicht unbedingt eine schöne Stadt. Doch hier pulsiert das Leben und die Atmosphäre ist toll. Die Straßen sind voller Menschen, viele tragen lange weiße Gewänder und überall herrscht geschäftiges Treiben. Die Stadt wirkt ein wenig wie eine moderne Beduinenstadt und das ist sie im Grunde ja auch. Entlang der staubigen Straße, die der Bus hierher genommen hat, sind wir an einigen Beduinenlagern vorbeigekommen. Wir schlendern durch die Gassen, kaufen ein wenig Obst und Gemüse, das mit Wüstenstaub überzogen ist, und suchen uns ein kleines Restaurant. Die arabische Speisekarte stellt für uns natürlich ein ernsthaftes Hindernis dar und auch mit Englisch und Französisch kommen wir nicht weiter. Kurzerhand dürfen wir in die Küche, um einen Blick in die Töpfe werfen und nehmen das, was gut aussieht. Auch wenn ich nicht so genau weiß, was in meinem Essen verarbeitet ist, schmeckt es sehr gut und die Leute freuen sich über unsere Komplimente. Es gibt kaum Touristen hier und die, die in ein einfaches Restaurant gehen, sind wahrscheinlich wahre Exoten. Natürlich sind wir nicht zum Sightseeing und Essen hierhergekommen, es stehen einige Besorgungen auf unserer Liste. Der wichtigste Punkt: Gasflaschen füllen, damit wir nicht bald nur noch Rohkost zu uns nehmen können. Die letzte Füllung war in Indien und seitdem sind bereits zwei unserer drei Flaschen verbraucht. Dass das keine einfache Aufgabe wird, war abzusehen. Doch es findet sich eine Lösung und nach nur zwei Tagen Rennerei und einer erneuten Fahrt hierher sind sie wieder voll. Als wir alles erledigt haben, fehlen nur noch die Kanister. In ganz Port Sudan scheint es keine zu geben und in den Läden, in denen wir fragen, kann man uns nicht weiterhelfen. Ob das an den Verständigungsproblemen liegt oder ob es wirklich keine Kanister zu kaufen gibt, kann ich nicht sagen. Zufällig sehen wir einen Wasserverkäufer mit großen Kanistern und ich frage ihn, wo er sie her hat. Der Mann spricht kein Wort Englisch und mein Arabisch beschränkt sich auf „Guten Tag" und „Auf Wiedersehen". Gut, dass meine Hände und Füße sprachbegabter sind und unser Anliegen offensichtlich erklären können. Die Wegbeschreibung des Wasserverkäufers fällt genauso gestenreich aus und als wir glauben, alles verstanden zu haben, machen wir uns auf den Weg. Wir finden das Geschäft, oder besser die Straße, in der es Dutzende Läden gibt, die nichts anderes verkaufen als Kanister und Behälter. Schnell finden wir einen in der richtigen Größe und fahren mit dem Bus zurück nach Suakin.

Nach einer Woche im Sudan ist es wieder Zeit weiterzufahren. Die Wettervorhersage ist fürs Rote Meer gut: kaum Wind. Das bedeutet auch: kein starker Gegenwind! Zum Abschied lädt Hauat uns zum Essen zu sich nach Hause ein. Wir sitzen gemeinsam auf dem Boden und auf einem großen Teller in der Mitte liegen Fisch, Fleisch und Gemüse. Dazu gibt es Fladenbrot und es schmeckt, wie alles, was wir bisher entlang des Roten Meeres gegessen haben, wieder einmal sehr gut. Wir verbringen noch einen fröhlichen Abend bei seiner nicht ganz kleinen Familie; Hauat hat drei Frauen und einige Kinder. Am nächsten Morgen, als Hauat mit unserer Ausklarierung beschäftigt ist, treffe ich auf den richtigen Yachtagenten, der bei unserer Ankunft nicht vor Ort war und Hauat als Vertretung geschickt hat. Er ist professioneller und die englische Yacht, die heute Morgen angekommen ist, ist nach wenigen Stunden einklariert. Trotzdem beneide ich sie nicht. Wir hatten mit dem liebenswürdigen Hauat vielleicht nicht den besten Agenten, aber wir haben einen unheimlich sympathischen Menschen getroffen, der unseren Aufenthalt hier ganz unerwartet zu einem besonderen Erlebnis gemacht hat. Als er mit unseren Unterlagen zurück an Bord ist, müssen wir uns verabschieden. Schweren Herzens fahre ich ihn an Land und bin mir sicher, dass ich den Sudan noch einmal besuchen werde.

Langsam weichen die Schatten der sternenklaren Nacht und die Küste, der wir uns vorsichtig nähern, zeichnet sich deutlicher ab. Es wird heller und heller und am Horizont erkennt man den braungrauen und verdorrten Höhenzug, der uns schon eine Weile landeinwärts begleitet. Vor zwei Tagen haben wir Suakin verlassen. Den größten Teil entlang der sudanesischen Küste haben wir mit Hilfe unserer Maschine bewältigt. Heute wollen wir einen Zwischenstopp machen und haben uns dafür Khor Shinab ausgesucht. Khor Shinab ist eine weit ins Landesinnere hineinreichende, schmale Bucht, an der ein kleiner Berg mit schönem Ausblick über die Wüste sein soll. Wir fahren fast eine Stunde in die Bucht hinein, bis wir den Ankerplatz erreichen. An Land ist nicht eine Menschenseele zu sehen. Es ist fast windstill und in der schon gleißenden Sonne des frühen Morgens besteigen wir den 400 Meter hohen Hügel. Das einzige Zeichen von Zivilisation ist eine Straße, die man gerade noch am Horizont erkennen kann. Der Ausblick reicht weit über Meer und Berge. Die Farben der Landschaft sind beeindruckend, wenn auch beschränkt. Es gibt eigentlich nur Braun-, Rot-, Gelb- und Ockertöne, die ständig ineinander übergehen und so eine Landschaft formen, die trotz ihrer Lebensfeindlichkeit weich und einladend wirkt. Nur sehr vereinzelt ist mal ein kleiner grüner Fleck zu sehen. Die Farben des Meeres hingegen stehen im krassen Kontrast dazu und leuchten in den kräftigsten Türkis- und Blautönen. Es ist ein unglaublicher Anblick, doch das Beeindruckendste ist die Stille. Weit und breit gibt es keine Autos, keine Tiere, keine anderen Menschen. Das Meer ist zu weit weg und auch der Wind ist zu schwach, um Geräusche zu machen. Ich sitze nur so da, starre in die Landschaft und nehme die Stille in mich auf. Diese unbeschreibliche und unendliche Stille. Ich kann nicht sagen, wie lange ich so dasitze, aber irgendwann holt Heike mich zurück in die Gegenwart. Wahrscheinlich wäre ich sonst den ganzen Tag dort sitzen geblieben und wohl am Ende von der Sonne gebraten worden und verdurstet.

Am frühen Nachmittag steuern wir, mit einer tollen Erfahrung mehr im Gepäck, wieder aus der Bucht hinaus. Wir wollen das günstige Wetterfenster nicht ungenutzt lassen und fahren weiter Richtung Ägypten. Vor uns liegen knapp 300 Meilen ohne gute Ankerplätze bis zum ersten Einklarierungshafen.

Jeden Abend weht der Wind für ein paar Stunden aus der richtigen Richtung und den Rest der Zeit fahren wir unter Motor. Die Etappe verläuft ereignislos und es geht entlang einer immer gleich anmutenden Küste. Nach fünf Tagen erreichen wir Port Ghalib und klarieren ein. Port Ghalib ist ein Yachthafen, um den herum einige Hotelanlagen angeordnet sind. Wir beschließen heute nicht weiterzufahren und bleiben eine Nacht in der Marina. Wir schauen uns das Hotel vor unserem Kai an und ich überrede Heike, mal nett an der Bar zu fragen, ob wir ein bisschen Eis bekommen. Frauen sind bei so etwas meist erfolgreicher und tatsächlich kommt sie mit einem riesigen Sack Eis zurück. Ich freue mich und lege malayisches Bier in ägyptischem Eis kalt. Spontan laden wir die Besatzung der zwei englischen Boote, die nach uns angelegt haben, zu uns ins Cockpit ein. Alle freuen sich, das lange Stück bis Ägypten so gut geschafft zu haben, und es wird ein feuchtfröhlicher Abend. Als unser importiertes Bier zur Neige geht, greifen wir auf Wodka und Rum zurück und feiern bis in die frühen Morgenstunden. Die Überraschung kommt nach dem Aufstehen. Nein, über den Kater wundern wir uns nicht, sondern über den Wind. Er weht kräftig aus Nord-Nordwest, also genau aus der Richtung, wo wir hin müssen. Bei der Windstärke wären wir kaum noch vorangekommen. Wir haben es also gerade noch rechtzeitig geschafft, wollen heute allerdings weiter. In der Hoffnung, dass der Wind tagsüber ein wenig nachlässt, beschließen wir erst abends auszulaufen. Es wird tatsächlich ein wenig ruhiger und wir motoren die ganze Nacht gegen den Wind. Morgens machen wir dann nur noch einen Knoten Fahrt über Grund. Zum Glück sind wir gerade vor Al-Qusair und können dort unterschlüpfen. Wir erkunden die Stadt und kaufen frisches Obst und Gemüse ein. Nach einer Zwangspause von mehreren Tagen geht es weiter Richtung Norden. Jeden Meter müssen wir uns jetzt unter Motor erkämpfen, kreuzen hätte bei dem Seegang keinen Sinn. Unsere kleine überladene *Kiwitt* würde keinen Meter gutmachen. Stunde für Stunde geht das so, Tag für Tag versuchen wir weiter nach Norden zu kommen. Mit einem kurzen Stopp in Safaga fahren wir nach Hurghada und auch hier halten wir uns nicht lange auf. Wir nähern uns immer weiter dem Golf von Suez und beinahe täglich wird der Wind stärker. Wir haben nur noch eine Chance, wenn wir uns hinter den Riffen durchmogeln, aber ein wenig nördlich von Hurghada ist auch damit Schluss, dann hören die befahrbaren Riffe auf dieser Seite des Roten Meers auf. Da es auf der andern Seite ein bisschen besser aussieht, wollen wir zur Sinai-Halbinsel rüberfahren. Allerdings ist der Wind im Moment so stark, dass wir erst eine gute Gelegenheit abwarten müssen. Das tun wir hinter einer Insel, auf der es nur Steine, Sand und Geröll gibt. Außer uns liegt noch ein kleines offenes Fischerboot hier und als ich sehe, dass die Fischer Eis an Bord haben, um ihren Fang zu kühlen, fahre ich mit dem Dingi rüber und tausche ein paar Zigarettenschachteln, die wir zum Tauschen extra aus Asien mitgebracht haben, gegen einen Block Eis. Kalte Getränke sind bei den Wüstentemperaturen wahrer Luxus. Die drei Fischer, die wochenlang auf ihrem kleinen offenen Boot wohnen, freuen sich, dass sie nicht ganz alleine sind und laden uns zum Essen ein. Selbstverständlich gibt es fangfrischen Fisch. Und auch dieses Mal schmeckt es köstlich, auch wenn man das auf einem so kleinen Boot ohne Küche und Dach nicht erwartet.

Hohe Wellen rollen heran und die *Kiwitt* segelt unter Sturmfock und dreifach gerefftem Großsegel auf einem Halbwindkurs. Heute Morgen erschien mir der Wind ein wenig schwächer, wobei ich mir jetzt nicht sicher bin, ob ich mir das nach den Tagen des Wartens vielleicht nur eingebildet habe. Jedenfalls haben wir uns entschieden, den Golf von Suez zu kreuzen und sofort, nachdem wir die schützende Landabdeckung verlassen, befinden wir uns in einer Hexenküche. Ich muss mich richtig im Cockpit verkeilen, um nicht herumgeschleudert zu werden. Angenehmes Segeln ist das nicht. Heike liegt unter Deck und dort ergeht es ihr auch nicht besser. Eine Unachtsamkeit und eine boshafte Welle schubst einen aus der Koje. Wir sind ein wenig angespannt, denn wir kreuzen eine stark befahrene Schifffahrtsroute und die kleine *Kiwitt* ist bei den Bedingungen bestimmt schwer auszumachen. Es sind nur 14 Seemeilen, aber es ist eine wilde und anstrengende Fahrt. An der Küste der Sinai-Halbinsel fahren wir so gut es geht durch das Labyrinth der Riffe, was mit dem geringen Tiefgang der *Kiwitt* relativ einfach ist und ohne den Seegang kommen wir deutlich besser voran. In El Tor wollen wir an Land gehen, doch die Soldaten am Hafeneingang erklären uns, dass wir das Schiff trotz unserer offiziellen Einreise nicht verlassen dürfen. Warum das so ist, bleibt ein Geheimnis. Am nächsten Tag fahren wir weiter. Vor uns liegt ein langes Stück ohne Riffe und Ankerplätze und der Wind ist so stark, dass wir nur anderthalb Knoten machen. Am späten Nachmittag kommen wir überhaupt nicht mehr voran. Wir drehen um und segeln zurück nach El Tor. Es ist deprimierend! Den ganzen Tag sind wir gegen den Wind motort und für den Rückweg brauchen wir nur wenige Stunden. Wir nutzen die drei Tage, bis der Wind ein wenig nachlässt, um das Unterwasserschiff blitzblank zu putzen. Diesmal klappt die Überfahrt und mit dem letzten Licht erreichen wir den nächsten Ankerplatz, wobei Notlösung es eher trifft. Eine kaum geschützte kleine Landzunge, die höchstens einem Boot Platz bietet. Froh darüber, dass der Anker gehalten hat, geht es nach einer unruhigen Nacht weiter und da wir bald wieder schützende Riffe erreichen, steigt die Stimmung. Endlich habe ich wieder ein wenig Muße, mir die Landschaft anzuschauen. Trocken und zerklüftet reichen die Berge hier bis ans Meer. Sie erstrahlen in den bekannten Rot-, Gelb-, Braun- und Ockertönen, die uns jetzt schon seit Wochen begleiten. Allerdings haben sie hier eine bisher unerreichte Intensität und bilden ein grandioses, von der Natur geschaffenes Gemälde, das, wie von einer endlosen Rolle kommend, im Schritttempo an uns vorüberzieht.

Die *Kiwitt* liegt ruhig an einer Mooringboje in Port Suez. Wir haben es geschafft! Auf der Zielgraden zeigte sich das Rote Meer doch noch versöhnlich und wir konnten die letzte Nacht bei einem angenehmen Wind entspannt segeln. Jetzt sind wir einfach nur froh.

Leider haben wir keine Zeit zu verschnaufen und machen uns sofort daran die Kanalpassage zum Mittelmeer zu organisieren. Mal wieder muss die *Kiwitt* vermessen werden, wir müssen Geld bezahlen und auf einen Termin warten. Zum Glück ist es einfacher als in Panama und nach drei Tagen ist alles soweit. Diesmal kommt nur ein Lotse an Bord. Da es keine Schleusen gibt, brauchen wir keine Leinenhelfer. Noch im Dunkeln fahren wir los und vor uns liegen 50 Seemeilen bis Ismailia, einem Hafen in der Mitte des Suezkanals. Der Lotse ist gut gelaunt und wir kommen auf der recht eintönigen Passage durch die staubige Wüste gut voran. Leider ist die *Kiwitt* nicht die schnellste und da der Kanal nach der Dämmerung nicht mehr von Sportbooten befahren werden darf, besteht die Gefahr, dass wir an einem Kontrollpunkt übernachten müssen. Das Ganze wäre für uns mit Kosten verbunden, denn wir müssten für die letzten Meilen am nächsten Tag wieder einen Lotsen bestellen. Für den Lotsen wäre das auch unangenehm, denn er müsste sehen, wie er nach Hause zu seiner Familie kommt. Er setzt also alles daran, dass wir es schaffen und als es gegen Abend eng wird, winkt er ein Arbeitsboot herüber, das uns ins Schlepptau nehmen soll. Ich bin nicht so begeistert, weil ich genau weiß, welch brachiale Gewalt eine Schlepptrosse auf die *Kiwitt* ausüben kann. Uns bleibt aber nicht viel anderes übrig, als es zu versuchen. Ich übernehme eine dicke Trosse vom Arbeitsboot und belege sie auf unserer Ankerklampe. Zusätzlich fange ich die Last mit mehreren Festmachern ab und verteile sie auf die Mittelklampen und auf den Mastfuß. Als das Arbeitsboot beschleunigt, ächzt das Ganze, aber es sieht aus, als würde es funktionieren. Sieben bis acht Knoten durchs Wasser sind das Ergebnis, aber der *Kiwitt* scheint es nicht zu gefallen, so an den Haken genommen zu werden. Sie lässt sich nur sehr schwer auf Kurs halten und jede Abweichung erhöht den Druck auf den Bug gewaltig. So bin ich sehr froh, als wir endlich am Ziel sind und im Yachthafen festmachen können.

Wir lassen die *Kiwitt* hier für ein paar Tage zurück und bereisen das Land. Mit dem Bus fahren wir nach Kairo und schauen uns die gewaltige Stadt an. Natürlich stehen auch das ägyptische Museum und die Pyramiden auf dem Programm. Teilweise kommt man sich allerdings auch ein bisschen wie auf einem Jahrmarkt vor. Als riesige Steingebilde mitten in der Wüste stellt man sich die Pyramiden immer vor, dass sie aber quasi mitten in Gizeh, einer Stadt mit über 300.000 Einwohnern, stehen und man bei einer Schnellimbisskette mit Blick auf die Pyramiden Burger essen kann, sagt einem keiner. Beeindruckend sind sie natürlich trotzdem. In Kairo nehmen wir einen Zug, der uns über Nacht das Niltal hoch nach Luxor bringt. Hier schauen wir uns den Tempel und die Königsgräber an. Es sind schöne Tage, in denen wir die beeindruckenden Hinterlassenschaften der Pharaonen bestaunen und die gleichzeitig auch das Ende des abenteuerlichen Teils unserer Reise bedeuten. Unser nächster Stopp wird wieder in Europa sein.

Zurück in Ismailia machen wir die üblichen Besorgungen. Oben auf der Liste steht vor allem Diesel und da es am Hafen keine Tankstelle gibt, suche ich mir mal wieder mit all unseren Kanistern unterm Arm ein Taxi. Der fröhliche Fahrer lässt sich davon aber nicht abschrecken und fährt mich zur nächsten Tankstelle. Weit über 100 Liter passen in die Kanister und ich muss nur ein paar US-Dollar bezahlen. Bei einem Literpreis von vier Cent macht Tanken richtig Spaß. Es ist der günstigste Diesel der gesamten Reise. Da es auf der Mittelmeerseite des Kanals, in Port Said, keine guten Anlegemöglichkeiten für Yachten gibt, klarieren wir auch direkt mit dem Ziel Griechenland aus.

Nach einer Woche geht es mit neuem Lotsen weiter und auch die restlichen 45 Meilen des Kanals, der teilweise schnurgerade durch die Wüste verläuft, schaffen wir ohne Probleme. Diesmal brauchen wir keine externe Unterstützung und erreichen in der Abenddämmerung Port Said. Der Lotse wird hier von einem Boot abgeholt und ohne anzulegen segeln wir in die Nacht und ins Mittelmeer hinein.

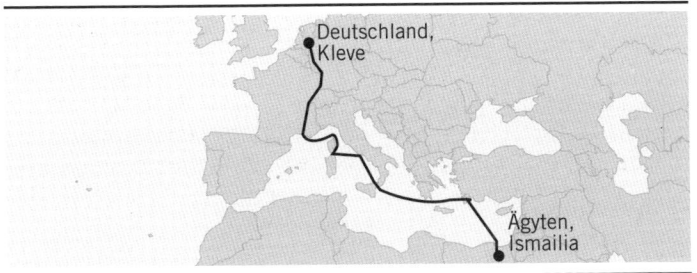

Auf dem Mittelmeer

Ich stehe mit meinen Kanistern an der Tankstelle. Mal wieder. Wir liegen im Hafen von Rhodos und die Überfahrt hierher war von schwachen Winden, wechselnden Winden und Gegenwind geprägt, so dass wir einen guten Teil unseres Dieselvorrats verfahren haben. Mit dem Suezkanal liegt das letzte große Tor dieser Reise hinter uns und wir sind wieder in dem Meer, in dem die Reise begonnen hat. Es stehen keine großen Überfahrten mehr an. Zumindest nicht aus unserer Sicht, denn der längste Schlag ist nur 370 Seemeilen lang. Der Rest der Reise steht unter dem Zeichen „nach Hause kommen", da die Zeit knapp wird. Heikes Semester beginnt bald und auch ich mochte nach der Reise studieren, allerdings erst zum nächsten Sommersemester. Irgendwas mit Maschinenbau. Was genau, weiß ich noch nicht. Plötzlich reißt mich die Stimme des Tankwarts aus meinen Gedanken. Ich bin an der Reihe und erkläre ihm, auf mein Sammelsurium an Kanistern zeigend, dass ich Diesel brauche. Er macht sich an die Arbeit. Ein paar Tage ist es her, dass wir hier angekommen sind und wieder in europäische Gewässer einklariert haben. Jedenfalls haben wir das versucht, denn da die *Kiwitt* ja europäisch ist, fühlte sich keiner wirklich zuständig. Als wir den Antrag für die Segelerlaubnis in griechischen Gewässern ausgefüllt hatten und auf die Berechnung der zu zahlenden Gebühr warteten, erlebten wir eine Überraschung. Die freundliche Beamtin erklärte uns, dass wir ein bisschen zu klein seien und damit aus der Gebührenordnung herausfielen. Wir mussten also überhaupt nichts bezahlen und sind darüber sehr erleichtert, denn wir hatten von teils immens hohen Gebühren für Segler gehört. Eine goldfarbene Flüssigkeit rinnt in unseren großen transparenten Kanister und glitzert in der Sonne. Plötzlich durchfährt mich ein Schlag. Ich wollte doch Diesel und kein Benzin. Das, was er da abfüllt, ist nicht schwarz wie Diesel. Aufgeregt, da er schon die Hälfte der Kanister gefüllt hat, erkläre ich dem Tankwart, dass das ein Missverständnis ist, doch er schaut mich nur verständnislos an. Nach einigem Hin und Her erklärt er mir in gebrochenem Englisch, dass er mir Diesel in die Kanister gefüllt hätte. Ich bin nicht überzeugt und rieche erst einmal daran. Zugegeben, wie Benzin riecht das nicht. Ob da aber wirklich Diesel aus der unbeschrifteten Zapfsäule kommt? Nach einer Weile dämmert es mir. Wahrscheinlich war der Diesel, den wir in den letzten Monaten und Jahren getankt haben einfach immer von schlechter Qualität und deshalb braun bis schwarz. Ich habe mich wohl so daran gewöhnt, dass Diesel für mich eben schwarz zu sein hat. Nach dem Bezahlen schleppe ich die Kanister die paar Meter zu unserem Dingi und bringe sie zur *Kiwitt*.

Nach ein paar Tagen Erholung geht es weiter durch die griechische Inselwelt. Je weiter wir fahren, desto mehr Anspannung fällt von uns ab. Wir sind wieder in Europa und irgendwie ist das ein gutes Gefühl. Das Rote Meer war noch einmal ein Höhepunkt, aber auch sehr anstrengend. Gegenwind, Hitze, Riffe, das ständige Ein- und Ausklarieren. Hier können wir uns wieder ganz frei bewegen und einfach ins nächste Land der EU fahren ohne uns Sorgen zu machen.

Vier Wochen lang hangeln wir uns durch die griechische Inselwelt. Symi, Nisyros, Kos, Kalymnos, Amorgos und um die Peloponnes-Halbinsel herum. Hier in Griechenland sind wir nichts Besonderes mehr, überall gibt es Yachten. Allenfalls kann man der *Kiwitt* ansehen, dass sie Großes geleistet hat. Wir gewöhnen uns nur langsam daran, wieder normale Touristen statt Reisende zu sein. Einem netten niederländischen Seglerpärchen, das ihre Yacht dauerhaft hier liegen hat, erzählen wir von unserer Reise und unserer weiteren Route. Sie schlagen uns vor, durch den Kanal von Korinth zu fahren, aber der ist uns zu teuer. Auf meine Anmerkung hin, dass der Weg um die Peloponnes herum ja nur 200 bis 300 Seemeilen länger wäre, schauen sie mich verständnislos an. Nur 200 bis 300 Seemeilen? Da wird mir erst bewusst, wie sehr sich die Wahrnehmung, was eine lange Strecke ist, während der Reise verschoben hat. Wenn man nur zwei oder drei Wochen Urlaub macht, ist das sehr viel, aber für uns sind das einfach nur 48 Stunden segeln. Sprich eine Kurzstrecke.

Ein solcher Hüpfer ist auch die Überfahrt nach Italien. 250 Seemeilen bei wenig Wind und teils unter Motor. Wir fahren mit zwei Tagesstopps die Stiefelspitze entlang und durch die Straße von Messina weiter zur Insel Stromboli. Hier wollen wir den zweiten aktiven Vulkan unserer Reise besichtigen. Der Ankerplatz an der Ostspitze ist schlecht. Er liegt dicht unter Land, es steht ein ziemlicher Schwell und es dauert eine ganze Weile bis unser Haken packt. Trotzdem liegen hier eine Menge Boote, die sich das nächtliche Schauspiel nicht entgehen lassen wollen. Schon bei der Ansteuerung haben wir immer wieder ein Grollen gehört, das ich zunächst für ein weit entferntes Gewitter gehalten habe. Jetzt, so dicht an der Insel, die eigentlich nur aus dem großen Vulkan besteht, weiß ich, woher das Grollen kommt. Als die Sonne sich dem Horizont nähert, machen wir uns auf den Weg auf die andere Seite der Insel. Von dort aus soll man einen guten Blick auf das nächtliche Feuerwerk haben. Allerdings stellen wir schnell fest, dass wir zu früh gestartet sind. Die Sonne steht zwar schon tief, nähert sich aber kaum merklich dem Horizont. In den Tropen, wo die Sonne fast senkrecht untergeht, wäre es in 20 Minuten stockdunkle Nacht. In den „nördlicheren" Breiten, in denen Italien liegt, dauert es noch eine ganze Weile. Auch daran müssen wir uns erst wieder gewöhnen, der große Feuerball taucht langsam seitlich ins Meer ab. Irgendwann ist es aber soweit und wir genießen das Schauspiel. Mit jedem Donnern wird ein neuer Schwung glühendes Gestein in die Luft geschleudert und purzelt als leuchtende Kugeln den Hang hinunter. Auch wenn wir deutlich weiter vom Geschehen entfernt sind als bei unserem ersten Vulkanbesuch auf Tanna ist diese Gewalt aus dem Inneren der Erde ein bezauberndes und zugleich beängstigendes Schauspiel.

Von Stromboli aus machen wir einen Schlenker zurück zur Küste und stoppen in Hetera, einem kleinen Hafen in der Nähe von Salerno. Die Hafenwahl ist kein Zufall, denn von hier aus machen wir mit dem Zug einen Ausflug nach Pompeji, um einmal das live zu sehen, was ich bisher nur aus der Schule kannte. Anschließend folgen wir der Küste und machen einen kurzen Stopp auf Capri. Die Gegenden, in denen wir uns die Buchten maximal mit einer Handvoll Boote teilten, liegen endgültig hinter uns. Als unser Anker morgens auf der Südseite der Insel fällt, sind wir noch fast alleine. Nachdem wir den Berg erklommen haben und gegen Mittag von oben auf unseren Ankerplatz schauen, ist die Bucht übersät mit Hunderten von Booten. Von einem öffentlichen Telefon in einer schmalen Gasse Capris führt Heike noch ein wichtiges Telefonat. Sie möchte nämlich nicht nur zum nächsten Semester wieder anfangen zu studieren, sondern auch sofort ein Auslandsemester in Frankreich absolvieren. Das hört sich vielleicht ungewöhnlich an, nach einer dreijährigen Reise direkt wieder aufzubrechen. Doch das Semester nach dem ersten Staatsexamen, das sie ja vor der Reise noch geschrieben hat, ist wohl dafür vorgesehen. Das Telefonat verläuft positiv und Heike ist guter Hoffnung, dass alles klappt. Damit steht der Termin, an dem Heike die *Kiwitt* spätestens verlassen muss, fest. Dass sie bis dahin die Weltumseglung geschafft haben möchte, brauche ich wohl nicht zu erwähnen. Am Abend, als es in der Bucht wieder etwas ruhiger geworden ist, gehen auch wir Anker auf.

Der Himmel voraus ist bereits tiefblau bis schwarz. Achteraus ist von Capri nichts mehr zu sehen und die ersten Sterne leuchten am Firmament. Es weht eine leichte Brise und die *Kiwitt* gleitet ruhig dahin. Ich sitze im Cockpit und schaue auf das immer dunkler werdende Meer hinaus. 200 Seemeilen sind es bis Sardinien. 200 Seemeilen, nicht weit im Vergleich zu den Strecken, die wir bereits zurückgelegt haben, aber die längste Strecke, die uns noch bevorsteht. Langsam neigt sich dieses Abenteuer seinem Ende entgegen. Unaufhaltsam, Stück für Stück. Ein wenig wehmütig bin ich schon bei dem Gedanken. Auf der anderen Seite freue ich mich auf das, was vor mir liegt. Ein neuer Lebensabschnitt, Familie und Verwandte wiedersehen, Freunde treffen.

Piep piep, piep piep, piep piep. Da ist er wieder, unser kleiner Quälgeist. Ich verlasse meinen gemütlichen Platz in der Cockpitecke, der
zum Dösen einlädt, und blicke in die mittlerweile stockdunkle Nacht
hinein. Hier und da entdecke ich ein Positionslicht und beobachte
es eine Weile, um den Kurs des unsichtbaren Schiffes herauszufinden. Anschließend werfe ich noch einen Blick auf den Kompass und
in die Segel. All das ist mir in den letzten Jahren so in Fleisch und
Blut übergegangen, dass ich es so automatisch mache, wie man beim
Autofahren Verkehr und Tacho im Blick hat. Eine Umstellung wird
das schon, wenn ich dieses kleine schwimmende Zuhause gegen ein
Leben an Land eintausche. Erst einmal werde ich wohl wieder mein
altes Zimmer bei meinen Eltern beziehen, bis ich weiß, wo und wann
ich ein Studium beginnen kann. Nein, langweilig wird mir bestimmt
nicht, auch wenn ich diese nächtlichen Stunden auf See bestimmt
vermissen werde…

Entlang der Südostspitze Sardiniens erreichen wir die Straße von
Bonifacio. Während der Überfahrt nach Korsika weht ein ziemlich
kräftiger Wind aus Westen. Sie gestaltet sich daher ruppig und wir
können den Kurs gerade noch halten. Die Einfahrt in die Bucht hebt
sich erst auf den letzten Meilen von der Steilküste ab. Auch hier bleiben wir uns treu und nehmen nicht etwa den Yachthafen, sondern
werfen unseren Anker in einer kleinen Nebenbucht. Das heißt, ganz
so einfach ist es nicht, denn die Bucht ist so klein, dass wir mit zwei
Achterleinen an Land festmachen. Damit sind wir zurück im Aus-
gangsland unserer Seereise angekommen: Frankreich. Die letzten
Meilen liegen vor uns. Schlechte Stimmung kommt trotzdem nicht
auf und wir genießen die bezaubernde Altstadt Bonifacios.

Da das nächste Semester in kaum vier Wochen anfängt, hat Heike
einen Heimflug ab Montpellier gebucht. Uns bleibt also nicht mehr
viel Zeit, den Kreis zu schließen. Nach einem gescheiterten Versuch,
trotz des starken Gegenwindes an der Westseite Korsikas hochzuse-
geln, entschließen wir uns, der Ostseite zu folgen und hoffen, an der
Nordspitze der Insel auf weniger Wind zu treffen. Der Plan geht auf.
Je mehr wir uns dem französischen Festland nähern, desto schwächer wird der Wind. Auf den letzten Meilen der Reise läuft der Motor
häufig.

Uns umgibt dichter Nebel! Langsam motoren wir am frühen Morgen des 05.09. in die Bucht von La Grau-du-Roi. Irgendwo hier muss er sein, der Steindamm, der die Einfahrt zum Hafen markiert. Die Bucht ist frei von Untiefen und so motoren wir vorsichtig weiter. Als ich voraus eine Boje erkenne, die wahrscheinlich einen Schwimmbereich abgrenzt, beschließen wir zu ankern. Es ist kaum fünf Meter tief. Mit dem Abschalten des Motors kommt die Stille. Der Nebel dämpft jedes Geräusch und es herrscht eine mystische Stimmung. Wir wissen nicht, ob wir schon um die Welt gesegelt sind oder ob uns noch ein paar Meter fehlen, bis wir den Ausgangskurs kreuzen. Heute Nacht sind wir bei bleierner Flaute motort und jetzt liegt die allerletzte Seeetappe hinter uns. Fast 30.000 Meilen sind wir gesegelt, 30 Tage hat unsere längste Überfahrt gedauert, 30 Länder haben wir besucht und drei Jahre waren wir unterwegs. Offensichtlich hat die drei bei dieser Reise eine große Rolle gespielt. Wenn ich jetzt aber behaupten würde, dass sich der Nebel erst nach drei Stunden gelichtet hätte, dann wäre das geflunkert. Nach knapp zwei Stunden erkenne ich auf Steuerbord den Steindamm, der zum Hafen führt. Damit ist es offiziell: Die Welt ist rund und wir haben unseren Ausgangskurs gekreuzt.

Zwei Tage später fliegt Heike von Montpellier aus nach Hause. Sie verlässt die *Kiwitt* am selben Ort, an dem sie vor drei Jahren zugestiegen ist. Auch wenn es ihr nicht ganz leicht fällt, ist sie, glaube ich, nicht wirklich traurig darüber, sich den langen Weg über die Kanäle zu ersparen. Außerdem bleiben ihr ja kaum drei Wochen in der Heimat, bevor sie wieder Richtung Frankreich startet.

Jetzt bin ich allein. Die *Kiwitt* kommt mir irgendwie leer vor. Es ist niemand mehr da, mit dem ich meine Erlebnisse teilen kann. Das erste Mal seit über drei Jahren. Ein seltsames Gefühl. Da haben wir gemeinsam so viel erlebt und gesehen und ab jetzt gehen wir wieder getrennte Wege. Viel Zeit, darüber zu sinnieren, bleibt mir allerdings nicht: Die *Kiwitt* muss für die Kanäle startklar gemacht werden. Als erstes muss der Mast gelegt und gut vertäut werden, damit er auf Rhône und Rhein nicht von Deck hüpfen kann. Dann krane ich die *Kiwitt* in einer kleinen Werft aus dem Wasser. Das zweite Mal auf der gesamten Reise und auch nur, weil ich es für unumgänglich halte.

Milchiges Öl ist wieder im Saildrive. Das heißt, der Simmerring ist nicht dicht und Wasser ist eingedrungen. Bevor ich mich auf die rund 800 Meilen lange Strecke durch Flüsse und Kanäle mache, auf der der Motor im Dauerbetrieb laufen wird, will ich diesen Defekt beheben. Das Ersatzteil habe ich gestern bei einem Händler für Bootsmotoren gekauft. Alles passt und die Reparatur ist nach wenigen Stunden erledigt. Ich nutze die Gelegenheit, das Unterwasserschiff gründlich zu reinigen ohne Tauchen zu müssen. Nach vier Tagen schwimmt die *Kiwitt* wieder und ich belade sie mit frischem Proviant und vor allem mit Diesel.

800 Meilen und knapp 140 Schleusen liegen vor mir. Tagein tagaus stehe ich am Ruder und fahre von früh bis spät. Meist mache ich erst fest, wenn es schon fast dunkel ist. Mein offizieller Ankunftstermin steht schon fest und da mich Familie und Freunde groß empfangen wollen, sollte ich sie nicht noch länger warten lassen. Schleuse für Schleuse geht es Richtung Norden. Am Anfang ist es noch einfach. In den großen Schleusen auf Rhône und Saône kann ich noch an Schwimmpollern festmachen. Später, in den kleineren Schleusen, hantiere ich mit zwei Leinen. Doch nach einigen Versuchen habe ich den Dreh raus und gewinne mit der *Kiwitt* immer weiter an Höhe. Auf dem Rhein-Rhône-Kanal hält mich die Natur jedoch auf. Der Doubs hat Hochwasser und ich liege tagelang fest. Das ist schon verhext. Vor drei Jahren hatten wir zu wenig Wasser auf dem Weg zum Mittelmeer und einige Kanäle waren gesperrt, jetzt habe ich zu viel und komme auch nicht weiter. Das Hochwasser lässt nach und irgendwo auf der Strecke zwischen Rhône und Rhein steht plötzlich eine mir nur allzu gut bekannte Person am Kanalrand und wartet im Regen. Es ist ein Anhalter, den ich gerne das letzte Stück mitnehme: Bernhard! Ich wusste, dass er kommt, aber nicht, wo er zusteigen würde. Die Wiedersehensfreude ist riesig und er betritt überglücklich nach fast drei Jahren das erste Mal wieder seine *Kiwitt*. An diesem Abend wird es spät, denn wir haben uns unendlich viel zu erzählen. Zeit zum Erzählen haben wir noch reichlich. Am nächsten Morgen werden wir nach ein paar Meilen erneut gestoppt. Dank des ergiebigen Regens in den letzten Tagen ist die Doubsquerung voraus unpassierbar und wir liegen für Tage fest. Irgendwann ist es soweit, wir meistern die Scheitelhaltung des Rhein-Rhône-Kanals und jetzt

geht es Schleuse für Schleuse bergab. Gemeinsam mit Bernhard geht das Schleusen deutlich einfacher und schneller. Unser Rekord liegt bei stolzen 37 Schleusen an einem Tag. Im Rhein werden die Schleusen wieder größer und haben auch wider Schwimmpoller. Irgendwann lassen wir die letzte hinter uns: Jetzt trennt mich nur noch Wasser von Zuhause. In Köln steigt auch Malte zu und will die letzten wie die ersten Meter gemeinsam mit mir fahren. Als wir Düsseldorf und Duisburg passieren, kommt die Heimat immer näher. In Emmerich ändert sich die Crew ein letztes Mal. Bernhard geht von Bord und wird durch Heike ersetzt, die für die große Willkommensfeier aus Frankreich angereist ist. Wir stellen den Mast, um die letzten Meilen am nächsten Tag als anständiges Schiff und über die Toppen geflaggt zu absolvieren.

Heute ist der 14.10.2006. Langsam motoren wir den Altrheinarm hoch. Hinter der nächsten Kurve muss der Steg der Klever Segelgemeinschaft sein. Es sind die letzten Meilen der Reise und gleich sehe ich zum ersten Mal nach drei Jahren, einem Monat, drei Wochen und sechs Tagen meine Familie wieder. In der Ferne erkenne ich das Bootshaus, doch der Steg ist nicht zu sehen. Zu viele Menschen tummeln sich darauf. Als sich die *Kiwitt* nähert, fangen alle an zu jubeln und dieses unbeschreibliche Gefühl kosten wir durch eine Extrarunde vor dem Bootshaus aus. Noch nicht ganz an Land nehmen mich meine überglücklichen Eltern in Empfang. Meine zwei „kleinen" Brüder, die bei der Abfahrt anderthalb Köpfe kleiner waren als ich, umarmen mich nun beide auf Augenhöhe. Nur auf die Umarmung meiner Schwester werde ich noch warten müssen, denn sie ist noch einige Monate in Brasilien. Von allen Seiten strecken sich mir Hände entgegen, die mich begrüßen und mir gratulieren wollen. Ein Stimmengewirr und Gefühlschaos, das man gar nicht so schnell verarbeiten kann. Alles vertraute Gesichter und doch muss ich mich einen Moment orientieren. Ein bisschen abseits steht mein Großvater. Ich gehe auf ihn zu und mit einem Grinsen löse ich mein Versprechen ein: „Da bin ich wieder!" Er sagt nur: „Jung" und strahlt übers ganze Gesicht.

Die *Kiwitt*

Im Nachhinein betrachtet, war die *Kiwitt* mit ihrer Größe für uns nahezu das perfekte Schiff. Ja, nahezu. Ich werde mich hüten zu behaupten, dass sie perfekt war. Während der langen Überfahrten habe ich mir tagelang Gedanken gemacht, wie mein perfektes Weltumsegelungsschiff aussieht. Ich habe Zeichnungen angefertigt, gemessen, gerechnet und geplant. Was soll ich sagen, auf jedem Ozean sah das Ergebnis anders aus. Jetzt Zuhause habe ich wieder andere Vorstellungen. Aber alles unter einen Hut bekomme ich nie. Fünf Kabinen wären toll, ein begebbarer Motorraum und eine Werkstatt. Ach ja, eine große U-förmige Pantry und ein eigener Computerarbeitsplatz. Die Länge meines perfekten Bootes sollte allerdings neun Meter nicht überschreiten, damit ich mich in die kleinste Bucht verkriechen kann. Da wird es schwierig, beziehungsweise unmöglich, für all meine Wünsche einen Platz zu finden. Zumindest längenmäßig erfüllte die *Kiwitt* jedoch meine Kriterien.

Warum passte die *Kiwitt* so gut zu uns? Nun, sie hatte alles an Bord, was wir brauchten und sie ist klein genug, um unser geringes Budget nicht übermäßig zu belasten. Außerdem ist sie aufgrund ihrer Bauart ein wahres Raumwunder. Ich würde sogar sagen, dass sie das geräumigste Boot unter neun Metern ist, das ich bisher gesehen habe.

Die *Kiwitt* ist eine Boheme la Grande von Dantec Marine aus Assene in Dänemark. Bernhard hat sie Anfang der 80er Jahre als Ausbauschale gekauft und, mit dem Ziel einer Weltumsegelung, ausgebaut. Ihren Namen verdankt sie der Tochter ihres Erbauers: Kirsten Witt. Sie ist 8,10 Meter lang und hat eine Breite von 2,95 Metern. Mit ihrem kurzen Kiel, der gegenüber der Standardausführung länger ist, kommt sie auf nur 1,15 Meter Tiefgang. Jedenfalls ist das die Angabe, die in den Papieren steht. Nachdem wir sie vollständig für die Reise beladen hatten, waren es 15 Zentimeter mehr. Das bedeutet natürlich auch, dass die angegebene Verdrängung von rund 2,5 Tonnen unter unseren Reisebedingungen nicht ganz realistisch war. Beim Kranen kam das voll beladene Schiff auf über 4 Tonnen. Dass die Am-Wind-Eigenschaften darunter gelitten haben, brauche ich nicht zu erwähnen. Bei etwas höherem Wellengang – und den hatten wir eigentlich fast immer – ist es mit einem so kleinen Schiff mit wenig Tiefgang sowieso schon schwierig, gegenan zu kreuzen. Wir haben uns also einfach damit abgefunden. Immer mit dem Wind hieß die Devise, auch wenn sie nicht immer funktioniert hat.

Die *Kiwitt* hat ein Großsegel mit drei Reffreihen. Außerdem waren eine Genua, eine Fock und eine Sturmfock mit an Bord. Alle Vorsegel wurden mit Stagreitern an einem der beiden parallelen Vorstage gefahren. Wir hatten zwei Spinnakerbäume, aber keinen Spinnaker. Sie dienten vielmehr dazu, die Vorsegel im Passat auszubaumen. Bei gutem Wind konnten wir manchmal wochenlang mit Fock und Genua, jeweils an einem eigenen Vorstag und nach Steuerbord und Backbord ausgebaumt, Schmetterling segeln. „Segeln ist Leistungssport", ging mir dann immer durch den Kopf, wenn meine einzige Aufgabe darin bestand, ein paar Mal am Tag an den Schoten zu zupfen.

Das Ankergeschirr der *Kiwitt* war für ein Acht-Meter-Sperrholzschiff sehr ordentlich. Insgesamt hatten wir fünf Anker dabei, wovon der schwerste, ein Stockanker, rund 25 kg auf die Waage bringt. Unser Hauptanker war ein 16 kg Pflugscharanker, der an einer 30 Meter langen 8-mm-Kette gefahren wurde. Außerdem hatten wir noch zwei Vorläufe von zehn Metern Länge mit ebenfalls 8-mm-Kette dabei, um einen Zweitanker auszubringen oder die Hauptkette zu verlängern.

Motorisiert ist die *Kiwitt* mit einem Yanmar 2GM samt Saildrive. Ich habe die 15 PS des kleinen zuverlässigen Motors fast immer als ausreichend empfunden. Mit ca. 1,5 Litern Diesel je Stunde bei vier bis fünf Knoten, ist er recht genügsam und kann auch mal ein paar Tage laufen. Um einen Ozean zu überqueren, reichen die 80 Liter Tankkapazität natürlich nicht. Zusätzlich haben wir noch Diesel in Kanistern mitgeführt, in der Regel ca. 50 bis 60 Liter. Im Roten Meer haben wir allerdings deutlich aufgestockt.

Der Motor wurde auch als Hauptstromerzeuger genutzt und lief daher auch schon mal, obwohl ausreichend Wind vorhanden war, um die Batterien zu laden. Zusätzlich hatten wir noch einen kleinen Windgenerator an Bord, der jedoch einem Sturm in der Karibik nicht standhalten konnte.

Während der ersten Hälfte der Reise waren die 120 Amperestunden unserer Versorgungsbatterie etwas knapp bemessen, da unsere Windfahne die *Kiwitt* nur bei sehr guten Bedingungen auf Kurs halten konnte und wir meistens den Pinnenpiloten genutzt haben. Um nicht ständig Ruder gehen zu müssen, mussten wir die Batterien alle paar Tage nachladen. In Neuseeland bot sich dann die Möglichkeit, eine bessere Windfahnensteuerung zu kaufen und der Autopilot kam danach fast nicht mehr zum Einsatz. Dies lag auch daran, dass beide Piloten irgendwann defekt waren. Jedenfalls mussten wir auf der zweiten Hälfte wesentlich weniger nachladen. Hauptverbrauch neben dem Autopiloten war die selbstgebaute LED-Dreifarblaterne, die nachts eigentlich immer in Betrieb war. Bei Abfahrt war noch keine vom BSH zugelassene LED-Laterne zu bekommen. Außerdem brauchte natürlich die Beleuchtung des Innenraums (noch keine LED) Strom – obwohl wir sparsam damit umgegangen sind und auch öfter mal die Petroleumlampe angezündet haben. Den Akku des Laptops haben wir geladen, wenn der Motor lief, da der Inverter unsere Batterien sonst zu stark belastet hätte. Die weitere elektrische Ausstattung der *Kiwitt* war ein alter Satellit-Weltempfänger, ein Echolot, das Dreiviertel der Reise defekt war, und ein UKW-Funkgerät, das auch schon früh seinen Dienst quittierte.

Die Wasserversorgung in der Pantry und am Waschbecken bei der Toilette wurde durch Fußpumpen betätigt, somit verbrauchte sie keine Energie aus der Batterie. Energie anderer Art haben sie dann aber doch verbraucht, denn ich musste sie immer mal wieder abdichten und häufig eine der drei, zwei für Süßwasser und eine für Salzwasser, ausbauen. Natürlich sind sie nicht gerade einfach zu erreichen und man räumt erst die komplette große Backskiste oder einen tiefen Stauraum aus, um an sie heranzukommen.

Gekocht haben wir auf einem halbkardanisch aufgehängten Zwei-Flammen-Gaskocher. Durch den praktischen Backtopf, den wir in Spanien gekauft hatten, wurde er gleichzeitig zu unserem Backofen. Das Füllen der Campinggasflaschen war nicht immer einfach, ließ sich aber immer mit etwas Improvisationstalent und Fantasie bewerkstelligen. Trotzdem hätte ich lieber, wenn der Gaskasten größer gewesen wäre, eine standardmäßige 5- oder 11-Kilo-Flasche mitgenommen.

Unsere Toilette war ein einfaches Camping-Chemieklo, das wir mit einem umweltverträglichen Mittel betrieben haben. Die Probleme, von denen man bei den Pumptoiletten immer liest, hatten wir damit nicht. Es war nie verstopft, ist nie ausgelaufen, doch mussten wir es alle paar Tage entleeren, was auch nicht gerade die angenehmste Arbeit ist.

Stauraum war für zwei Personen reichlich vorhanden, allerdings auch, weil die Hundekoje mit Kisten vollgestellt war. Hier lagerten empfindlichere Sachen wie Nähmaschine und Elektrogeräte. Dank unseres kleinen Generators konnten wir Winkelschleifer, Bohrmaschine, elektrischen Hobel oder den kleinen elektrischen Staubsauger immer und überall einsetzen.

Für den Fall der Fälle, das heißt, für den Fall, dass einem das Wasser in der Kajüte bis zum Hals steht und der Kiel dabei nicht auf dem Strand liegt, hatte Bernhard beim Bau der *Kiwitt* große Luftsäcke gekauft. Sie sollten im Notfall mit Hilfe dreier Tauchflaschen aufgeblasen werden, um ein Sinken zu verhindern. Rein theoretisch hätte es funktionieren müssen. Ob es in der Praxis allerdings geklappt hätte, weiß ich nicht und ich bin auch froh, dass wir es nicht ausprobiert haben. Zusätzlich wartete an Deck eine Rettungsinsel für vier Personen und wir hatten immer ein paar Container mit Lebensmitteln und Notausrüstung gepackt. Außerdem haben wir ständig eine Batterie Wasserkanister auf Deck gefahren, untereinander mit einer Leine verbunden. Zum einen als eiserne Reserve gedacht, zum anderen die Notration, die wir mit der Leine über Bord geworfen hätten, um dann die Insel zu besteigen. Das EPIRB lag bereit, um im Notfall mit in die Rettungsinsel genommen zu werden.

Ein Schlauchbot diente uns als Beiboot, das nach und nach immer löchriger wurde. In Neuseeland haben wir dann ein neues altes Schlauchboot von Heinz, einem befreundetem Segler, bekommen, der sich ein neues gekauft hatte. Es war größer und komfortabler, aber auch dieses litt zunehmend unter Druckverlust. Am liebsten wäre mir ein festes Beiboot aus GFK-überzogenem Sperrholz gewesen, aber auf der kleinen *Kiwitt* wäre das nur sehr schwer zu verstauen gewesen.

Angetrieben wurde unser Beiboot im Laufe der Reise von zwei verschiedenen Außenbordern. Der erste war eine Fehlproduktion und ein ständiges Ärgernis. Glücklicherweise konnten wir, dank der großzügigen Unterstützung von Franz und Elke, in Neuseeland einen neuen kaufen, der dann auch tadellos seinen Dienst verrichtet hat. Auch wegen den vielen Probleme mit dem Außenborder wäre mir ein festes Beiboot, das sich besser rudern lässt, lieber gewesen. Womit wir aber wieder am Anfang wären, noch ein Punkt für mein perfektes Boot: Platz für ein festes Beiboot. Vielleicht muss ich die Länge nochmal überdenken, denn auf einem Neun-Meter-Schiff bekomme ich das nicht alles unter. Dann rücken allerdings die Kosten wieder in den Vordergrund, denn die Anschaffung und der Unterhalt werden mit zunehmender Länge immer teurer. Es bleibt ein Kompromiss. Egal, was man optimiert, es geht immer zu Lasten eines anderen Punktes.

Die Lehre daraus ist: Wer das perfekte Boot sucht, wird nicht losfahren. Jeder muss sich überlegen, zu welchen Kompromissen er bereit ist und was ganz oben auf der Prioritätenliste steht: Das Boot oder die Reise...

Glossar

Achterklampe: Vorrichtung zum Befestigen von Leinen am Heck

Achterliek: hintere Kante des Großsegels

Achterstag: Abspannung des Mastes zum Heck

Auge: Schlinge aus Tauwerk

Außenborder: Motor für das Beiboot

Autopilot: elektrische Steuerungsanlage

backbord: vom Heck aus gesehen linke Bootsseite

back stehen: Wenn das Segel auf der dem Wind zugewandten Seite des Bootes steht. Normalerweise befindet es sich auf der dem Wind abgewandten Seite. Kann zum Drehen oder Bremsen des Bootes eingesetzt werden.

Badeleiter: zur Erleichterung des Einstiegs vom Wasser in das Boot

Bug: vorderer Teil eines Bootsrumpfs

Bugkorb: Metallkorb am Bug des Bootes

Cockpit: entspricht der Plicht; Teil des Decks eines Sportbootes mit Steuerstand und Sitzgelegenheiten

Deck: horizontale Abdeckung des Schiffsrumpfs

Dingi: kleines Beiboot

einklarieren: Anmeldung bei Behörden und Ämtern im Ausland inkl. der Erledigung aller vorgeschriebenen Formalitäten hinsichtlich der Besatzung, der Passagiere, des Schiffs und ggf. der Ladung

Fall: Leine zum Bedienen von Segeln

Fender: Schutzkörper zum Schutz vor Beschädigung des Bootsrumpfs durch bauliche Gegebenheiten oder andere Schiffe in Häfen oder Schleusen

Fock: Vorsegel auf einmastigen Booten und Schiffen, das vor dem Mast endet

Genua: Vorsegel auf einmastigen Booten und Schiffen, das das Mastsegel überlappt (größer als Fock)

GPS (Global Positioning System): globales Navigationssatellitensystem zur Positionsbestimmung

Großsegel: Segel, das bei einmastigen Schiffen am Mast befestigt wird

Gummistropp: Gummi meist mit Auge und Haken an den Enden zum Befestigen von Gegenständen auf Booten

Halbwind: rechtwinklig auf das Boot einfallender Wind

Havarie: Beschädigung eines Schiffs

Heck: hinterer Teil eines Bootsrumpfs

Hundekoje: kleine Koje bzw. Schlafstätte neben dem Niedergang, unterhalb des Cockpits

Kabellänge: nautische Maßeinheit, die dem zehnten Teil einer Seemeile, d.h. 185,2 Meter entspricht

Knoten: nautische Einheit für Geschwindigkeit;
1 Seemeile/h = 1,852 km/h

Koje: Bett auf Schiffen

Kombüse: Schiffsküche

Krängung: seitliche Neigung von Wasserfahrzeugen

Landmarke: Küstenseezeichen (z.B. Leuchtturm) oder
anderes auffälliges Objekt (z.B. Kirchturm, Berg usw.),
das der räumlichen Orientierung und Navigation dient

Lee: die windabgewandte Seite

Luke: Öffnung im Deck oder in der Bootswand

Luv: die windzugewandte Seite

Manöver: nautische Maßnahme zur Richtungsänderung

Marina: Yachthafen

Mast: vertikaler Träger auf Schiffen, an dem diverse
Schiffsteile wie Positionslichter und Antennen,
insbesondere aber Segel festgemacht werden können

Mooring: auf dem Grund des Hafenbeckens
befestigte Kette zum Festmachen von Schiffen

Mooringboje: Boje, die mit einer Kette am Grund
befestigt ist und zum Festmachen von Schiffen dient

Navigation (nautisch): sämtliches Wissen, das zum sicheren
Führen eines Schiffs an einen definierten Ort notwendig ist

Päckchen: längsseits aneinander festgemachte Schiffe

Passatwind: beständige Winde bis etwa 30 Grad nördlich und südlich des Äquators

Pinne: Steuerstange, an dessen Ende das Ruder befestigt ist

Positionslichter: Lichtquellen, die Bestimmung von Position und Bewegungsrichtung von Schiffen ermöglichen; bestehend aus weißem Licht (hinten), grünem Licht (Steuerbord), rotem Licht (Backbord)

Pütting: vertikales Rüsteisen zum Befestigen der Wanten

Pütz: Schiffseimer zum Wasserschöpfen

Reff: Vorrichtung am Segel zum Verkleinern der Segelfläche

Reling: Geländer um das freiliegende Bootsdeck

Rigg: Takelage eines Segelboots; Masten und Tauwerk zum Befestigen von Segeln inkl. der dazugehörigen Rollen, Blöcke und Beschläge

Saildrive: Antriebskonstruktion bei Motor- oder Segelyachten

Schapp: Schrank

Schoten: Leinen zum Bedienen von Segeln

Seemeile: entspricht 1,852 km

Seeventil: verschließbare Öffnung im Rumpf, um Wasser oder Abwasser ins Boot oder aus dem Boot heraus zu pumpen

Seilklemmen: verschraubbare Verbindungen für Seile

Sektorenfeuer: Leuchtfeuer, das nicht im gesamten Horizontbereich einheitlich leuchtet, sondern in den verschiedenen Richtungen Licht mit unterschiedlichen Kennungen ausstrahlt

Skeg: der schlanke Auslauf des Unterwasserschiffes oder eine starre Flosse am Heck

Spinnakerbaum: Spiere, um den Spinnaker (oder bei Bedarf auch andere Vorsegel) gegen den Wind offenzuhalten

Spleißen: Verbindung von Tauwerk durch Verflechten der einzelnen Kardeele

Sprayhood: aufgespanntes Halbverdeck, meist aus Textil, über dem Niedergang

Stagen: Taue oder Drahtseile zur Stabilisierung des Mastes nach vorne (Bug) oder hinten (Heck)

Stagreiter: Haken zur Befestigung des Vorsegels am Vorstag

Steuerbord: vom Heck aus gesehen rechte Bootsseite

Sturmfock: sie hat eine kleinere Segelfläche als die normale Fock und wird bei schweren Wetterbedingungen gefahren

Tiefgang: Distanz von der Wasserlinie zum tiefsten Punkt des Schiffs

Topplicht: Licht am oberen Ende des Mastes

Trailer: Anhänger

über die Toppen flaggen: festlicher Flaggenschmuck

Unterwasserschiff: Teil des Bootsrumpfes, der sich unter Wasser befindet

VHF-Funkgerät: Funkgerät, das Signale über UKW überträgt (UKW entspricht im englischen Sprachraum VHF = very high frequency)

vor den Wind gehen: Positionierung des Bootes, so dass der Wind vom Heck in die Segel einfällt.

Vorschiff: der Teil des Boots, der sich vor dem Mast befindet

Vorsegel: sämtliche Segel, die vor dem Mast gesetzt werden, z.B. Genua und Fock

Wanten: Leinen oder Stahlseile zur seitlichen Stabilisierung des Mastes

Wantenspanner: Spannschrauben, um die Spannung der Wanten einzustellen

Wasserpass: Übergang vom Überwasseranstrich zum Unterwasseranstrich

Windfahne: Windrichtungsgeber (siehe auch Windsteueranlage)

Windgenerator: Windanlage zur Gewinnung elektrischer Energie

Windsteueranlage: mechanische Selbststeuerungsanlage mithilfe einer Windfahne

NEU

TOM CUNLIFFE:
PROFIWISSEN FÜR SEGLER
Tom Cunliffe ist mit über 40 Jahren Erfahrung in
Theorie und Praxis der Meister alter Segelschule
in Großbritannien. In diesem kompakten Ratgeber
widmet er sich den zentralen Themen des Segelns:
Bootshandhabung, Seemannschaft, Navigation,
Segeltrimm, Skipper-Fähigkeiten sowie Notfällen.
Mit Ratschlägen und konkretenTipps ermuntert er
Segler aller Erfahrungsstufen, kritische Manöver
auszuprobieren und neue Erfahrungen zu sam-
meln. Dies tut er undogmatisch und unterhaltsam.

ISBN 978-3-95737-005-1   Auch als E-Book erhält
39,95 Euro [D], 41,07 Euro [Ö]   ISBN: 978-3-95737-00
                                      29,99 Euro

ANKÜNDIGUNG FÜR SOMMER 2015

BERNARD MOITESSIER:
TAMATA
Der Segelpionier, Weltenbummler und Umweltschützer Moitessier erzählt
in seiner Autobiographie von der Freiheit auf den Ozeanen. Er beschreibt
die Kräfte, die ihn immer wieder in die Ferne ziehen. Er berichtet von seine
Kindheit und der Jugend im untergehenden Inochina. Und er stellt uns
die Völker vor, die er auf seinen Reisen kennengelernt hat. Dies alles tut er
mit großer Poesie und in Liebe zu den Menschen, die ihn auf seinem Weg
begleitet haben. 1993, ein Jahr vor seinem Tod, ist dieses beeindruckende
Buch in französischer Sprache erschienen und ist dort ein Bestseller in der
Segelliteratur. 2015 ist es erstmals in deutscher Sprache lieferbar.

ISBN 978-3-95737-007-5   Auch als E-Book erhältlich:
29,95 € [D] / 30,79 € [Ö]   ISBN: 978-3-95737-008-2

AEQUATOR

DIE SEGLERKÜCHE

99 leckere Rezepte für jeden Appetit und jedes Segelwetter. Ob leidenschaftlicher Hobbykoch oder Freund der schnellen Küche: In diesem Kochbuch findet jeder das passende Menü für seine Crew. Mit praktischen Tipps für das Kochen an Bord richtet sich „Die Seglerküche" gezielt an Smutjes. Käufer erhalten im Internet die Rezepte zum Download und nützliche Zusatz-informationen.

ISBN 978-3-95737-001-3
24,95 € [D] / 25,65 € [Ö]

JOSHUA SLOCUM:
ALLEIN UM DIE WELT SEGELN

Die Geschichte der ersten Einhand-Weltumseglung vom großen Pionier Joshua Slocum. Der Klassiker aus dem Jahr 1900 in neuer Übersetzung, erstmals auf Deutsch mit Originalgrafiken und einem Vorwort von Wilfried Erdmann.

ISBN 978-3-95737-000-6
22,95 € [D] / 23,60 € [Ö]

Auch als E-Book erhältlich:
ISBN: 978-3-95737-002-0
11,99 €